苏州百年老校

（上）

苏州百年老校协会 ◎编

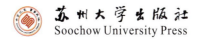

图书在版编目（CIP）数据

　　苏州百年老校. 上 / 苏州百年老校协会编. -- 苏州：苏州大学出版社, 2022.11
　　ISBN 978-7-5672-4096-4

　　Ⅰ.①苏… Ⅱ.①苏… Ⅲ.①地方教育－教育史－苏州 Ⅳ.①G527.533

　　中国版本图书馆CIP数据核字(2022)第219008号

书　　名：	苏州百年老校（上）
	Suzhou Bainian Laoxiao（Shang）
编　　者：	苏州百年老校协会
特约编辑：	倪浩文
责任编辑：	杨　华
装帧设计：	吴　钰
出版发行：	苏州大学出版社（Soochow University Press）
社　　址：	苏州市十梓街1号
印　　装：	苏州市深广印刷有限公司
网　　址：	www.sudapress.com
邮　　箱：	sdcbs@suda.edu.cn
邮购热线：	0512-67480030
销售热线：	0512-67481020
开　　本：	787 mm×1092 mm　1/16
印　　张：	38.75
字　　数：	782千
版　　次：	2022年11月第1版
印　　次：	2022年11月第1次印刷
书　　号：	ISBN 978-7-5672-4096-4
定　　价：	298.00元（共两册）

《苏州百年老校》编委会

顾 问

王少东　王鸿声　顾敦荣　董宙宙

主 任

周志芳

副主任

华意刚　赵 鸣　高国华

编 委

（按姓氏笔画排序）

丁云衍	丁林兴	王卫明	邢 华
朱文学	杨文峰	杨明华	吴海梁
沈 昀	陆 纯	居 易	钟连元
顾 泳	顾纯青	顾新华	倪浩文
徐国明	徐 怿	陶旭东	黄 萍
章念翔	葛敏亚	谢 芳	褚天生
廖开颜	戴建平		

序

满怀深情和责任担当编撰的《苏州百年老校》即将付梓出版，嘱我写序，我既兴奋又惶恐。兴奋于点燃教育情怀的时空碰撞与对接，惶恐于自己尚未能深刻领会苏州古今教育的灵动气韵和博大精深。动笔捉襟见肘，难以摆脱浅陋，只得请求原宥。

苏州教育源远流长，至今仍然保存并发展着近200所百年老校，它们见证了岁月的变迁，时光的流转，而那些亘古不变的"沧浪亭畔，古学宫旁，梧桐杨柳门墙"，于不经意间，总能勾起对苏州教育不尽的遐想。

我早年曾短暂求学于苏州，培育之恩，永志不忘。2019年，我有幸汇报自己的成长，母校报告厅座无虚席，台上台下心神交会，沉浸在教育理念美好的追求之中，我又一次受到了精神的洗礼。

苏州拥有千年府学传统，在新学方面又颇有建树，苏州教育的各个时期都展现了鲜活的教育形态。春秋孔子弟子言偃以降，苏州从未停止过对教育真谛的探索，对师道传承的尊重，对崇德向善的实践，对生命本真的哲思叩问。悠悠道山，洋洋泮池，北宋"居庙堂之高则忧其民，处江湖之远则忧其君"的范仲淹创办府学，倡导科举改革，强调为学要经世致用。范公晚年建义学，对族中子弟实行免费教育。这些都成了教育的千古佳话。

苏州教育秉持诚思勇信、致知力行的传统，在成就现在、奔赴未来的途中，涓流汇成大海。那些散落在街巷深处的不同时期的学校建筑，既饱经沧桑，又生命勃发，见证了江南的烟雨和历史的风雷。一廊一轩皆是景，一碑一井都是情，它们铸就了苏州教育的丰厚遗存、历史意蕴和耀眼的文化符号。阅读《苏州百年老校》，那年代久远的照片，厚重温暖的文字，精湛深邃的教育思想，引领你登文化教育峰峦与古圣先贤对话，思想结晶点点滴滴入心头，享受智慧之门开启的欣喜与欢乐。

优秀传统是教育之根，苏州教育人珍视传统，积极传承百年老校的精神，自觉地进行创造性转化和创新性发展，丰富时代内涵，在真水无香、谛听天籁、弃虚务实、删繁就简中进行精神的接力。如果把苏州教育比喻成精美的双面绣，那么一面是百年老校铸就的苏州教育底色与荣光，一面就是基于未来发展视角的宏大规划与创新实践。时代洪流总是奔涌向前，但教育的基本命题——培养学生成长、成人、成才，永远具有价值追求的张力。

教师是立教之本，兴教之源，是建设教育强国的第一资源。苏州历史上名师云集，各领风骚，为江南之翘楚；改革开放以来，苏州老师志存高远，业务精进，悉心育人，涌现出众多的优秀教师、卓越教师，支撑苏州教育长期高位发展，令人敬佩。而今，在中国式现代化进程中，教育的基础性、先导性、全局性地位和作用更加凸显，建设高质量教育体系、高质量教师队伍时不我待，更要全力以赴，切实抓好。

回顾过往，总是为了展望未来，促进当下更坚实地向前迈进。《苏州百年老校》的出版正逢其时，其中深厚的文化积淀、丰富多彩的办学经验、舍我其谁的执着豪情和开拓求新的诸多举措是极其宝贵的精神财富，阅读，思考，领悟，比照，不仅会深受启迪，开阔视野，熏陶情怀，更能增添继续前行的力量，为创建苏州高质量教育奉献德、才、识、能，谱写新时代立德树人新华章。

祝愿《苏州百年老校》成为苏州教育人案上之友，打开书页，会有书香盈屋、岁月美好之妙。

于漪

2022 年 11 月 28 日

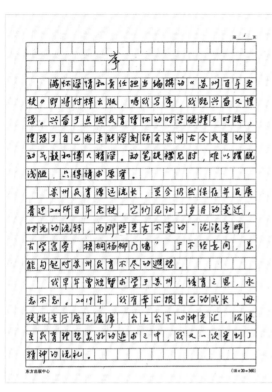

人民教育家于漪为本书作序

目录

直属学校

003　江苏省苏州中学校
008　江苏省苏州第十中学
011　江苏省苏州第一中学校
015　苏州市第三中学校
018　苏州市桃坞高级中学校
　　　（苏州市第四中学校）
021　苏州市第五中学校
025　苏州市第十六中学校
028　苏州市实验小学校
031　江苏省新苏师范学校附属小学

张家港市

037　江苏省梁丰高级中学
040　张家港市第一中学
042　张家港市实验小学
045　张家港市泗港小学
　　　（张家港市实验小学泗港校区）
048　张家港市中兴小学
050　张家港市南沙小学
053　张家港市南沙占文小学
　　　（张家港市南沙小学占文校区）
056　张家港市德积小学

058　张家港市崇真小学
061　张家港市闸上小学
064　张家港市塘市小学
067　张家港市三兴学校
069　张家港市合兴小学
071　张家港市塘桥高级中学
074　张家港市塘桥初级中学
077　张家港市塘桥中心小学
079　张家港市妙桥小学
081　张家港市鹿苑小学
083　张家港市港口学校
085　张家港市凤凰中心小学
087　张家港市徐市小学
090　张家港市凤凰恬庄小学

常熟市

095　常熟市孝友中学
098　常熟市实验小学
101　常熟市石梅小学
104　常熟市塔前小学
107　常熟市昆承小学
109　常熟市新区小学
112　常熟市五爱小学

115	常熟市义庄小学	177	常熟市森泉中心小学
118	常熟市莫城中心小学	180	常熟市白茆中心小学
120	常熟市谢桥中心小学	182	常熟市辛庄中心小学
122	常熟市大义中心小学	185	常熟市杨园中心小学
125	常熟市海虞中心小学	187	常熟市张桥中心小学
127	常熟市福山中心小学		
130	常熟市练塘中心小学	**太仓市**	
133	常熟市尚湖中心小学	191	江苏省沙溪高级中学
135	常熟市碧溪中心小学	195	太仓市明德高级中学
138	常熟市浒浦学校	199	太仓市第一中学
141	常熟市吴市中心小学	202	太仓市沙溪镇岳王学校
143	常熟市东张中心小学	204	太仓市明德初级中学
146	常熟市董浜中心小学	207	太仓市陆渡中心小学
149	常熟市徐市中心小学	209	太仓市城厢镇第一小学
152	常熟市张青莲小学	212	太仓市城厢镇第四小学
155	常熟市何市中心小学	214	太仓市科教新城南郊小学
158	常熟市任阳中心小学	216	太仓市双凤中心小学
160	常熟市沙家浜中心小学	218	太仓市沙溪镇第一小学
162	常熟市唐市中心小学	221	太仓市沙溪镇直塘小学
165	常熟市梅李中心小学	224	太仓市沙溪镇归庄小学
168	常熟市赵市中心小学	227	太仓市璜泾镇鹿河小学
171	常熟市珍门中心小学	230	太仓市港城小学
174	常熟市古里中心小学	233	太仓市浮桥镇时思小学

236	太仓市浮桥镇九曲小学	292	昆山市千灯中心小学校
239	太仓港港口开发区第一小学	294	昆山市石浦中心小学校
242	太仓市浮桥镇牌楼小学	296	昆山市淀山湖中心小学校
245	太仓市明德小学	298	昆山市周市中心小学校
248	太仓市浏河镇新塘小学	301	昆山市锦溪中心小学校

昆山市

吴江区

253	昆山经济技术开发区实验小学	305	吴江中学
255	昆山开发区晨曦小学	309	吴江区横扇学校
257	昆山市蓬朗中心小学校	312	吴江区同里中学
260	昆山市玉山镇第一中心小学	315	吴江区金家坝学校
263	昆山市培本实验小学	318	吴江区八都学校
266	昆山市玉山镇司徒街小学	320	吴江区江村实验学校
268	昆山高新区西塘实验小学	323	江苏省吴江实验小学
271	昆山市花桥徐公桥小学	327	吴江区松陵小学
273	昆山市张浦中心小学	330	吴江区北门小学
276	昆山市大市中心小学	332	吴江区八圩小学
278	昆山市张浦震阳实验学校	335	吴江区同里实验小学
281	昆山市周庄中心小学	338	吴江区芦墟实验小学
284	昆山市周市华城美地小学	341	吴江区莘塔小学
286	昆山市陆家中心小学校	344	吴江区北厍小学
288	昆山市巴城中心小学校	347	吴江区黎里小学
290	昆山市石牌中心小学校	350	吴江区平望实验小学

353 吴江区梅堰实验小学
356 吴江区盛泽实验小学
359 吴江区盛泽小学
362 吴江区坛丘小学
365 吴江区南麻小学
367 吴江区七都小学
370 吴江区震泽实验小学
373 吴江区铜罗小学

吴中区

379 江苏省木渎实验小学
382 吴中区香溪路实验小学
384 吴中区东山实验小学
387 吴中区临湖第一中心小学
389 吴中区临湖实验小学
391 吴中区横泾实验小学
394 吴中区越溪实验小学
397 吴中区藏书实验小学
400 吴中区胥口实验小学
403 吴中区光福实验小学
406 吴中区西山中心小学
408 吴中区长桥中心小学
411 苏州叶圣陶实验小学
414 吴中区郭巷实验小学

相城区

419 相城区望亭中心小学
422 相城区东桥中心小学
425 相城区黄埭中心小学
428 相城区北桥中心小学
431 相城区阳澄湖小学
434 相城区湘城小学
437 相城区陆慕实验小学
440 相城区蠡口实验小学
442 相城区太平实验小学

姑苏区

447 苏州市平江实验学校
450 苏州市大儒实验小学校
453 苏州市桃坞中心小学校
456 苏州市平直实验小学校
459 苏州市盘溪中心小学校
462 苏州市沧浪实验小学校
465 苏州市带城实验小学校
468 苏州市草桥实验小学校
471 苏州市昇平实验小学校

474	苏州市虎丘实验小学校		**高新区**
477	苏州市山塘中心小学校	517	苏州高新区成大实验小学校
480	苏州市胥江中心小学校	519	苏州市枫桥中心小学
483	苏州市善耕实验小学校	522	苏州市浒墅关中心小学校
486	苏州市梓义实验小学校	525	苏州高新区东渚实验小学校
489	苏州市勤惜实验小学校	528	苏州高新区镇湖实验小学校
492	苏州市敬文实验小学校		
495	苏州市东中市实验小学校		**高校**
498	苏州市学士中心小学校	533	苏州大学
		537	苏州农业职业技术学院
	工业园区	540	苏州卫生职业技术学院
503	苏州工业园区唯亭实验小学	543	苏州市职业大学
505	苏州工业园区车坊实验小学		
508	苏州工业园区跨塘实验小学		**老校旧影**
511	苏州工业园区斜塘学校		
513	苏州工业园区娄葑实验小学	603	后记

直属学校

江苏省苏州中学校

创建时间：1035年（旧学），1904年（新学）
校训/校风：1. 苏州府学——先忧后乐
     2. 江苏师范学堂——启发民智
     3. 江苏省立第一师范——诚、公、勇
     4. 江苏省立苏州中学——亲、爱、精、诚
     5. 江苏省苏州中学——诚、思、信、勇
学校地址：姑苏区人民路699号（本部）
     工业园区港田路360号（园区校）

一、历史沿革

江苏省苏州中学前身为范仲淹创办的苏州府学。学校始创于北宋景祐二年（1035），始名苏州州儒学，北宋名士胡瑗任首席教授（山长）。历经宋元明清校名时有更迭，后人统称苏州府学。清康熙五十二年（1713），由江苏巡抚张伯行在校内增办被誉为"全国十大书院"之一的苏州紫阳书院，为府属官办书院，专育高层人才。至废科举启新学之时，清光绪三十年(1904)，苏州府学改名为江苏师范学堂，培养推广新学的师范力量，创办人为江苏巡抚端方，首任校长为罗振玉。辛亥革命后，改名为江苏省立第一师范，在王朝阳校长期间，声名鹊起。1927年，在时任大学院院长蔡元培倡议下，由教育家汪懋祖受命合并省立一师、省立工专、省立二中组成第四中山大学

苏州府学大门（摄于1925年）

区苏州中学,苏州中学从此得名。中华人民共和国成立后,苏州中学校史翻开崭新一页。1952年,东吴大学附中和景海女中高中部并入,学校名为江苏省苏州高级中学,为全国首批24所重点中学之一。至1978年,学校定名为江苏省苏州中学,继承了名相办学、名流掌校、名师执教的优良传统,始终走在全国基础教育前列。

近千年来,学校本部始终位于姑苏古城区南端,本部校址从未迁移,办学历史从未间断,公办教育性质从未改变,兴学业绩口碑相传从未停息。如今是江苏省高品质示范高中首批立项学校,是享誉中外的江南名校,被誉为"中国古代教育的活化石、当下现代学校的新标杆"。

二、学校特色

苏州中学近千年的办学史,始终孕育、产生着引领时代的办学特色。苏州府学办学870年,止于1904年。范仲淹捐地兴办官学,创"庙学合一,左庙右学"官学规制,被宋仁宗钦定为"天下郡学之规制"。胡瑗在苏州府学推行中国第一部教学法——"安定教法"(即"苏湖教法"),实施"分斋教学",提倡经世致用的实学,重经义和时务,主张"明体达用"而名扬天下。范仲淹(苏州府学创办者)的"先忧后乐"、周敦颐(苏州府学任教者)的"出淤泥而不染"、顾炎武(苏州府学学生)的"天下兴亡,匹夫有责"思想,成为一代又一代师生的共同追求,也成为中华民族的精神支柱。

紫阳书院历经办院190年,由被誉为"操守为天下第一"的理学大师张伯行创办,以培养高质量经学研究人才为办学宗旨,并以入学门槛高、教学质量好、管理相对宽松为特色,聘任彭启丰、钱大昕、石韫玉、沈德潜、翁心存、俞樾、

苏中校园走出的8位状元

冯桂芬等状元或进士出身的名师学者执掌书院。他们高瞻远瞩，治学严谨，著作丰沛，受世人仰慕。

废科举后，府学改办江苏师范学堂及江苏省立第一师范。它们不愧为江苏省师范"第一"，无论是罗振玉、王国维等大师联手打造新学师范的高起点，还是率先在中国传统学校中引入 22 名外教从事理工科、艺体类教

江苏省苏州高级中学（摄于 1955 年）

学，或是创办师范科实验学校供实习之用，并到农村创办乡村师范和实验学校，都形成了鲜明特色。在学生管理方面大力推行学生自治，成立紫阳社，培养学生参与社会改造的能力，不少学生成为中国新民主主义革命的中坚。凡此种种，始终开拓创新，引领时代风尚。

改办苏州中学后，学校成为江南地区的教育标杆。蔡元培为祝贺组建苏州中学，特拟对联："指示周详，安定之规模犹在；转移神速，文翁之化育常新。"汪懋祖等学术型校长始终高举"办学术型学校"大旗，聘请陈去病、孟宪承、胡焕庸、吕思勉、钱穆、孙起孟、吴梅、吕叔湘、杨荫榆、颜文樑等一流学人任教。学校以民主、学术、严谨为教育特色，倡导崇尚"有转移环境之能力，而不为不良环境所屈服"的苏中精神，培养了大批科研人才、人文大师及各界精英，从而誉满

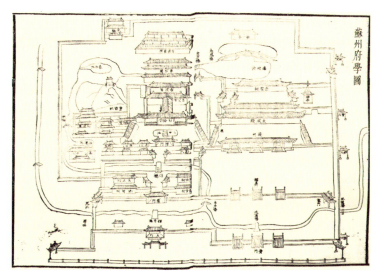

清乾隆十三年（1748）《苏州府志》上的苏州府学图

江南。

三、办学成就

截至2021年12月，江苏省苏州中学（本部）占地面积为90983平方米，建筑面积为56585平方米；现有班级64个，学生2637人；现有教职工273人。

在苏州府学及紫阳书院期间，不仅频出吴地特产——状元，更有跨宋元明清四朝、500余位师儒辛勤笔耕，培养出王鏊、顾炎武、唐寅、文徵明、归有光、金圣叹等一批学识一流、流传千古的人物；有钱德洪、惠栋、钱大昕、王鸣盛、董国华、王昶等蜚声学界的经学大家；走出吴宽、申时行、彭启丰、石韫玉、吴宗骏、钱棨、翁同龢、陆润庠等状元，其中钱棨为清代第一位三元及第者。紫阳书院获康熙"学道还淳"、乾隆"白鹿遗规"、同治"通经致用"三位皇帝御匾嘉奖。

民国年间的省立一师和苏州中学，被胡适借美国著名教育家杜威的考察报告语"省立一师范为中国一个最好的学校"来肯定和赞扬其教育成就。创办苏中校刊，组建师生学术研究团体，邀请蔡元培、胡适等名人学者来校讲演等教学改革令同行赞誉。而学生秦邦宪、汪伯乐等革命志士，胡绳、匡亚明等马克思主义思想理论家，在中国共产党的历史上也铭刻了苏州中学的鲜艳红色印记。在继任校长胡焕庸、杭海槎等人苦心孤诣、不断努力下，不仅教学业绩突出，而且以不屈的精神坚持不当亡国奴，异地办学，成为中学教育界的奇迹，形成了苏州中学校史上又一个辉煌期。

中华人民共和国成立后，苏州中学有了更大发展，历年来造就了为数众多的对社会历史发展有巨大贡献、构建人文科学和美好社会的时代精英。他们中既有赵朴初、吴贻芳、袁伟民、金人庆等杰出人士，又有叶圣陶、顾颉刚、吴作人、陆文夫等大师名家，还有李政道、钱伟长等63位中外院士。学校也先后涌现出了吴保让、葛云书等47位江苏省特级教师和20位教授级高级教师。苏州中学是苏州唯一的江苏省拔尖创新人才培养基地，注重中学大学贯通培养，先后开办中科大少年班、西交大少年班、南大匡亚明实验班、伟长实验部，学生在学科竞赛中屡屡获奖，至今已获得国际奥林匹克竞赛金牌10块。1996年，创办苏州立达中学；2004年，创办苏州工业园区分校；2019年，在吴江设苏州中学附属苏州湾学校；2020年，创办相城实验项目。集团化办学颇具规模。2019年，原苏医地块回归学校，作为苏州中学人民路东校区，为学校的新时代发展提供了硬件保障。2021年，江苏省苏州中学领衔姑苏区"三横四纵"基础教育联盟中的"一纵"，进一步发挥名校示范辐射作用。苏州中学正站在近千年办学成就累积的高起点上，以江苏省高品质示范高中建设为契机，致力于建设成为能够对话世界的学术型学校，努力创造更加辉煌的办学业绩。

江苏省立苏州中学校歌

（1928 年）

作词：汪东　　制谱：程懋筠

至德称泰伯，文学推言游；
专诸任侠兮，孙武兵谋。
伊兹邦之含宏兮，笼万象于一丘；思我先民兮，抗志云浮。
学端其始兮，六艺是求，文事既饬兮武备修。
张广乐兮，佩吴钩，以和制国兮，以勇事仇。

（刊登于 1928 年 10 月 16 日出版的《苏中校刊》第 11 期）

江苏省苏州中学校歌

（1996 年）

填词：蔡大镛　　编曲：徐乐

悠悠道山情，依依芳草心，
碧霞春雨水，古柏长青青，
师训绵延有遗篇，先忧后乐千古吟，
书院兴教世纪业，春晖暖我心。
红楼书声琅琅，
我们奋发创新，
继往开来前进前进，
高歌一曲诚思勇信。

（丁云衍 文　丁云衍 供图）

江苏省苏州第十中学

创建时间：1906 年
校训/校风：爱国奋进，实事求是，自强不息
学校地址：姑苏区带城桥下塘 18 号（本部）
　　　　　姑苏区白塘泾街 55 号（金阊校区）

一、历史沿革

王谢长达有感于国祚衰微，女界沉沦，遂募集经费，于清光绪三十二年（1906）在严衙前 50 号顾宅创办女子二等小学堂，取名"振华"，旨在振兴中华。1917 年，王谢长达之三女王季玉从美国学成回国，力主"提高女权，非重视女子中等教育不可"，遂于 1918 年秋增设中学部。1918 年，王季玉接任校长。1928 年秋，中小学部分设，中学部迁入旧苏州织造署址（即现址苏州市带城桥下塘 18 号），定校名为苏州振华女学校。振华女校摆脱旧式女子教育窠臼，形成了"进德修业，面向社会，发展个性，培养能力"的办学特色，学校声誉鹊起。1941 年年底，太平洋战争爆发，学校被迫停办。抗战胜利，即告复校。1953 年 1 月，学校由人民政府接办，改名为苏州市女子中学。1953 年 8 月，改属江苏师范学院领导，改名为江苏师范学院附属女子中学。1956 年秋，改

创始人王谢长达

1906年王谢长达创办振华，该碑为王谢长达纪念碑

1928年振华女校迁入清织造署旧址，此为校门

名为江苏师范学院附属中学，其时始招男生。1959年秋，师院附属实验中学并入，王季玉任名誉校长，徐天放任校长，学校被确定为江苏省重点中学。1960年，学校被评为全国社会主义建设先进单位。1963年7月，学校被认定为江苏省示范学校。1970年，学校改名为苏州市第十中学。1971年，苏州市第三十五中学并入。2000年7月，和苏州市第八中学合并，组建新的苏州市第十中学，分设南北两校区为初中部、高中部。2002年9月，又组建振华双语实验学校（设立于南校区）。2008年4月，学校改名为江苏省苏州第十中学，2010年4月起初高中分离，为普通高中至今。2018年9月，江苏省苏州第十中学金阊新城校区正式启用，形成了"一校两区"集团办学的全新布局。2022年1月，增名苏州大学附属苏州十中，将高等教育资源引入基础教学办学实践，在大中小幼全学段教学资源的衔接整合方面做出新的探索。

二、学校特色

百十年来积淀而成的爱国奋进、实事求是、自强不息的教育精神是"学校教育的精髓和支柱"。"爱国奋进"是学校教育的终极追求，是立德树人的校本表达，培养的是学生的爱国之心和社会责任感；"实事求是"既是培养目标，养成学生的科学理性，也是育人路径，即尊重教育教学规律和学生身心成长规律；"自强不息"则是人格培养和精神锤炼，就是学校师生迎接挑战，把握机遇，战胜困难，永争一流。

学校弘扬优秀民族文化和教育传统，办质朴大气之教育，创设适应学生未来发展的学习环境，培养学生的创新精神、实践能力和社会责任感。学校先后建设完成江苏省诗歌教育课程基地、江苏省科学创新课程基地、江南织造文化课程基地及智造工坊，并开发与之相配套的课程群，致力于为学生创造自由探索的学习氛围，激发学生自主学习能力，培养拔尖创新人才。

根据苏州市教育局的部署，2018年6月，江苏省苏州第十中学与苏州市第六中学（江苏省苏州艺术高级中学）、苏州市振华中学、苏州市金阊实验中学组建成立江苏省苏州第十中学教育集团。2021年，江苏省苏州市第十中学成为苏州市教育局"三横四纵"教育联盟之一。

振华毕业合影（前排右五为何泽慧）

三、办学成就

截至2021年12月，学校两个校区占地面积113332平方米（本部校区42666平方米，金阊校区70666平方米），本部建筑面积24852平方米，现有学生2002人，教职工240人。学校承名人名园名校传统，办质朴大气精品教育。蔡元培、章太炎、李根源、竺可桢等曾出任校董，过问校政。社会学家费孝通、物理学家何泽慧、农业科学家沈骊英、作家杨绛等从这里走出。2020年，学校荣获"江苏省文明校园"称号；同年学校被江苏省教育厅审核认定为"江苏省智慧校园"；2020年7月底，学校入选"江苏省普通高中新课程新教材实施省级示范校"。

（校办 文　校办 供图）

江苏省苏州第一中学校

创建时间：1907年
校训/校风：正谊明道
学校地址：姑苏区公园路278号

一、历史沿革

学校创办于清光绪三十三年（1907），苏州开明士绅王同愈、蒋炳章等人以筹集公众款项形式立学，校名为苏州公立第一中学堂。因校址在玉带河畔草桥堍，师生均称其草桥中学。

办学渊源可追溯至清嘉庆十年（1805）在可园创办的正谊书院。清光绪二十八年（1902），江苏巡抚遵清朝廷"所有书院改设学堂"新政，将正谊书院改办为苏州府中学堂。1912年，苏州府中学堂撤销，并入草桥堍的吴县县立第一中学。故苏州一中可用"书院二百五十余年，新学一百二十余年"概说。

学校之先辈有清朝开科以来连中"两元"的吴廷琛、"中体西学"思想的首倡者冯桂芬、国民党元老叶楚伧、南社创始人高旭、倡导革新立学的一中首任监督蔡俊镛、曾为孙中山授临时大总统印的继任监督袁希洛。早期教员有称"江南大儒"的胡石予、经学大家程仰苏、

创始人之一王同愈

建校 20 周年纪念碑　　　　　　　　校友叶圣陶雕像

近代画家程瑶笙等。

　　清宣统三年（1911），改名为吴县县立第一中学。1913 年，改名为江苏省立第二中学，1927 年，改名为苏州中学初中部。1925 年，在可园的原苏州府中学堂校址创办吴县县立初级中学。1937 年，改名为吴县县立中学，1949 年，改名为苏州市立中学，1952 年，改名为苏州市第一中学。1952 年，可园的苏州市第一中学与草桥堍的苏州中学初中部合并，校名称苏州市第一中学，校址设在草桥堍，并一直延续至今。1956 年，苏州乐益女子中学、苏州伯乐中学、苏州五爱中学、苏州乐群初中相继并入苏州市第一中学。1970 年，位于清代元和县署旧址的苏州市教师进修学校并入苏州市第一中学。植于县署内的紫藤成为一中"镇校之宝"。1995 年，与苏州市三元中学联合办学，三元中学增名为苏州市第一中学分校。2000 年，以一中初中部为基础，创办苏州市草桥实验中学。2003 年，与民营企业合作成立苏州新草桥中学。2003 年，苏州市第二高级中学并入苏州市第一中学。2009 年，实施初高中分离，苏州市草桥实验中学与苏州市虎丘实验学校合并成立苏州市草桥中学。2016 年，学校改名为江苏省苏州第一中学校。

　　苏州一中也是苏州红色烽火的起燃地。在后来并入苏州一中的苏州乐益女中，诞生了苏州第一个中共党组织——中共苏州独立支部。师生们在共产党的领导下，积极投入爱国抗日活动，声援五卅运动。教员徐懋德是我党在苏州城区学校的主要领导人。曾任苏州市立中学校长的王芝九，是中共地下党员，也是昆山第一个党组织——中共昆山独立支部创始人。并入苏州一中的苏州伯乐中学是为纪念革命烈士汪伯乐而创办的。地下党员孔令宗在一中校园成立了苏州总工会。

二、学校特色

学校秉承"正谊明道"的校训，坚持"为和谐发展而教育"的理念，以科研精神办教育，致力于文化立校、科研兴校、管理强校。作为教育家叶圣陶先生的母校，学校坚持深耕叶圣陶教育思想，秉承"敬业乐群，敦品励学"的校风，多年来形成了"教是为了不教"的教育教学特色。在德育管理中，注重浸润模式，注重习惯养成，形成了江苏省苏州第一中学学生应该养成的十大好习惯。在课堂教学中，围绕"教是为了不教"理念，不断优化课堂模式，提升课堂效能，打造减负高效的课堂。对接新高考和强基计划，率先开设强基项目，逐渐形成了高中基础学科创新培养模式。学校国际部创立后，第一届毕业生，升学率达100%，世界百强大学录取率达91%，并成功申报为国内托福考点。

三、办学成就

截至2021年12月，学校占地面积47039平方米，建筑面积38753平方米；现有班级36个，学生1456人；现有教职工196人。学校始终坚持面向全体学生，以德为首，形成了以习惯养成、班级文化和生涯规划为主线的完整德育课程体系。学校有江苏省特级教师9人，正高级教师9人，教育领军人才1人，名教师4人，省劳模1人，市劳模3人，40%以上的教师拥有硕士研究生以上学历。学校有14个名师工作室，并于2020年荣获江苏省"四有"好教师团队称号。从学校走出了教育家、文学家叶圣陶，历史学家顾颉刚、王伯祥，书画家吴湖帆，图书馆专家顾廷龙，教育家段力佩等；走出了顾翼东、李竞雄、钱令希、钱伟长等32位两院

晚清长元吴高等小学堂师生合影

院士;更走出了我国著名航天科学家潘厚任、"中国克隆牛之父"陈大元、曾任邓小平翻译的高志凯等优秀校友。学校荣获"全国中小学德育工作先进集体""江苏省未成年人思想道德建设工作先进集体""全国教学成果一等奖""江苏省教科研先进单位""江苏省首批中小学生品格提升工程优秀项目"等荣誉称号。

(高一鸣 文 高敏 供图)

直属学校

苏州市第三中学校

创建时间：1906 年
校训 / 校风：学道爱人
学校地址：姑苏区谢衙前 14 号

一、历史沿革

学校的前身是两所教会学校——晏成中学和慧灵女中。清光绪三十二年（1906），美国南浸信会西差会传教士麦嘉祺在谢衙前创办浸会小学，后规模渐大，增设中学部，1913 年，为感谢西门夫人捐建"晏楼"，将校名改为晏成中学。清光绪三十三年（1907），美国南浸信会西差会女传教士兰纱斐来华开办教会小学，清宣统元年（1909），西差会捐资购旧元邑荒地十余亩（其址北至蒋庙前，南通谢衙前），并于清宣统三年（1911）建成一幢三层楼房，招收学生，聘请教师，订立章程等，将兰纱斐创办的小学迁入，又创办初中部，定校名为慧灵女子中学，

慧灵女中创办人、首任校长兰纱斐

晏成中学创办人、首任校长麦嘉祺

专门招收女学生。1919年，晏成中学建造大礼堂，命名为师麦堂，该堂中央悬孙中山先生手书"其道大光"匾额。20世纪20年代，晏成中学学生社团活跃，梁启超、章太炎、蔡元培等先后来校讲学。1928年，学校在收回教育主权的背景下成立校董会，聘任国人陈子初、王梅娥分别担任晏成中学、慧灵女中的校长。1937年抗日战争全面爆发后，晏成中学、慧灵女中迁至上海，与上海的明强、晏摩氏女中，组成浸会联中（1941年停办）。部分逃难乡间的晏成中学、慧灵女中教职工于1938年回苏州创办成智私塾，1942年，与英华、乐群等校合并，组成江苏省立联合中学，后改名为江苏省立教育学院附中。1945年抗日战争胜利后，各校分设，逐步恢复旧时规模。1949年4月苏州解放后，人民政府接管晏成、慧灵两校。1951年，晏成中学校址被借办康复医院，晏成学生迁入慧灵女中校址上课。1952年两校合并为晏成慧灵中学，1953年定名为苏州市第三中学校。1960年，学校被中共江苏省委列为江苏省重点中学，并确定为"五年一贯制"试点学校，闻名苏城。1996年，学校与市三十九中合并办学，创办国有公助民办性质的平江中学。1998年，学校恢复江苏省重点中学。2003年，学校与市二十一中合并办学，在苏州市率先探索集团化办学之路。2004年，学校晋升为江苏省四星级高中。2006年，学校与市一初中合并。2010年，苏州市调整教育布局，优化教育资源，苏州市第三中学校实施初高中分离，成为纯高中学校。2011年，学校增名江苏省苏州外国语高级中学校。2021年，苏州市教育局组建"三横四纵"教育联盟，学校成为"四纵"之一，即苏州市第三中学教育联盟，由20所小学、初中和高中校组成。

二、学校特色

苏州市第三中学在办学中形成了多语种办学特色。20世纪90年代，苏州市第

慧灵女中学生做实验

三中学开始探索外语特色办学，2002年，学校被命名为苏州市首批双语实验学校；2009年，学校开始探索多语种办学特色，先后开设日语、德语、法语课程；2011年，学校增名江苏省苏州外国语实验高级中学校；2017年，成立苏州市国际理解教育实验基地，举办中美融合课程实验项目。中日融合课程实验项目开办至今，有3人次在全国日语演讲比赛中获一等奖，16人次被日本东京大学等四大名校录取，近三年80%的学生被日本著名大学录取；中美融合课程实验项目已有两届毕业生，首届毕业生100%进入美国排名前40的大学；第二届毕业生中有50%的学生进入美国排名前30的大学，80%进入美国排名前40的大学。

1931年慧灵女中教师在兰亭合影

三、办学成就

截至2021年12月，学校占地面积33224平方米，建筑面积26061平方米；现有班级38个，学生1250人；现有教职工177人，其中专技教师170人。学校获"全国双语教育示范学校""全国科研优质实验基地""江苏省四星级高中""江苏省文明校园""江苏省智慧校园示范学校"等荣誉称号。中华人民共和国成立初期，国学大师朱季海在学校短暂任教。黄炎培、李政道曾为苏州三中题词。2006年，国际小行星命名委员会将编号5013小行星命名为"苏州三中星"。学校培养了数以万计的优秀学生，其中有戴松恩、王礼恒、陆道培、殷瑞钰等8位院士，以及人民教育家于漪、短跑名将程金冠、民国才女宋清如、革命烈士陈万里、画家吴敏木、书法家吴进贤、作家苏童等众多名人，培养了赵晴芳等5位特级教师。学校将继续遵循"学道爱人"的校训，弘扬"严谨、求实、团结、创新"的校风，把握时代发展的脉搏，以办学实践丰富育人之道，不断提升学校的办学品质。

（丁林兴 文　丁林兴 供图）

苏州市桃坞高级中学校

（苏州市第四中学校）

创建时间：1902年
校训/校风：培养高尚纯正之品格，切实适用之学诣
学校地址：姑苏区宝城桥街8号

一、历史沿革

学校的前身是苏州私立桃坞中学。清光绪二十八年（1902），美籍传教士韩汴明、聂高莱奉美国基督教圣公会之命，租得民房两栋，并从常熟延聘中国教士吴子亮、张吉人二人来苏，着手购置课桌椅，劝勉学生入学，并于同年正式开学，外界称为圣公会中西学堂。次年，学校从桃花坞廖家巷东首旧址，迁至宝城桥街新址。清光绪三十四年（1908），学制开始建立，设置预科和本科，预科相当于

1907年建的梅香楼

1923年建的桃坞中学礼堂，现为教师办公楼

高小，本科相当于中学，学习期限均为四年，校中分设中文班和英文班，分班授课。同年，校长一职由美籍传教士史丹林继任，吴福基辅之，学校正式定名为桃坞中学。同时上海圣约翰大学亦承认桃坞中学为其附属中学之一。

清宣统元年（1909），美籍传教士梅乃魁到校接替史丹林任校长。1912年，无锡圣彼得学校并入本校，学校得到进一步发展。1919年，五四运动爆发，学校与东吴大学、苏州工专、苏州中学等四校联合发起成立苏州学生联合会，学生投入运动洪流。1927年四一二反革命政变爆发，桃坞c.y同学发扬大无畏的革命精神，不为白色恐怖所吓倒，在游行过程中，高呼"拥护三大政策""拥护共产党""打倒国民党反动派"等口号，打乱了反动当局的布置。因当时桃坞系教会学校，当局有所顾忌，虽未深究，但对校方提出责难，施加压力。校长请示教会，决定自1927年7月9日起，将学校停办一年。

桃坞中学办学规模不断扩大，另外还兼有圣公会创立的桃坞附小及显道女中。桃坞附小是桃坞中学的附属小学，毕业生可直升桃坞中学。清光绪三十四年（1908）前后，在桃坞中学校舍中，曾辟出一角成立圣信女中，以后改称显道女中，校长由桃坞中学校长兼任。1937年抗战全面爆发后，显道女中停办。

1937年11月，苏州沦陷。1938年秋天，桃坞中学在上海正式开学，由毛克忠任校长，钱慕云任教务主任。当时虽国难当头，校舍狭陋，教师的工作和生活条件极其艰苦，但全体教师基于民族大义和爱国热情，毫无怨言，坚持教学，学生也备受鼓舞，好学成风。1945年抗战胜利后，沪校师生回苏筹备复校，为苏州复校之最早者。1946年开始，校长一职由钱慕云担任。1949年4月，苏州解放，私立桃坞中学随之发生巨大变化。1952年7月，苏州市人民政府接办桃坞中学，历时近半个世纪的教会学校纳入人民教育的行列。12月31日，学校正式启用"苏州市第四中学校"印鉴。之后，学校办学规模不断扩大，教育、教学工作有序开展，至1960年，高中毕业生的升学录取率几乎年年高达100%。1968年年底，学校曾改名为苏州绸缎炼染厂抗大战校。1971年，复名苏州市第四中学。

20世纪30年代《桃坞》校刊

1981年夏，学校成为苏州市第二批改为六年制的完全中学。同时进行校园建设，扩大实验室、图书馆，整修教学楼，补充教学设备，大大改善了学校的教学条件。2001年，学校晋升为苏州市重点中学。2005年，学校晋升为江苏省三星级重点中学。2021年11月，为了更好传承学校近120年办学传统，更好传承苏州桃花坞文化，经苏州市委编制办公室批复，学校更名为苏州市桃坞高级中学校（挂"苏州市第四中学校"牌子）。

二、学校特色

学校始终秉承"培养高尚纯正之品格，切实适用之学诣"的校训，重视学生素质的培养，先后与苏州大学、苏州工业园区职业技术学院、苏州市第十中学、中国民航大学乘务学院等合作，探索高中办学新途径。2004年，与中国民航大学乘务学院达成合作意向，在学校建立中国民航大学乘务学院生源基地；2008年，与苏州市第十中学联合创办普通高中实验班。

三、办学成就

截至2021年12月，学校占地面积22383平方米，建筑面积17254平方米；现有班级32个，学生1389人；现有教职工128名，其中专技教师121名。学校获得"全国学校安全管理先进单位""全国特色高中建设项目学校""江苏省平安校园""江苏省健康促进学校"等荣誉称号。培养了章太炎弟子王乘六、文化泰斗钱锺书、中科院院士钱锺韩、数学家潘承洞等人才。学校将秉持姑苏文脉、桃坞精神，不断提升学校的办学品质。

（余嘉文 蔡力行 供图）

苏州市第五中学校

创建时间：1892 年
校训/校风：诚仁勤朴
学校地址：姑苏区石路义慈巷 15 号

一、历史沿革

学校的前身是两所教会学校——萃英中学（时称萃英书院）和圣光中学。

清光绪十八年（1892），美国基督教北长老会派遣传教士海依士博士在苏州葑门十全街开办萃英书院，在苏州首设英文课程，初始仅有教员 3 人，学生 3 人。清光绪二十年（1894），萃英书院迁至带城桥阔家头巷。清光绪二十六年（1900），迁至葑门内木杏桥堍。清光绪三十年（1904），又迁至阊门上津桥石排巷。清宣统三年（1911），改名为萃英中学。于此，萃英中学成为苏州教会学校中第一所有初高中两级体制的中等学校，率先引进了西方文理科教育

萃英中学第一任校长海依士

体系和教学管理模式，被时任国民政府教育部部长的教育家王世杰誉为开"苏校先河"，国民党元老叶楚伧更誉学校是"尽东南之美"。1923 年，辟校门于义慈巷。1927 年，国人收回教育主权，成立中国人为董事长的校董事会，实行校董事会领导下的校长负责制，定校训为"诚仁勤朴"，首任国人校长为蒋文达。1932 年，

萃英思海堂及钟楼

学校举行建校 40 周年纪念活动，民国政界及社会著名人士林森、张一麐、叶楚伧、王世杰、金松岑等为学校题词，学校将所凝练的优良办学传统提炼为"努力奋斗，分工合作，人格教育，实事求是"的"萃英精神"。从 1937 年秋开始，萃英中学校董会决定，学校停课，师生迁至上海租界，加入由江、浙、沪流亡学校组成的华东联合中学，师生合并协调上课。时任校长为葛鸿钧。学校先后在上海、浙江、江西、四川几地流浪办学，1945 年抗战胜利后，萃英中学迁回苏州义慈巷复校办学，学制为初高两级中学并设附属小学（接收原为教会启明女学的义慈小学）。

圣光中学是一所完全由爱国的中国基督教徒创办的教会学校，也是我国第一所不受外国教会控制的教会学校。学校的创办者都是在民国时期信仰基督教的、有共同"教育救国"抱负的政界人士及专家、商人。其中，坚持"教育救国"理想的著名爱国将领张治中为学校董事长，爱国政界人士尹任先为首任校长。学校在抗战时的重庆创办。创办者是为因战争失去学习条件的孩子提供一个良好的读书环境，旨在培养坚守民族大义、为国为民忘我进取的有为青年。在 1942 年至 1952 年共十年的办学历程中，学校凝聚一流师资力量，享有"中国的伊顿学校"的良好声誉。1942 年 5 月 5 日，圣光中学校址定于重庆歌乐山山洞镇。1946 年 8 月 19 日，因抗日战争胜利，经民国教育部备案，圣光中学由重庆迁往苏州办学，面向上海、南京、苏州三地招生。学校地址在苏州齐门外洋泾塘，系借用原长老会福音医院院址办学。1946 年 9 月 28 日，圣光中学在苏州洋泾塘新校址举行开学典礼。迁校后，全校有学生 80 余人，教师 17 人。学校实施初高两级中学学制，实行部分寄宿制。1948 年 9 月 17 日，圣光中学搬迁至阊门外四摆渡的更生医院旧址办学。1949 年 4 月 27 日凌晨，圣光中学学生走出校门到钱万里桥迎接解放军，成为苏州最早迎来解放军入城的学校学生。

1952 年 7 月，苏州市人民政府决定，接管苏州的所有原教会学校。圣光中学

四摆渡时期的教学主楼

与萃英中学合并，成为中国共产党领导的公办学校。学校改名为苏州市第五中学校（简称"五中"）。学校于2001年成为苏州市重点中学，2005年1月被评为江苏省重点（三星级）高中。2005年，苏州市调整教育布局，优化教育资源，虎丘高级中学并入五中，成为纯高中学校。

二、学校特色

学校首任国人校长蒋文达明确提出了"诚仁勤朴"的校训。这四个简单质朴的汉字是学校传承百年的精神文脉，教育影响了一代代五中人。学校将校园内一棵枝繁叶茂的400多年古香樟视为五中精神文脉的物态象征，与时俱进对其做出时代的解析——"诚，真诚执着，立地坚韧""仁，仁爱宽厚，惠泽众生""勤，勤勉有加，昂然自若""朴，朴实大气，伟岸独立"。两者的融合形成了五中独有的"生命成长"育人模式，由此生发出的整体课程架构，体现出立德树人的根本要求，反映出培养爱国进取、人格健全、自主创新、素养全面的社会主义建设者和接班人的素质教育目标。正是基于此，五中人从学校130年文化传承出发，明确提出"学生成长为最好的自己"的育人目标，坚持生命教育为主体，戏剧教育、科技教育为两翼的学校特色发展之路，助力师生成长。

三、办学成就

截至2021年12月，学校占地面积34001平方米，建筑面积18104平方米；现有班级

萃英中学早期学生英语演说竞赛合影

37个,学生1347人;现有教职工149人,其中专技教师142人。学校获"全国科技教育研究基地""江苏省精神文明建设工作先进单位""江苏省平安校园""江苏省戏剧教育课程基地""江苏省文明校园"等荣誉称号。学校培养了大量的优秀学生,中国科学院院士张新时、中国工程院院士曾德超、中国农业微生物学开拓者之一樊庆笙、中国农业工程学科开拓者张季高、华罗庚数学奖获得者姜礼尚、联合国国际海洋法庭大法官许光建、中国驻香港特别行政区特派员公署首任特派员马毓真、中国驻南联盟大使馆文化参赞刘鑫泉、雨花英烈许金元、中国3D打印技术先驱颜永年、评弹艺术家杨乃珍、舞蹈家马家钦等都从这里走出。学校将继续遵循"诚仁勤朴"的校训,不断激发师生成长内在需求,进一步凝聚学校发展共识,激励全校师生自我成长,形成学校的相对优势,不断加强学校特色建设,提升学校的办学品质。

(沈新 文 曹佳良 供图)

苏州市第十六中学校

创建时间：1889年
校训/校风：含英咀华
学校地址：姑苏区慕家花园11号

一、历史沿革

学校的前身最早追溯到清光绪十五年（1889），来自美国的基督教传教士金振声女士在苏州古城申衙前的巷子里创办了一所规模极小的女子学堂。清光绪十九年（1893），学堂搬到了距离申衙前不远的长春巷，定校名为英华学堂（对外也称长春学堂）。英华，含中国成语"含英咀华"之意，取校名为"英华"，意思是学生读书要懂得并善于从书本汲取精华。学堂设男女生分开读书的女子部、

创办人金振声

男子部二部的办学体制，又设附属小学，续办刺绣科，课程开设国文、英文、算术三科及圣经。清光绪二十五年（1899），英华学堂女子部从长春巷搬至西麒麟巷，与男子部分开，成为纯粹的女校。清光绪三十年（1904），一所现代校舍在苏州古城慕家花园落成，英华楼古朴大气，

英华毕业执照

英华学堂的女子部从西麒麟巷搬迁至此。此后，英华女学堂、吴县私立英华女子中学一直在此办学，1924年学校定名为私立英华女子初级中学，生息、发展直至苏州解放。1951年秋季开学，原苏州三所私立学校，即私立英华女子初级中学、私立纯一初级中学、私立社光初级中学，由市教育局统一安排，合并办学，定名为私立苏光初级中学，校址设在慕家花园。1953年，学校改名为苏州市第二初级中学。1962年，被列为苏州市重点初中，闻名苏城。1970年，学校改名为苏州市第十六中学校，沿用至今。1978年后，十六中改为初中三年、高中二年的五年学制，中考高考成绩突出。1983年，学校恢复为纯初级中学，以"五育并举"作为教育改革重要途径，狠抓教学质量，逐步成为教育质量一流的初中。1990年，学校首次被评为"苏州市文明单位"；1995年，学校被江苏省教育委员会列为江苏省初中素质教育试点学校。进入21世纪，学校顺应教育改革潮流，推进课程改革，先后建立国际象棋、数学、物理、英语阅读和吴文化教学实践五个市级课程基地。

二、学校特色

学校文化氛围浓郁，是一所园林式学校。学校从20世纪70年代起，在校内积极开展棋类活动，尤其是国际象棋，先后涌现了国际象棋特级大师徐俊、江苏省国际象棋锦标赛成人冠军瞿继宏、全国少年国际象棋锦标赛冠军谢钧、国家级

1937年全体教职工庆祝大会合影

国际象棋裁判员刘友仪等一大批国际象棋高手。学校于2001年被国家体育总局棋牌管理中心授予"国际象棋传统学校"的称号。2009年学校被江苏省棋院确定为国际象棋人才培训基地，同年，学生张亿宸荣获江苏省中学生国际象棋少年冠军。学校开设"国际象棋"校本课程，并于2005年投资建设了国际象棋专用教室，优化教学资源，为进一步普及国际象棋的开展、培养优秀后备人才做出了贡献，已培养高水平运动员1名、国家一级运动员3名、国家二级运动员2名，有8名学生获"棋协大师"称号。

三、办学成就

截至2021年12月，学校占地面积25333平方米，建筑面积15873平方米；现有29个班级，学生1200多人；现有教职工110多人。学校获"江苏省文明单位""江苏省模范学校""江苏省实施教育现代化工程示范学校""江苏省体育特色（中小学）学校"等荣誉称号。从学校走出了许多优秀人才，他们中有中国小儿血液病学奠基人彭大恩、地理学家吴传钧院士、土木工程专家殷之书将军、江苏省首批特级教师史云莲等。走进新时代，学校将继续推动内涵建设，努力办好一所高质量、有特色、市民满意的学校。

（袁军 文　徐颖 供图）

苏州市实验小学校

创建时间：1905 年
校训/校风：诚、仁、智、健
学校地址：姑苏区端文路 1 号

一、历史沿革

学校创办于清光绪三十一年（1905），诞生之初，名为江苏两级师范学堂附属两等小学堂，创办人是江苏巡抚端方，首任监督罗振玉，堂址三元坊。1912 年，学校改名为江苏省立第一师范学校附属小学校，小学教育家杨保恒任校长。其后，继任校长俞子夷、吴研因、施仁夫等均为我国小学教育家。1934 年，学校改名为江苏省立苏州实验小学校。1950 年，定名为苏州市实验小学校。1954 年，定为市重点小学，翌年，迁址南门新市路。1978 年，学校确定为江苏省重点小学。1981 年，定为江苏省首批重点办好的实验小学。1996 年，获得"江苏省实验小学"称号。2010 年，学校再次迁址至人民桥南堍端文路。

建校之初，学校是为师范生毕业时试教而设，承担着探索新学、引领地方教育的重任。1913 年至 1914 年，学校用语体文（白话文）编写了《小学国语教科书》等系列教材，经商务印书馆出

20 世纪三四十年代学校大门

版，风行全国。20世纪上半期，学校实施儿童本位教育，所有行政组织、课程编制、训育方式、实验研究及一切设施等均以全力发展儿童个性、启发儿童智能、满足儿童需要为原则，先后开展了设计教学法、道尔顿制、志愿学习法等教育实验。中华人民共和国成立后，20世纪五六十年代，学校秉承"贵在实验，重在示范"的治校传统，成为全省小学教育实验基地，先后进行了学制改革、中心单元教学、语文及数学教学综合研究等一系列教育实验探索。20世纪80年代，学校通过综合改革，探索了"低消耗、高效率、大面积"提高教育质量的途径。20世纪90年代以来，学校坚持科研兴校，全面实施素质教育，开创了"小学校大教育"办学新格局，取得了"五项率先"的办学成果。

20世纪早期江苏省立第一师范学校附属小学校师生在校园中共同作业

20世纪早期江苏省立第一师范学校附属小学校学生在保恒堂前合影

二、学校特色

学校百年传承的"诚、仁、智、健"校训,既体现了中国传统文化中启智与明德相结合的"全人"教育思想,又体现了现代教育制度中培养有共同知识基础和文化认同的公民教育目的。学校在校本化的学生核心素养总体框架基础上,运用学习科学理论,研究和探索在课程教学中落实核心素养培养目标的有效路径和方法,由此构建完善了科学取向的课程教学体系。学校获得国家级教学成果奖1次,省级教学成果特等奖两次、一等奖两次。学校根据从新手教师到专家型教师的成长规律,建立了由适应性发展、提升性发展和自主性发展三阶段构成的专业成长体系,为教师提供全方位的专业成长支持。

三、办学成就

截至2021年12月,学校占地面积53333平方米,建筑面积64000平方米;现有60个小学班,18个幼儿班,学生3000人;现有教职工237人。百余年来,学校特别注重对教师的遴选、聘请和培养,走出了俞子夷、吴研因、沈百英、黄寰清、庄杏珍等小学教育名家。学校的实验创新精神在他们手中代代传承并弘扬。建筑学家贝聿铭、经济学家吴大琨、数学家冯康、物理学家冯端等,均为学校校友。近年来,学校先后获得"全国文明校园""江苏省智慧校园""江苏省教科研先进单位"等荣誉称号;被命名为"全国优秀小学校长培训基地"等。苏州市实验小学教育集团已发展成为拥有苏州市实验小学校(含附属幼儿园)、相城实验小学、沧浪新城幼儿园、吴江明珠学校、吴江明珠幼儿园、苏州市中小学生素质教育基地等10个实体的综合性小学品牌教育集团。学校正以"学生最美童年,人生坚实起步"为愿景,不断实现自身的超越。

(彭坚文 校办供图)

江苏省新苏师范学校附属小学

创建时间：1913 年
校训/校风：让每一颗种子阳光成长
学校地址：姑苏区吉庆街 86 号

一、历史沿革

1913 年 10 月 13 日，江苏省立第二女子师范学校开办的第二年，为应师范生实习需要，筹设附属小学，暂借新桥巷民房为校舍，始称江苏省立第二女子师范学校附属小学校，隶属师范学校（校长杨达权），主事杨鄂联。翌年，校舍迁至小仓口江苏省农业学校旧址（今胥门吉庆街 86 号）。1927 年 8 月，行大学区制，学校改名为中央大学区立苏州女子中学实验小学。1929 年 9 月，大学区废止，又改名为江苏省立苏州女子中学实验小学。1932 年夏，师范教育独立，复奉令改名为江苏省立苏州女子师范学校附属小学。1923 年至 1927 年，画家钱松嵒曾在校任教；1930 年至 1933 年，我国第一代女大学生、五四运动时称"四公子"之一的陈定秀女士任校长，留下了学校规程；1933 年至 1937 年，吴增芥任校长。他与父亲吴研因合著了新中国成立之前第一本儿童教学论著《小学教材研究》。1949 年 9 月，因苏州女子师范学校与苏州师范学校合并，学校改名为苏南新苏师范附属小学，同时复办幼儿园。1953 年江苏省成立后，学校改名为

1951 年毕业生赠送的校徽

江苏省新苏师范附属小学。1981年，新苏师范重返原址，学校定名为江苏省新苏师范学校附属小学，同时附设幼儿园复园。20世纪90年代初，试点办学自主管理，开启了新时代学校发展新起点；21世纪初，学校探索现代学校制度内涵与学校特色，并著有《阳光校园管理文本》。2015年7月，学校临时搬迁到新市路220号（原田家炳高级中学）过渡办学，后于2022年9月搬回新校园。2019年，学校与吴中区太湖新城联盟举办吴郡幼儿园。2020年，又接管吴中区溪秀实验小学和溪秀幼儿园，走上集团化办学之路。

二、学校特色

学校恪守"养成健全人格，实现圆满人生"的百年办学信条，在"历史文化名城中的绿色精品学校"的办学目标引导下，以阳光精神为校园精神文化，以优秀传统文化和现代绿色文明作为学校课程文化和校园文明的内涵和形态，实施"阳光校园，生本管理"养生式管理，以生命为本，立足生活，注重生长，以"阳光校园行动""历史文化名城中绿色学校特色课程体系""校园环境管理体系""家校合作管理社区"为校园生活四大支柱，积极实施"阳光学生成长课程，卓越教师研修计划，智慧家长培训项目"，以期达到师生诚挚友爱、家校同心共赢的目的。

学校创办初即根据学生等级，因材施教开设必修课与选修课。为学生提供才艺学习课程，设小仓镇，开展供学生参加各类社会实践体验的社团活动，1931年，学生作品参加比利时国际博览会预赛，被评为超等。在长期办学过程中，学校将传统文化教育与现代绿色教育整合，在综合实践课程中开展丰富多彩的融绿色教育与传统教育于一体的学生活动，基本构建了学校特色课程体系。特别是劳技教育，从20世纪90年代起，历经二十多年的探索实践，系统地构建了充满生活气息和时代气息的劳技教育校本课程体系，形成了以探究、体验、合作、实践为特征的

1934年学校初级部毕业生合影

劳技课程教学模式和评价方式，充分发挥劳技教育综合育人的功能。

三、办学成就

截至 2021 年 12 月，学校占地面积 48000 平方米，建筑面积 49583 平方米；学校小学部现有 29 个班，学生 1189 人，教职工 91 人；附设幼儿园现有 7 个班，学生 235 人，教职工 20 人。学校是江苏省实验小学、苏州市教育现代化学校，附设幼儿园为江苏省优质幼儿园。学校获"江苏省文明单位""江苏省绿色学校""江苏省推进素质教育先进学校""江苏省家庭教育工作示范单位"等荣誉称号。

学校出版物

（王佩娟 文 邢华 供图）

江苏省梁丰高级中学

创建时间：1836年
校训/校风：勤业慎行
学校地址：张家港市杨舍镇国泰南路7号

一、历史沿革

清道光十六年（1836），乡间贤达创设慈善机构同善堂，组建与物为春文社。清同治年间，改名为古暨阳文社。清光绪二十年（1894），在文社基础上创立梁丰书院，耆儒张洵佳任第一任山长。清光绪三十一年（1905），合并附近乡区私塾，改名为梁丰两等小学，设高、低级各一班，郭镇藩任首任校长。此后十多年，校誉日隆。1925年，学校设立初中部，改名为江阴县私立梁丰初级中学。抗战期间，借地复课，坚持办学。1938年暑后，学校正式复校。1941年暑后，学校增设高中部，改名为江阴县私立梁丰中学。1951年，高中部并入江阴县中。1956年，恢复高中部，由私立变为公立，改名为江阴县梁丰中学，建立党支部。1962年，沙洲县成立，学校改名为沙洲县梁丰中学。1966年，学校改名为沙洲县东方红中学。1978年，学校改名为沙洲县第一中学，高中部开始面向全县招生，择优录取。1983年9月，学校复名为沙洲县

首任校长郭镇藩

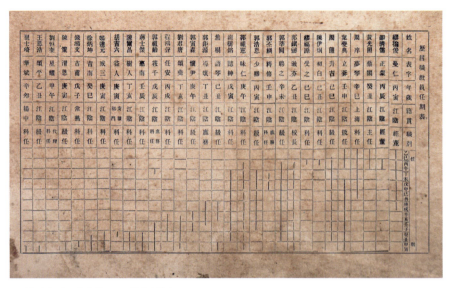

20世纪初梁丰两等小学历届职教员任期表

1949年4月22日梁丰师生欢庆杨舍镇解放

梁丰中学。1986年，沙洲县撤县建市，学校改名为张家港市梁丰中学。1988年，成为苏州大学附属中学。1992年，张家港市人民政府于人民中路易地新建学校。1993年，新校正式投入使用，经江苏省教委批准，被命名为江苏省梁丰高级中学。学校全面实施教育现代化工程，引发了影响全国的"梁丰效应"。2005年，张家港市人民政府投入2.5亿元，于国泰南路再次易地新建学校。2006年8月，新校区正式启用。2013年，学校创办国际教育。

二、学校特色

学校秉承梁丰先贤提出的"勤业慎行"的校训，践行"品端成梁，学粹至丰"的育人理念，形成了"德智平衡，五育融合"的办学特色。实施学生德性生长工

19世纪末梁丰书院钟楼

程，传承红色基因，连续38年开办学生青年党校，承办江苏省"四仪"教育示范观摩活动，建设省中小学品格提升工程优秀项目"指向有大爱大德大情怀的新时代高中生培养的红色教育"。实施创新人才培养工程，搭建"品端学粹"课程结构，构建"梁丰书院""梁丰科学院""知行学院""国际学院"四大学院课程体系，从人文、科学、社会实践和全球胜任力等领域设置课程，建设"电子技术与高中物理拓展创新""生物学科创新中心""高中生'体验式'生涯规划"省级课程基地项目。学校注重足球综合育人，是首批全国青少年校园足球特色学校、首批江苏省足球后备人才示范学校、"阳光足球"省校园足球课程基地学校。《中国教育报》《江苏教育》《教育家》等报刊，以及新华网、中国教育电视台、"学习强国"等媒体，先后报道过学校的办学特色。

三、办学成就

截至2021年12月，学校占地面积12.88万平方米，建筑面积6.46万平方米；普高现有45个教学班，学生2281名；国际部现有4个中美班，5个中日班，1个中韩班，学生195人；现有教职工255人。1980年，学校成为江苏省首批办好的重点中学。1997年，首批通过国家级示范性普通高中省级验收。2004年，被确认为江苏省首批四星级普通高中。2019年，被确定为江苏省高品质示范高中首批建设立项学校。学校获得"江苏省模范学校""江苏省德育先进学校""江苏省基础教育课程改革先进集体""江苏省文明学校""普通高中新课程新教材实施省级示范校"等荣誉称号。百年梁丰，人才辈出，其中有樊春海等6名两院院士，江苏省有突出贡献中青年专家1人，江苏省人民教育家培养对象1人，江苏省特级教师9人，国际奥赛金牌得主2名，江苏省高考状元3名，李政道高考奖学金获得者24名。站在新时代的潮头，学校将弘扬"为国植贤，追求卓越"的"梁丰精神"，努力建设"精神丰盈，崇尚科学，培育栋梁"的高品质学校。

（赵爱刚 文 赵献丹 供图）

张家港市第一中学

创建时间：1836年
校训/校风：勤业慎行
学校地址：张家港市杨舍镇沙洲中路22号

一、历史沿革

道光十六年（1836），乡间贤达创设慈善机构同善堂。是年，郭鸿飞、郭兆雄、叶天庆等爱国文人在同善堂基础上，组建与物为春文社。清同治年间，改名为古暨阳文社。清光绪二十年（1894），在文社基础上创立梁丰书院，耆儒张洵佳为第一任山长。清光绪三十一年（1905），合并附近乡区私塾，改名梁丰两等小学，设高、低级各一班，郭镇藩任首任校长。1925年，设立初中部，改名为江阴县私立梁丰初级中学。1937年，全面抗战爆发，学校在战乱中遭严重破坏，但仍借地坚持办学。1938年暑后，学校正式复校。1941年，学校增设高一、高二各一班，改名为江阴县私立梁丰中学。1951年，高中部并入江阴县中。1956年，恢复高中部，由私立变为公立，改名为江阴县梁丰中学。1962年，沙洲县成立，学校遂改名为沙洲县梁丰中学。1966年，学校改名为沙洲县东方红中学。1978年，

1905年梁丰两等小学教室

学校改名为沙洲县第一中学。1983年，复名沙洲县梁丰中学。1986年，沙洲县撤县建市，学校遂改名为张家港市梁丰中学。1992年，在校内新办张家港市第一中学，1993年，江苏省梁丰高级中学搬入位于人民中路的新校舍，学校正式挂牌。2000年，学校高中部并入张家港市高级中学，张家港市第一中学成为由市教委直属的纯初中学校。

二、学校特色

学校牢固树立"育人为本，德育为先，能力为重，全面发展"的育人理念，聚焦核心，关注成长，突出个性，积极实施"领雁计划"，探索全学科、多课型、多层次的"向格课堂教学模式；重视课程思政建设，开展思政课程引领课程思政"的实践与研究，实施"向格德育"，积极构建格调、格致、格韵、格量、格局、格善、格业、格尚的"向格德育"体系。学校教改成果入选"江苏省初中课堂教学改革优秀成果"，获评"江苏省中小学思政育人特色学校"。《中国教育报》《江苏教育报》《江苏教育》等媒体，对学校的"向格德育"做过专题报道。

校园概貌

三、办学成就

截至2021年12月，学校占地面积2.85万平方米，建筑面积2.59万平方米；现有33个班级，学生1472名；现有教职员工125名。百年书院，翰墨书香，人才辈出。从这里走出了童秉纲、吴中伟、曹楚南、章申、吴培亨、樊春海等6位中科院院士。学校先后获"全国素质教育先进示范校""全国数字化家校（园）共育示范校""江苏省德育先进学校""江苏省体育传统项目学校""江苏省教育现代化示范初中"等荣誉称号。百余年弦歌颂雅，几代人传承开拓。学校将择高而立，向宽而行，努力建设"张家港领先，苏州市一流，省内外知名"的现代化名校。

（张丽娜 文 郭增望、李慧娟 供图）

张家港市实验小学

创建时间：1904 年
校训 / 校风：端、勤、毅
学校地址：张家港市杨舍镇小菜巷路 1 号

一、历史沿革

清光绪三十年（1904），缙绅缪抡俊发起，与缪绥之、郭聘之等人假址杨舍堡城城西文昌宫，创办范贤初等小学堂，缪绥之为堂长，郭绥芬为学董，收男生 20 余人。1912 年，改名为范贤初等小学校。1913 年，郭聘之接任校长，迁址城中庙湾街郭氏支祠，兼招女生，立"端、勤、毅"为校训。1916 年，改名为杨库乡立第二国民学校。1917 年，开设女子高小补习班。1922 年，学制变更为六年

第二任校长郭聘之

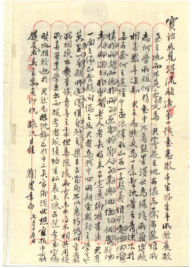

郭聘之校长给学生朱宝怡的信

（初小四年、高小二年）。1923年，改名为杨库乡立第二初级小学。1928年，转县办，改名为江阴县立杨库小学，并定为辅导区中心小学。1937年，学校停课，次年下半年，在郭翼舟、张文贵等努力下，筹建临时小学复课。1945年11月，改名为杨舍镇三余乡联立小学。1946年，改名为杨舍镇三余乡中心国民学校。1947年，改名为杨舍自治示范镇中心国民学校。1949年，江阴解放，人民政府接管，学校改名为江阴县杨舍中心小学。1957年8月，梁丰小学并入。1962年，沙洲县成立，学校改名为沙洲县杨舍中心小学。1966年8月，改名为沙洲县东方红第一小学。1970年，改名为沙洲县油厂东方红小学，1978年7月，恢复县重点小学，改名为沙洲县实验小学。1981年，学校被定为首批办好的省级实验小学。1986年，沙洲县撤县建市，学校改名为张家港市实验小学。2000年7月，张家港市南苑小学并入，学校开始分南北两校区；同年，南校区开始招收寄宿生。2004年9月，新建的东校区落成启用。2015年5月，张家港市实验小学教育集团成立。2021年6月，教育集团西校区落成启用。2021年8月，张家港市泗港小学并入成为教育集团泗港校区。

第五任校长郭丽川上海圣约翰大学毕业照

二、学校特色

学校提出"做精神明亮的人——过正常而积极的童年生活"的教育宣言，以"一体两翼"为发展模型（即以"核心素养""国家课程"等基础目标为体，以"审美发育"和"智能拓展"为两翼），积极实施"儿童定制学习"，为每个儿童提供适合的学习机会和成长路径。近年来，举办学生"私人定制"音乐会、绘画展300余场，编辑学生"原创书"数百本，"山那边"等学习项目获教育部一等奖，"立起来剧场"等学习项目五次登上央视舞台，《成就"每一个"：儿童定制学习》等4本专著由江苏人民出版社出版。"儿童定制学习"项目成功申报为江苏省基础教育前瞻性教学改革实验项目，并获江苏省教育成果奖。学校被认定为"全国中小学中华优秀文化艺术传承学校""国际StarT项目式学习共同体实验学校"。

三、办学成就

截至2021年12月，学校（5个校区）占地面积16.35万平方米，建筑面积14.07万平方米；现有班级198个，学生8663人；现有教职工528人。从这里走

20 世纪 70 年代校门

出了童秉纲、樊春海两位中科院院士，学校先后获"全国'五讲四美'为人师表先进集体""全国学校体育工作示范学校""江苏省文明校园"等殊荣 100 多项，承办了全国县域义务教育均衡发展督导评估认定现场会、全国 STEM 课程研讨会、全国小学特色文化现场会、江苏省小学教育专题研讨会等数十次重要活动。《人民日报》《光明日报》《人民教育》《中国教育报》等报刊，以及人民网、新华网等媒体多次报道学校的办学成果。学校将继续秉承百年校训"端、勤、毅"，坚守"范贤"精神，以人为本，努力办好一所"保卫童年的学校"。

（金凤国 文　金凤国 供图）

张家港市泗港小学
(张家港市实验小学泗港校区)

创 建 时 间：1908 年
校训 / 校风：端、勤、毅
学 校 地 址：张家港市经济技术开发区泗杨路 800 号

一、历史沿革

清光绪三十四年（1908），赵景希、赵介怀、陈裕庆等人创办泗港初等小学堂。1913 年，改名为泗港初等小学，陶望明任校长。1923 年，改名为泗港初级小学，吕谓清任校长。1946 年，改名为江阴县泗港乡中心国民学校，郭荣俊任校长。1949 年 4 月，江南解放，人民政府接管学校，改名为江阴县泗港小学，缪超

1988 年庆祝六一儿童节合影

20世纪80年代末泗港中心小学校舍

群任校长。1951年9月,改名为江阴县泗港中心小学。1962年1月,沙洲县成立,学校遂改名为沙洲县泗港中心小学,1969年,学校改名为泗港乡九大队小学,附设两个"戴帽子"初中班,同年9月,"戴帽子"初中班并入泗港中学。1978年,学校恢复中心小学建制,复名沙洲县泗港中心小学。1986年,沙洲县撤县建市,学校遂改名为张家港市泗港中心小学。1992年,泗港镇人民政府投入600余万元易地新建学校,1993年9月新校启用,景巷小学并入。1999年5月,学校被正式命名为"江苏省实验小学"。2000年9月,学校改名为张家港市杨舍镇泗港小学。1997年9月,章卿小学并入学校。1999年8月,万红小学撤并,部分学生至学校就读。2000年8月,五新小学撤并,部分学生至学校就读。2001年8月白鹿小学并入学校。2002年8月,百桥小学并入学校。2003年2月,学校改名为张家港市泗港小学。2005年8月至2006年8月,闸上小学、杨东小学先后成为学校分校。2010年8月,杨东分校并入学校。2012年8月,杨舍镇人民政府投入3000多万元,翻建食堂和4幢教学楼。2019年10月,张家港市城投公司投入5000万元,翻建教学楼、综合楼,改造校门。2021年9月,闸上分校独立建制,学校成为张家港市实验小学泗港校区。

二、学校特色

学校秉承"沐浴阳光,润泽生命"的核心理念,实施阳光教育。扎实开展阳光体育,努力打造篮球、花样跳绳、独轮车三张"名片"。女子篮球队获苏州市冠军10次,为苏州市体校及省级以上专业球队输送20余名人才。2020年,被评为第一批"全国青少年校园篮球特色学校"。独轮车在苏州市比赛中连续三年获一等奖。花样跳绳曾在"全国亿万学生阳光体育推进会"上进行展示。同时,学校切实施行"同城教育",坚持有教无类、因材施教,让每位学生都享受优质均衡教育。《中国教育报》《江苏教育报》等媒体宣传报道了学校阳光教育的经验与成果。

三、办学成就

截至 2021 年 12 月,学校占地面积 3.63 万平方米,建筑面积 2.45 万平方米;现有班级 36 个,学生 1394 人;现有教职工 100 人。学校先后获"全国红旗大队""江苏省体育工作先进单位""江苏省国学经典教育实验基地""江苏省健康促进学校"等荣誉称号。学校培养了许多优秀学子,其中有国际自行车联盟管理委员会委员、亚洲自行车联盟副主席袁媛,全国劳动模范、全国脱贫攻坚创新奖获得者葛剑锋,东南大学建筑学院教授葛明,新华社香港特别行政区分社社长张国良。站在新的起点上,学校将秉承校训"端、勤、毅"和"贤范"精神,踔厉奋发,笃行不息,再谱新的篇章。

(宗晓芳 文 张丽萍 供图)

张家港市中兴小学

创建时间：1915年
校训/校风：勤、容、远
学校地址：张家港市金港街道中兴南路31号

一、历史沿革

1915年，中正乡学董朱襄唐借大圩里杨家坛西部房屋为校舍，创办了西五节桥初级小学，时称中正乡立第二初等小学，开设一至三年级，招收中正乡地区的学童，开办时有学童10多人。1925年，迁址西五节桥，借桥北房屋为校舍。1928年秋，借用火神庙房屋为校舍，改名为中正乡西五节桥初等小学。1930年1月，改名为江阴县西五节桥初级小学。1931年冬，校长朱维善邀同地方人士筹募400余元，在火神庙后建造教室与卧室。1945年9月，改名为江阴县立中兴乡第四、第五、第十二保国民学校。1947年2月，又在火神庙后沿港新建办公室和教室。1950年，改名为江阴县后塍区西五节桥小学。1954年，改名为江阴县后塍区中兴乡中心小学。1962年，改名为沙洲县中兴中心小学。1964年，火神庙破旧庙宇拆除，建朝西向的教室，形成了四合院式的校园。1969年，改名为中兴小学。1979年，益民小学、中圩岸小学并入。1984年，易地新建。1986年，改名为张家港市中兴中心小学。1986年，改名为港区镇中兴中心小

20世纪80年代初校舍

1998年环保红领巾中队成立大会

学。1988年，复名张家港市中兴中心小学。1992年，红星小学、唐家埭小学并入。1999年，改名为张家港市港区第二中心小学。2000年至2002年，猛将堂小学、马桥小学、群力小学、九思小学先后并入。2003年，改名为张家港市中兴小学。

二、学校特色

学校聚焦"教育与未来，课程与重构"，构建实施统整项目课程。学校成为"国际StarT项目式学习共同体实验学校"，获第三届国际StarT峰会课程设计大奖，在第五届全国STEM教育与项目式学习学术研讨会暨2020年度项目式学习优秀项目展评活动中获一等奖。同时，学校成立以骨干教师为主的"优教优学"工作室，依托"互联网+"智慧校园，开发并推广应用"优教班班通"平台，拓展教学时空，促进师生角色适时转换、多向互动，改变、优化"教"与"学"的方式。江苏教育电视台曾对学校探索"优学课堂"的做法与成果进行了专题报道。

三、办学成就

截至2021年12月，学校占地面积3.72万平方米，建筑面积1.99万平方米；现有78个教学班，学生3458人；现有教职工190人。学校先后获"全国青少年校园足球特色学校""江苏省绿色学校""江苏省中小学智慧校园""江苏省健康促进学校"等荣誉称号。学校培养了大批的优秀学子，其中有中医学博士江杨清、革命烈士孙逊群、全国先进生产者章布林、南京理工大学教授王相勤、江苏省高考状元吴迪等人。学校将继续恪守校训"勤、容、远"，坚持"以人为本，崇尚科学，全面发展，张扬个性"，努力朝着"塑造高品位教师，培养高素质学生，办成高质量教育，创建高品质学校"的目标迈进。

（沙静 文　张彩英、金良、沙静、左辉 供图）

张家港市南沙小学

创建时间：1884 年
校训／校风：诚勤
学校地址：张家港市金港街道南沙半农路

一、历史沿革

学校的前身是清光绪十年（1884）秀才郁介祉在三甲里创办的育德书院。清光绪三十二年（1906），郁介祉又将育德书院改成育德学堂，时有老师 2 人，学生 30 余人。1913 年 8 月，江阴县将学校改名江阴县大桥乡第二初等国民小学。1916 年 8 月，殷念乔任校长，将慧凝庵全部扩充成教室，并出售自己祖传田产完善办学设施，将学校发展成完全小学。1929 年，校长瞿芭丰因教学业务管理成绩显著，调任苏州市实验小学，先后任教师、教导主任、校长。1933 年 8 月，江苏省督导为了表彰殷念乔校长的办学成就，将学校改名为念乔小学。1949 年 8 月，成立三省乡，学校改名为三省小学。1953 年，三省乡并入南沙乡，学校升格为三甲里中心小学，主管南沙、占文 2 个乡区域内小学的教学业务辅导。1969 年 2 月，改名为南沙公社建新小学。1978 年 8 月，改名为南沙中心小学，主管长山、占文等 14 所村小的教学业务辅

1921 年《江阴县续志》中关于学校的记载

1951年三省小学大队部合影

导。1983年8月,学校北移,征地新建校舍和操场,办学规模由双轨制向三轨制发展。1984年至2003年,随着南沙镇区的市镇建设、国家AAAA级香山风景区建设和社区建设,政府推行优质教育资源办学,先后将香山、东山、柏林、马桥、光辉、镇山和山北7所村校并入学校。2003年8月,金港镇成立,学校撤销中心小学建制,改名为张家港市南沙小学。是年,学校西移,建设成为九年制义务教育达标学校。2010年7月,金港镇人民政府拆除老校舍原地新建,建设成为苏州市基本现代化学校。

二、学校特色

学校依托张家港市南沙区域独有的香山乡土资源,营造"香山风"课程环境,架构"香山文化"特色课程体系,探索课程实施途径,构建本土化、多元化、特色化的香山课程文化评价体系。进入21世纪,学校传承举重文化,弘扬举重精神,形成了举重、足球办学特色。2007年8月,校友刘海华参加秘鲁世界大学生举重77千克级举重比赛,获得冠军。2012年11月,校友陆浩杰参加2012年英国伦敦奥运会77千克级举重比赛,获得亚军。截至2021年12月,学校举重队先后参加苏州市小学生举重比赛17次,共获155枚金牌、90枚银牌、46枚铜牌。2017年12月,学校被评为"全国青少年校园足球特色学校"。

1999年南沙中心小学教学楼

三、办学成就

截至2021年12月，学校占地面积16800平方米，建筑面积10370平方米；现有班级37个，学生1665人；现有教师99人。学校先后创建成为"江苏省三星级档案室""苏州市艺术教育特色学校""苏州市体育传统项目学校"等。2021年9月，《南沙小学志》由凤凰出版社正式出版。115年来，学校培养了大批的优秀学生，其中有文学家、语言学家和教育家刘半农，作曲家、演奏家、音乐教育家刘天华，二胡演奏家、作曲家、教育家刘北茂，教育家郁祖同、瞿苢丰、王承绪、王重鸣，江苏省名中医郁祖祺，"全国优秀体育教师"蒋才元，作家徐玲、卢思浩等。学校将继续遵循"诚勤"的校训，弘扬"文明勤学，求实创新"的校风，全面贯彻党的教育方针，大力推进素质教育，不断提高办学品位。

（张建良 文　张建良 供图）

张家港市南沙占文小学

（张家港市南沙小学占文校区）

创建时间：1913年
校训/校风：团结紧张，严肃活泼，呕心沥血，育英育才（1965年）
　　　　　相信自己，欣赏自己，创新自己（2006年）
　　　　　和谐博爱（2010年）
学校地址：张家港市金港街道杨泾路6号

一、历史沿革

学校的前身是清朝末期詹文桥覆酒山南麓缪家祠堂的义塾，清光绪三十二年（1906）秋，地方绅士谢宗跃（谢君尧）创办为洋学班，又因学校地处香山和稷山之间，取名香稷学堂，时有老师2人，学生32人。1913年，学校渐成规模，改名为大桥乡第三初等小学校。1928年，改名为江阴县大南乡第三中心国民学校。1931年后，校址迁至詹文桥涤凡寺内，改名为江阴县詹文桥小学，时有学生81名，教师3名，附设幼儿班1个。1937年，占文地区沦陷，学校被迫停课。1940年，地方人士急蒙童无读书之苦，募集资金修复校舍，学校开始复学。1946年，改名为江阴县詹文乡中心国民学校。1948年，改名为国民詹文中心小学校，施教辐射半径达十余里，学校有寄宿生，这是办学后的第一个鼎盛时期。1953年，改名为江阴县占文小学。1962年1月，沙洲县成立，学校遂改名为沙洲县占文小学。1969年，改名为南沙公社占文小学。1978年，学校恢复原管理体制。1991年，

修建校舍碑记（1940年和2006年）

1978年教师合影

1978年数学竞赛优胜学生合影

改名为张家港市南沙镇占文小学；是年10月，新建1300平方米附属幼儿园。2003年，改名为张家港市金港镇占文小学。2009年至2014年，学校完成全部校舍改造，增设现代化教学设备。2013年，成为南沙小学占文分校，同称张家港市南沙占文小学，由南沙小学进行一体化管理。

二、学校特色

早在民国时期，就有爱好书法的师生参加詹文桥举办的"香南字会"。20世纪80年代初，学校发扬传统，秉承"写好字，做好人"的教育理念，将书法作为特色教育，创立书法班，普及书法教学。2006年，学校将毛笔书法列入三至六年级课程计划，由专职书法老师授课；在少年宫活动中开设毛笔书法兴趣班；开展"书法家进校园"活动。2014年，学校承办张家港市小学书法写字教育现场推进会。

历届书法班学员中，有全国书法家协会会员1人，省市书法家协会会员30余人，上海中华书法协会会员30人；300余人次在全国书法大赛中获奖，27人获上海中华书法协会颁发的段位证书，18人的书法作品被张家港市博物馆收藏。学校多次获评"苏州市书法特色学校""苏州市书法教育先进集体"等称号。书法特色教育成就了学校的文化底蕴，也成就了学生的个性发展。

三、办学成就

截至2021年12月，学校占地10000平方米，建筑面积4557平方米；现开设12个班级，有学生462人；现有教师35人。2021年9月与南沙小学合编的《南沙小学志》由凤凰出版社正式出版。学校走出了大批的优秀学生，其中有革命烈士缪型、科学家王箴、缪端生，教授张士锷，享受国务院政府特殊津贴的王庆一、薛伟，全国五一劳动奖章获得者张建文，博士刘正华、谢蓉，高级工程师汤国平、张磊等。学校将继续遵循"和谐博爱"的校训，弘扬"文明求实，开拓创新"的校风，把握时代发展脉搏，全面贯彻党的教育方针，更好地培养新一代社会主义建设者和接班人。

（张建良 文 张建良 供图）

张家港市德积小学

创建时间：1911年
校训/校风：厚德积学
学校地址：张家港市德积街道办学前路（北侧）2号

一、历史沿革

清宣统三年（1911），里人在护漕港文昌庙内创办学堂，负责人为钱永春。1921年，乡绅陈飚初用围圩款及部分乡绅捐款于护漕港桥东堍建造新校舍，丁汝初任校长。1922年，迁入新校，定名为江阴县德顺乡第一国民学校。1934年，改名为江阴县德顺乡第二中心国民学校。1942年9月，学校被日军占据，师生转移到文昌庙内上课。1945年8月，沙洲县抗日民主政府县长沙金（陈伊）带领县武工队解除驻校伪军武装，师生重返学校上课；9月，学校改名为江阴县丰亨乡国民小学。1948年，改名为江阴县德顺乡中心小学。1949年，改名为江阴县德顺乡护漕港中心小学。1954年，改名为江阴县晨阳区护漕港中心小学。

叶干清（1948年以教书为掩护开展地下工作）

1962年，沙洲县成立，学校遂改名为沙洲县护漕港中心小学。1969年，学校体制下放，改名为护漕港小学。1978年，恢复中心小学建制，学校改名为德积中心小学。1982年，学校创办化工七厂。1986年，沙洲撤县建市，学校遂改名为张家港市德积中心小学。1994年，新光小学、双丰小学并入。1999年，金星小学并入。2001年，拦门小学并入。2002年，永兴小学并入。2003年，改名为张家港市德积小学。

1984年6月德积中心小学全体教职工合影

1985年教师自己动手修建学校水井

2004年，天妃小学、新套小学并入。2006年，太字小学并入。

二、学校特色

学校营造和谐环境，培养优秀教师，建构成长（树）课程，构筑积学课堂，实施阳光评价，立体构建"绿色文化学校"。在"绿色文化"引领下，坚持探索实践"绿色教育"，构建了基于国家课程基础的德育校本课程、学科拓展课程、兴趣特长课程、农场特色课程。2018年6月，学校承办了苏州市小学特色文化项目推进会。学校"儿童农场"被评为"苏州市中小学生综合素质发展活动基地"。

三、办学成就

截至2021年12月，学校占地面积4.6万平方米，建筑面积1.5万平方米，绿化面积1.2万平方米；现有47个班，学生1954人；现有教职工119人。学校先后获"国际StarT项目式学习共同体PBL实验学校""全国青少年校园足球特色学校""江苏省绿色学校"等荣誉称号。《光明日报》《扬子晚报》、江苏教育电视台等媒体宣传报道过学校的办学经验与成果。学校培育了一大批优秀学子，其中有抗日战争时期的革命烈士叶英、全国混凝土行业优秀企业家张云法等。学校将继续秉承"厚德积学"校训，努力"让每一个生命个体自然、健康、快乐地成长"。

（赵亚珍 文 陈辰、丁桂兴 供图）

张家港市崇真小学

创建时间：1884年
校训/校风：敬爱
学校地址：张家港市后塍街道蟛港东路88号

一、历史沿革

学校的前身是南塍文社和私立崇真小学。清光绪十年（1884），后塍开明绅士、江阴县议员陈宝明在后塍南街关帝庙内设立南塍文社；清光绪三十年（1904），移至南街勉善堂，并改名为两等学堂；1933年，改名为国立后塍中心国民学校；1948年，改名为大南乡第一中心国民学校；中华人民共和国成立后，改名为江阴县后南小学；1962年，改名为沙洲县后南小学；1986年，改名为张家港市后南小学。清宣统三年（1911），天主堂神甫朱季球，在教育家、复旦大学创始人、神学博士马相伯的支持下，创办了只有2个班的私立初小崇真小学，1917年开办高级班；1921年建校门，上刻"崇真"两字；同年，学校庆祝建校10周年，江苏省省长韩国钧题"育才锡类"匾，挂礼堂正梁，近代实业家、教育家张謇赠"敬爱"匾，挂大礼堂作为校训；1952年，改为公办江阴县共和桥小学；1958年，通兴桥小学并入，改名为江阴县通兴桥小学；1960年，改名为江阴县后塍中心小学；1962年，改名为

20世纪70年代后塍中心小学校门

20世纪50年代教师与优秀儿童代表合影

沙洲县后塍中心小学；1986年，改名为张家港市后塍中心小学。1998年8月，后塍中心小学与后南小学合并，组建成新的张家港市后塍中心小学。2003年9月，改名为张家港市后塍小学。2016年3月，金港镇人民政府投资1.2亿元，在蟠港东路88号易地新建校区，并改名为张家港市崇真小学。2017年1月，新校区正式启用。

二、学校特色

学校一直注重武术特色建设。1996年，学校正式成立武术队。2000年，学校被命名为张家港市后塍武术学校。学校坚持"以武养德，以武启智，以武健体，以武悦心，以武砺志"的课程培养目标，依托课题研究，把武术纳入学校课程体系，构建"基础型课程+拓展型课程+研究型课程"的框架，着力建设体教融合背景下的尚武课程。2019年5月，学校"武术特色课程建设"项目获评苏州市小学特色文化建设项目。2015年，学校承办了苏州市学校武术教育推进会。近年来，学校学生400余人次在各级各类武术比赛中获奖，武术社团被评为"江苏省优秀红领巾小社团"，参与了中国教育电视台《传承的力量》节目录制，学生武术操表演等视频登上了"学习强国"平台。

三、办学成就

截至2021年12月，学校占地面积4.09万平方米，建筑面积2.62万平方米；现有班级55个，学生2580名；现有教职工158人。2006年以来，学校先后创建成为"江苏省健康促进学校""江苏省智慧校园""南京师范大学课程与教学研

学生武术表演

究所课程实验基地学校"等。学校培养了一大批优秀学子，其中有革命先烈、江苏农民运动杰出领导人茅学勤，新华社高级编辑、编译家戴增义，教授汤渭龙、封学民，山东潍坊医学院原院长、教授严明仁，上海儿科名医陈竹亭，等等。中国教育电视台、江苏教育电视台、《扬子晚报》等媒体先后报道过学校的办学经验。学校将继续以百年办学历史的精神源头"崇真"为学校精神，秉承百年校训"敬爱"，以"从童年，向未来"为办学理念，以"建尽善尽美学校，育允文允武少年"为办学目标，培养"崇德尚礼，博学求真"的"崇真人"。

（刘文彪 文 汤德利 供图）

张家港市闸上小学

创建时间：1912年
校训/校风：天天向上
学校地址：张家港市杨舍镇新闸路136号

一、历史沿革

1912年，江阴公安局侦缉队队长黄秉忠借用闸上村民蒋柳春家中的厅屋开始办学，校名为闸上初等小学。1937年，校舍被侵华日军付之一炬。1938年，校舍重建。1954年，学校扩展为完小，改名为闸上中心小学。1975年，泗港公社三大队征用二小队的土地4267平方米，建造了13间两层楼的新校舍，并合并了七房巷小学。1987年，闸上村征用10000平方米土地，投资50万元，在学校现址建造

1955年校貌回忆图

20世纪80年代的敲铃钟

1987年新校落成典礼教师合影

了10间三层楼的新校舍，同年10月，学校投入使用。1995年，泗港镇人民政府与闸上村投资200万元，重建学校教学楼。2000年至2002年，善港小学、五新小学、西新小学先后并入闸上小学。2000年8月，学校改名为杨舍镇闸上小学。2005年8月，学校成为张家港市泗港小学分校。2021年5月，学校改名为张家港市闸上小学，升格为独立建制的市镇小学。

二、学校特色

爱心人士黄秉忠创办闸上初等小学时，爱的种子就在这里悄然萌芽。闸上校师生雷厉风行、凝心聚力的处事品质代代相传，公平公正、温馨关爱、乐于奉献、正大永恒的"大爱教育"思想逐步形成。1994年春，学校与江苏省丰县春蕾小学开展"手拉手"活动。两校学生和教师鸿雁传书，交流学习、生活、教育教学等情况,并相互勉励。同时,学校教师赠送春蕾小学学生衣物、学习用品等。2009年开始,学校以设立的"爱心基金"及部分教师的捐资,助学安徽省潜山县贫困学生。2010年,学校开展第一届"爱心节"活动,成立"红领巾志愿者"队伍。学校"以爱立校,以爱施教,以爱化人"的"大爱教育",赢得了社会各界的广泛赞誉。

三、办学成就

截至2021年12月,学校占地面积16000平方米,建筑面积5678平方米;现开设10个班级,有学生414名;现有教师28人。1991年,少先队大队部被评为"全国学赖宁先进集体"。2007年4月16日,学校为江苏省"推进基础教育均衡发展,实施素质教育"提供观摩现场。2007年9月13日,《人民日报》《光明日报》《经济日报》、新华社和中央人民广播电台等多家主流媒体组成教育采访团,对学校均衡教育发展进行了专题采访。学校培养了许多优秀学子,其中有革命烈士葛怀德、国家特级飞行员赵志敏等。学校将继续传扬"大爱教育",不断丰富内涵建设,提高办学质量,建办人民更加满意的教育。

(潘含笑 文 蒋金芬 供图)

张家港市塘市小学

创建时间：1909 年
校训/校风：味道守真
学校地址：张家港市经济技术开发区英才路 1 号

一、历史沿革

张家港市塘市小学始创于清宣统元年（1909），由西校与东校合并而成。西校在西街，西街属于江阴县塘市乡；东校在东街，东街属于常熟县汤桥乡。街中立石碑为界。

清宣统元年（1909），徐吟庭和郑懋章等人于塘墅捐资创办开化小学，史称西校，校长叶德桢。1926 年，建立江阴县马嘶乡第八小学，开化小学并入。1931 年，改名为江阴县塘墅初级小学。1945 年，改名为江阴县塘墅乡第五、第六保国民学校。1949 年，又改名为江阴县塘墅初级小学。

1984 年校园校貌

1966年6月女子乒乓球队蝉联全县亚军合影

清宣统三年（1911），赵梦龄（即赵颂眉）在塘市东街家中创办溇东初等小学堂，学级仅1级，学生近20人，史称东校。1912年，改名为常熟县新庄乡第二初等小学校。1915年8月，改名为常熟县新庄乡立第二国民学校。1923年，学校易地新建在东城隍庙（原校址）后面，为完全小学。1947年3月，改名为常熟县新庄乡第一中心国民学校。1949年4月改名为常熟县西塘市小学。

1953年塘市乡东街划归江阴县管辖。同年7月，西校并入东校，学校改名为江阴县塘墅中心小学。1962年，沙洲县成立，学校归沙洲县管辖，改名为沙洲县塘市中心小学。1969年，撤销中心校建制，改名为沙洲县塘市小学。1978年，恢复中心校建制，校名恢复为沙洲县塘市中心小学。1986年，沙洲县撤县建市，学校遂改名为张家港市塘市中心小学。1996年9月，学校搬入位于镇北路北侧的新校舍，南庄小学、棋杆小学、汤联小学、河南小学并入。2000年至2002年，河头小学、刘市小学、利群小学相继并入。2012年，张家港市良山学校并入。同年12月17日，学校搬入位于金塘路和英才路交界处的新校舍。

二、学校特色

学校一直坚持"快乐篮球"运动。1983年成立的学校小学生男子篮球队，蝉联38次张家港市冠军，获16次苏州市冠军，2018年，在全国U13青少年篮球公开赛中获第一名。2009年，姚明为学校题词"快乐篮球，快乐生活"。2017年，学校获首批"全国青少年校园篮球特色学校"称号。学校切实开展教育研究与改革，1997年，成为中国教育学会"九五"教研重点课题"江苏教育现代化的实践与发展研究"实验学校。1999年，教育部重点课题"科学教育·科学认读"获得立项。2000年，学校成功举办苏南地区阶段成果汇报会。2003年，学校获评教育部"科学教育·科学认读"课题实验先进单位。2011年，学校提出"圆融"为文化建设核心理念。2014年，学校成为"苏州市义务教育改革（学校特色文化建设）

项目学校"。2018年，学校构建"LOVE同心圆"特色课程体系，成为"苏州市小学特色文化建设课程基地"。

三、办学成就

截至2021年12月，学校占地面积4.41万平方米，建筑面积2.75万平方米；现有班级60个，学生2669人；现有教职工183人。学校培育了享受国务院

1983年小学生男子篮球比赛

政府特殊津贴的国防科技人才朱永祥，中国戏剧家协会会员、中国田汉基金会副秘书长方育德等众多优秀学子。学校先后获"全国文明校园""全国流动人口健康促进示范学校""江苏省实验小学""江苏省健康促进学校""江苏省智慧校园"等荣誉称号。学校文明创建、德育教育等做法与成果，被中央电视台、江苏电视台、《光明日报》《新华日报》等媒体宣传报道。学校将继续秉承"味道守真"之校训，以"圆自我，融天下"为办学精神，务实创新，"让学生拥有全面发展的快乐童年，让教师成就完整幸福的教育人生，让学校成为生命成长的润泽家园"。

（陈红英 文　季晓平 供图）

张家港市三兴学校

创建时间：1912 年
校训 / 校风：实、诚、明
学校地址：张家港市锦丰镇三兴人民北路 14 号

一、历史沿革

1912 年，张渐陆、汤静山、倪守谦等青年倡议，在南桥镇北街龙王庙东侧建房 8 间，兴办了私立崇实初等小学，学制四年，倪守谦任名誉校长，有 3 个班级，学生 79 名，教师 5 名。1914 年，地方绅士集资开办高年级，学制七年，学校改名为崇实高等小学。1916 年，转为公立办学。1927 年，改名为刘海沙小学，开始招收女生，学制改为六年。1931 年至 1936 年，学校建造 11 间宿舍、桥亭 1 座。1937 年，日军占据三兴，学校被迫停课。1938 年，借民房复课。1939 年，学校返回原址。1942 年，学校迁到务本庄。1946 年，学校又迁回原址。1949 年，三兴划归常熟县，学校改名为常熟县刘海沙小学。1950 年秋，改名为三兴中心小学。1962 年，沙洲县成立，学校遂改名为沙洲县三兴中心小学。1969 年，学校下放到三大队（今久生村）办学。1979 年，三兴公社筹资 14.5 万元，在三兴镇东首（今三兴办事处）新

1981 年教学楼

1974年师生合影

建学校，1982年，新校启用。2001年，学校迁入三兴初级中学老校舍。2003年，三兴镇并入锦丰镇，学校改名为三兴小学。2007年，学校搬迁至张家港市机电职业学校。2014年，学校与三兴初中合并，成立九年一贯制学校，校名为张家港市三兴学校。2017年3月，学校新建食堂。

二、学校特色

学校立足"写工工整整字，做堂堂正正人"，不断深化书法校本课程建设，切实加强书法阵地与辅导教师队伍建设，在全校普及书法教学，开设兴趣班，邀请中国书法家协会会员来校指导。学生在张家港市"百名小书法家评比"等比赛中获奖200多人次，5位教师成为江苏省硬笔书法协会会员。2008年，学校获评"苏州市书法特色文化学校"。2014年8月以来，学校深化生命教育，开发系列校本课程，把"生存教育，生活教育，生命教育"作为学校教育的重要内容，做好"人·生教育"及生命特色课程学科文化的开发，搭建知行合一的生命教育互动平台，并形成学校的核心办学理念。

三、办学成就

截至2021年12月，学校占地面积5.8万平方米，建筑面积2.1万平方米；现有班级33个，学生1370人；现有教职工122人。学校先后获"江苏省绿色学校""江苏省健康促进学校""江苏省防震减灾科普示范学校"等荣誉称号。学校走出了许多优秀学子，其中有清华大学核能技术设计研究院教授黄芳芝，中国科学院长春光学精密机械所研究员、博士生导师朱应时，中国科学院南京土壤研究所研究员杜国华，等等。学校将传承优良办学传统，恪守校训"实、诚、明"，"为了每一个，做好每一刻"，为学生成长奠定坚实的基石。

（蔡永平 文　黄卫峰 供图）

张家港市合兴小学

创建时间：1906年
校训/校风：合、兴
学校地址：张家港市锦丰镇河西北路25号

一、历史沿革

清光绪三十二年（1906），地方人士杨同时等人发起，在青屏沙合兴街以沙洲文会房屋为校舍，创办沙洲初等小学堂，后改名为沙洲两等小学堂。1913年，改名为沙洲市立高等小学校。1928年，改办完全小学，定名常熟县沙洲小学。1932年起，校舍再行扩建，学校随之扩大。20世纪40年代起，私立大南中学草创，中小学一度合为一体。学校此后发展为双轨制，共12个班级，600多名学生，教师也逐步增多。1948年，改名为天屏乡中心国民学校，后改名为福屏中心小学。新中国成立后，改名为常熟县合兴中心小学，为沙洲区辅导中心校。1962年，沙洲县成立，学校改名为沙洲县合兴中心小学。1986年，沙洲县撤县建市，学校遂改名为张家港市合兴中心小学，主管悦来小学、天福小学等10所村小的教学业务辅导。2000年8月，牛市小学并入。2001年8月，天福小学并入。2003年9月，合兴镇并入锦丰镇，学校改名为张家港市合兴小学。2007年8月，中兴小学并入。2009年8月，锦丰镇政府投入2000多万元，改扩建教学楼、活动楼和图书馆。2010年8月，三洪小学并入。2013年5月，签约成为南京师范大学附属小学。2013年6月，锦丰镇政府投入1.25亿元，新建学校体育馆、食堂等。2015年8月，悦来小学并入。

二、学校特色

自1994年6月创办合兴少儿乒乓学校，学校秉持"以乒乓球特色兴校，用国球精神育人"理念，开发《体育与乒乓球》等校本教材，普及乒乓球运动。1998年，

陶德昭校长

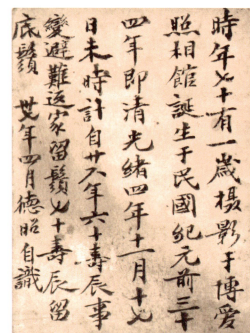
陶德昭书

加入江苏省乒乓球协会小学分会。2010年，成为张家港市乒乓球业余训练基地。多年来，学校乒乓球队在张家港市级以上比赛中获团体奖389次、个人单打奖项770人次，天津"大维杯"中日青少年乒乓球对抗赛男子团体第三名，全国"新星杯"乒乓球赛男团第五名、单打第三名和第五名，江苏省小学生乒乓球赛男团冠军。2008年5月，学校乒乓球队在全国亿万学生阳光体育运动推进大会上展示。

三、办学成就

截至2021年12月，学校占地面积4.3万多平方米，建筑面积2.5万多平方米；现有班级73个，学生3232人；现有教职工189人。2010年以来，学校先后获"全国新教育实验优秀实验学校""全国青少年校园足球特色学校""江苏省发展乒乓球运动先进集体""江苏省珠心算实验学校""江苏省健康促进学校"等20多项国家级与省级荣誉。学校构建"适合课程"、探索"适学课堂"等成果在《人民教育》《光明日报》《江苏教育报》、江苏教育电视台等主流媒体宣传推介。学校培养了大批的优秀学子，其中有正军级少将耿正望，高校教授陆可人、蔡少卿、林建公、陈国强，少数民族语言学家孙宏开研究员，高级工程师林渭青，等等。学校将继续秉承"合"文化精神，为学生创造更优质的"适合教育"。

（张春燕 文　张春燕 供图）

张家港市塘桥高级中学

创建时间：1913年
校训/校风：笃行求真
学校地址：张家港市塘桥镇建设路1号

一、历史沿革

学校坐落在吴风越韵的张家港东南部的塘桥镇，这里是鉴真东渡的起航处，地理位置优越，文化底蕴丰富。学校前身是常熟县立第三高等小学，于1913年由常熟西塘桥（今塘桥镇）人士孙翔仲、顾视清、庞君朴等筹建。1924年下半年，塘桥乡立第一初小并入，改名为常熟公立第三小学。1925年秋，孙翔仲等人在原常熟县立第三高等小学校内创办私立虞西初级中学，招收初一新生1个班，后因经费等问题，于1927年停办。1931年，在原校址内开办常熟县立乡村师范。1945年抗战胜利后，孙翔仲等重建虞西初级中学。1947年，改名为常熟县立初级中学西塘桥分校，为公立中学。1949年5月，学校改名为常熟县西塘桥初级中学。1956年秋，开办高中，招收高一新生2个班，学校由初级中学变成全日制完全中学，改名为常熟县西塘桥中学。1962年，沙洲建县，学校改名为沙洲县

创始人孙翔仲

1957年西塘桥中学田径运动会冠军合影

1952年塘桥中学钟楼

塘桥中学。"文革"初期,学校曾改名为人民中学,后于1968年恢复原名。1981年6月,苏州地区教育局批复同意学校为完中,高中学制改为三年。1986年,沙洲县撤县建市,学校改名为张家港市塘桥中学。1995年,塘桥镇党委、政府筹资2600万元,易地新建学校。1996年8月,新校竣工启用,初中、高中部分设,高中部更名为张家港市塘桥高级中学。

二、学校特色

学校践行创办人孙翔仲倡导的"真善美"精神,秉持"为民族复兴而立,为生命未来而育"的办学理念,经过长期探索和实践,初步形成了守真、求真、本真的"生命教育"特色。学校组建"旧食光"——东渡乡味社团、翰轩画社、乡音合唱团、春山文学社、阳光足球社等。翰轩画社成员吴欣愉同学在江苏省第三届艺术节绘画比赛中获中学组一等奖。河阳山歌《亮亮高，板板桥》夺得江苏省"五星工程"创作奖。在行走中感受生命的魅力，学校开展追寻"河阳文化"，追溯"鉴真东渡"远足活动，举行"心中有信仰，脚下有力量"小长征拉练等活动。《中国教育报》、江苏卫视等媒体曾宣传报道过学校的办学特色。

三、办学成就

截至 2021 年 12 月，学校占地面积 7.48 万平方米，建筑面积 4.23 万平方米；现有 33 个教学班，学生 1759 人；现有教职工 175 人。学校先后获"江苏省四星级普通高中""全国青少年校园足球特色学校""全国作文教学先进单位""江苏省德育先进学校""江苏省绿色学校"等荣誉。诺贝尔物理学奖获得者李政道博士曾为学校题写校名。百年来，学校培养了大批的优秀学生，其中有南京药科大学教授陈永法、浙江大学教授平玲娣、国际华人科技工商协会副主席庞阳等众多名人。学校培养了江苏省特级教师 1 人、教授级高级教师 2 人。学校历经百年浪潮，依旧永葆青春，将继续秉承厚实的文化底蕴和优良的办学传统，恪守"笃行求真"的校训，为党育人，为国育才。

（邹烨 文　卞丽君 供图）

张家港市塘桥初级中学

创建时间：1913年
校训/校风：弘正、归真、精进、合成
学校地址：张家港市塘桥镇华芳路550号

一、历史沿革

1913年，常熟西塘桥（今塘桥镇）人士孙翔仲等人在西宅基东侧创办常熟县立第三高等小学。1924年下半年，改名为常熟公立第三小学。1925年秋，孙翔仲等人在原校内创办虞西初级中学，招收初一学生1个班。1927年暑假，因经费、师资等问题未能妥善解决而停办。1945年抗战胜利后，孙翔仲、钱琴一等人利用原有校舍，重建私立虞西初级中学。1947年7月，常熟县批准开办1个公办班，学校改名为常熟县立初级中学西塘桥分校。1949年4月，塘桥解放。同年5月，

1996年学校大门

创始人孙翔仲手书"真善美"

学校改名为常熟县西塘桥初级中学。1956年秋,开办高中,招收高一新生2个班,学校由原来的初级中学变成完全中学,改名为常熟县西塘桥中学。1962年,沙洲建县,学校改名为沙洲县塘桥中学。1966年,学校改名为塘桥人民中学,1968年,恢复原名。1969年,学校与小学合并,改名为塘桥中小学,半年后恢复原名。1981年6月,苏州地区教育局批复同意学校为完中。1986年12月,沙洲县撤县建市,学校改名为张家港市塘桥中学。1996年9月,初中、高中分设,初中部仍在原址,改名为张家港市塘桥初级中学。

二、学校特色

学校积极开展"基于协同学习的'一三六'适学课堂实验",努力变革学生的学习方式,提升学生的学科素养,切实推进教育教学"适学"化发展。2019年,学校获"张家港市课程建设先进学校"称号。同时,学校以"尚美"文化为引领,坚持立德树人、改革创新,推行"师生关系七项修炼""家校关系七项修炼""学生校内外七项修炼",着力构建"五位一体"的德育工作格局,全面协调推进学校德育工作,"尚美"育人体系获评张家港市中小学品格提升工程项目。学校被命名为"中央教育研

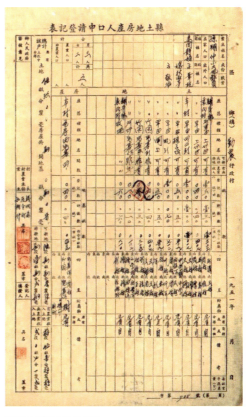

1951年学校房产信息表

究所教育研究部家庭教育研究基地"。

三、办学成就

截至2021年12月，学校占地面积2.78万平方米，建筑面积1.6万平方米；现有30个教学班，学生1429人；现有教职工126人。1996年以来，学校先后获得"江苏省首批实施教育现代化工程示范初中""江苏省绿色学校""江苏省德育先进学校""江苏省'金钥匙'科技竞赛先进学校""江苏省二级档案室"等荣誉称号。社会学家费孝通曾来校并为学校题写校名。百年老校，人才辈出。其中，有在抗日救亡中牺牲的革命烈士顾近仁和庞斗华，有中央电视台导演郭兴达、国家一级导演汤嬿、中国作家协会会员钱欣葆、西安空军工程学院计算机系主任侯云畅、东南大学附属中大医院教授居胜红、中国药科大学国际医药商学院副院长陈永法、新华社原副社长庞炳庵等杰出校友。学校将秉持"弘正、归真、精进、合成"的校训，秉持"一切为了学生的健康成长"的办学理念，努力把学校建设成为"师生共同向上生长的美好学校"。

（徐雪婷 文　徐雪婷 供图）

张家港市塘桥中心小学

创建时间：1905年
校训/校风：言行有格
学校地址：张家港市塘桥镇富民路123号

一、历史沿革

清光绪三十一年（1905），塘桥本土人士顾箴言等人在塘桥孙敦伯家创办虞西书院。清光绪三十四年（1908），虞西书院改为虞西小学堂。1912年冬，常熟县议会决议将虞西小学堂改名为虞西小学校。1913年，常熟西塘桥（今塘桥镇）人士孙翔仲、顾视清、庞君朴等人筹建常熟县立第三高等小学。1924年下半年，塘桥乡立第一初等小学并入，校名改为常熟公立第三小学。1931年，因孙翔仲与地方人士借用校舍办塘桥乡村师范，于学校东侧另建20多间平房作为小学新校舍，校名改为塘桥中心国民学校。1937年，抗战全面爆发，学校停课两年余。1939年，常熟县教育局派孙成为校长，建校复课，校址仍在原处，校名仍为塘桥中心国民学校。1949年4月，塘桥解放，人民政府接管学校；8月，学校改名为塘桥小学。1952年2月，改名为常熟县塘桥中心小学。1962年1月，沙洲县成立，学校划归沙洲县管辖，改名为沙洲县塘桥中心小学。1986年，沙洲县撤县建市，学校遂改名为张家港市塘桥中心小学。1997年，塘桥镇

1988年学校大门

1992年学校代表参加全国围棋之乡第三届"新苗杯"邀请赛

人民政府投资1500多万元,在塘桥镇维达路128号易地新建学校,1998年,新校启用。2015年2月,塘桥镇人民政府投资1亿多元,在塘桥镇富民路123号再次易地新建学校;2016年2月,搬入新校。

二、学校特色

1984年,围棋活动走进校园。1985年,学校成为"江苏省业余围棋学校"。学校坚持"以棋育德、以棋益智、以棋强志、以棋养性",以围棋为元素,打造方圆广场、围棋长廊、围棋发展史展示区等文化场景;先后编写了《跟我学围棋》《趣味围棋》《围棋礼仪三字歌诀》等校本教材,并开设围棋课程。1990年,学生吴益兵获"龙马杯"全国围棋新苗邀请赛儿童组冠军。2011年,学校被命名为"聂卫平围棋学校"。2019年,学校协办了中国围棋甲级联赛"金塘桥专场"活动,围棋国手刘小光、世界冠军芈昱廷等专业棋手参与指导。2016年,校友蔡文鑫在全国职业定段赛中脱颖而出,成为职业二段围棋棋手,是苏州市近二十年来定段成功第一人。2020年11月,学校小太阳围棋社团获评苏州市"阳光团队"。2021年,学校被评为"全国围棋特色学校"。

三、办学成就

截至2021年12月,学校占地面积5.53万平方米,建筑面积3.2万平方米;现有69个教学班,学生2923人;现有教师150人。学校先后获"全国营养与健康示范学校""江苏省实验小学""江苏省陶研会实验学校""江苏省智慧校园"等荣誉称号。100多年来,学校培养了大量优秀学子,其中有在抗日救亡中做出贡献的革命烈士顾近仁、国家一级裁判庞媛玉、有"中国当代寓言家"之称的钱欣葆等。奋进新时代,勇担新使命。学校将继续秉承"言行有格"的校训,坚持"格物致善"的办学理念,积极践行"自主有格"的教育核心价值观,努力建办"一所适合学生生长的园子:心灵的家园,智慧的田园,儿童的乐园"。

(顾洁 文 陈东 供图)

张家港市妙桥小学

创建时间：1911年
校训/校风：求真向善
学校地址：张家港市塘桥镇妙桥沿河街58号

一、历史沿革

清宣统三年（1911），陈思敬、蔡鸿伦在镇东东卢巷永福庵创办永福初等小学堂，有学生20余人，教师2人，设读经讲经、国文、算术、历史、地理、格致、体操、国画、手工、科学等学科。1914年，校长张静远修葺东街口观音堂，校舍即移于此。常熟县教育局批准为公办学校，改名为妙桥乡国民学校，并立校训：勤读自立，虚怀谦逊，心气和平；诚信践行，修正体良，德行坚定。1919年至1931年，由汤机中、周桐坤、张同和等相继掌校。1931年，改名为慈妙乡立第一国民学校。1936年，改名为妙桥小学。1937年，日军入侵，校舍遭到严重破坏，学校被迫停办。1938年，恢复办学，校址迁到镇北街陈姓祠堂内。1945年抗战胜利后，学校

1957年教师合影

1964年教师合影

1986 年欢送实习生合影

迁回原址，改名为妙桥乡中心国民学校。1951 年，改名为常熟县妙桥中心小学。1962 年，成立沙洲县，学校遂改名为沙洲县妙桥中心小学。1969 年年初，学校撤销中心小学建制，改名为妙桥大队小学。1979 年，复名为沙洲县妙桥中心小学。1986 年，沙洲撤县建市，学校遂改名为张家港市妙桥中心小学。1997 年至 2002 年，洞泾小学、跃进小学、沙田小学、立新小学、横泾小学、陈庄小学、吹鼓初小、顾家小学、庞家小学、欧桥小学、西旸小学、金村小学 12 所村校先后并入。2002 年，妙桥镇与塘桥镇合并，学校改名为张家港市妙桥小学。2012 年，塘桥镇党委、政府投资 1800 余万元，在原址翻建综合楼、食堂和风雨操场。

二、学校特色

学校立足学情研究，以学定教，变革课堂教学方式，改革课堂教学评价，推行结构化教学，构建"简约课堂"；坚持"快乐运动，健康生活"，强化排球、田径传统项目的推广训练。学校承办了"整体建构、提质增效——张家港市数学专题研训活动""张家港市小学数学'简约教学'专题研讨活动"。学校排球队在张家港市"市长杯"排球联赛中获一、二等奖。学校被命名为"结构化学习全国实验联盟学校""江苏省体育特色学校"。

三、办学成就

截至 2021 年 12 月，学校占地面积 2.95 万平方米，建筑面积 1.56 万平方米；现有 39 个教学班，学生 1658 人；现有教师 105 人。学校先后获"江苏省智慧校园""江苏省绿色学校""江苏省健康促进学校"等荣誉称号。百年老校，孕育了"朴素真诚"的学校精神，培育了一大批优秀学子，其中有中国社会科学院荣誉学部委员邓绍基，教授级高级工程师陈家振，全国劳动模范赵彩保，革命烈士吴永元、卢祖恩、程世生等。学校将继续秉承"求真向善"的校训，勤奋务实，踔厉奋发，努力让学校成为"儿童梦想的乐园"。

（张秀艳 文　张潮涌、李花 供图）

张家港市鹿苑小学

创建时间：1907年
校训/校风：返璞归真
学校地址：张家港市塘桥镇馨苑路66号

一、历史沿革

清光绪三十三年（1907），著名科学家钱昌照的祖母钱蔡氏创办鹿苑乡立第一小学，钱荟琛任校长，有教师2人，学生70人。1930年，晋安小学并入。1937年，抗战全面爆发，学校被迫停办，1938年复课。1949年，常熟解放，学校改名为鹿苑镇中心国民学校。1950年，改名为鹿苑中心小学。1962年，成立沙洲县，学校改名为沙洲县鹿苑中心小学。1969年，学校体制下放，改名为十一大队五七学校，只收十一大队和市镇居民的学生。1975年至1978年，学校开办"戴帽子"初中，

20世纪70年代老校区

20世纪90年代老校区

每年招收2个初中班,校名改为五七学校。1978年9月,"戴帽子"初中停办,学校复名为鹿苑中心小学。1989年下半年,刘村小学、清凉小学、滩里小学五六年级并入。1997年8月,学校搬至镇东鹿苑中学(鹿苑中学搬至新校舍)。1999年8月,刘村小学、滩里小学并入,2002年8月,鹿北小学并入。2003年8月,塘桥镇、鹿苑镇、妙桥镇合并成新的塘桥镇,学校遂改名为张家港市鹿苑小学。2009年,塘桥镇党委、政府筹资3500万元,在鹿苑街道馨苑路66号易地新建学校;2010年8月,新校启用。

二、学校特色

学校坚持"写字育人做人""写一手好字终身受益"的理念,"以写育人,以写益智,以写促改,以写强校"。书法家瓦翁、潘现等先后到校留下墨宝。2005年,学校创建成"中国书法(写字)特色学校"。2019年1月11日,学校承办苏州市书法课堂教学研讨会暨2018年书法教育年会。2019年以来,学校先后获"全国书法教育实验学校"等荣誉,被确认为江苏省书法教育基地。学校书法教学的经验与成果,先后被苏州电视台、《特殊教育》《中国校外教育》《青少年书法》《中国钢笔书法》《江苏教育》等媒体宣传报道。

三、办学成就

截至2021年12月,学校占地面积4万多平方米,建筑面积1.5万余平方米;现有36个教学班,1454名学生;现有教师95名。学校先后获"全国新教育实验优秀实验学校""江苏省绿色学校"等荣誉称号。学校培养了许多优秀学子,其中有全国水利水电专家和工程教育家张光斗、江苏省特级教师陈惠芳等。学校将继续遵循"返璞归真"的校训,弘扬"真淳、真正、真实"的校风,努力实现"对历史有所继承,对未来有所创造,对自然有所亲爱,对他人有所尊崇"的办学愿景。

(金莉 文 施晓春 供图)

张家港市港口学校

创建时间：1912年
校训/校风：三省吾身，知礼明德
学校地址：张家港市凤凰镇育才路4号

一、历史沿革

1912年，蒋韶怡在常熟县三塘乡西高神堂（今港口街道西塘街38号）创建乡立港口小学，有校舍10间，设一、二年级，始聘先生秦宏。1913年，改名为三塘乡立第二学校。1916年，改名为三塘乡立第二国民学校。1923年，复名三塘乡立第二小学校。1928年，改名为港口初级小学。1945年，学校为港口镇联小。1948年，学校由初小变为完小，改名为三塘乡第一国民学校。1949年，改名为港口小学。1962年，学校划归沙洲县管辖。1968年至1975年，学校下放到东南大队管理，改名为东南小学。1978年，改名为港口中心小学。1982年，港口公社投资13万元在府前街新建教学楼3幢。1986年，沙洲县撤县建市，学校遂改名为张家港市港口中心小学；是年，港口乡政府投资7万余元新建教学楼。1987年，港口乡政府投资8万元建幼儿教学楼，学校附设托儿所。1993年，港口镇政府投资450万元，在东环路（今育才路）新建的校舍落成，学校搬入新校。2006年，学校与港口中学合并，成立张家港市港口学校。

1980年沙洲县港口中心小学校大门

1983年港口乡第十三届春季小学生田径运动会

1998年港口中心小学庆祝六一儿童节

2008年至2021年,凤凰镇政府投资6292万元,新建学校品善楼、臻善楼、原善楼、友善楼、至善楼和崇善楼。

二、学校特色

学校秉承校训"三省吾身,知礼明德",立足实际致力于三省教育品牌建设。依托三省德育,一省言行,二省习惯,三省成长,构建全方位立体育人新模式;依托小组合作,一省讲练,二省协作,三省技术,持续深化三省课堂教学改革;依托乡土文化,一省效度,二省广度,三省精度,实现河阳文化课程融合提质。学校先后承办苏州六校(现八校)教改探索联盟活动、张家港市初中小学校长第三十二次素质教育研讨、张家港市课堂教学改革经验交流活动,"三省课堂"改革成果入选"江苏初中课堂教学改革优秀成果"。

三、办学成就

截至2021年12月,学校占地面积4.05万平方米,建筑面积2.36万平方米;现有初中部12个班级,小学部24个班级,学生共1561人;现有教师110人。1986年,国家教委及中央教科所在学校召开华东地区六省一市"关于办好农村小学"教育现场研讨会;是年9月,孙理达校长被评为"全国教育系统劳动模范",并被授予人民教师奖章。1995年,学校入编《江苏省名小学》一书。学校获评"全国青少年文明礼仪教育示范基地""全国青少年校园足球特色学校""江苏省智慧校园"等荣誉称号。河阳京剧社团改编《又扎红头绳》获2021年第二十五届中国少儿戏曲小梅花优秀集体节目奖。"学习强国"、《中国青年报》《江苏教育报》、江苏电视台教育频道等媒体,从不同视角对学校进行宣传和报道。站在新起点上,学校将坚持"涵养优雅教师,培育礼善学子",着力"提升学校品位,打造优质教育"。

(陆燕文 徐卫元 供图)

张家港市凤凰中心小学

创建时间：1909年
校训/校风：谦、勇、知
学校地址：张家港市凤凰镇中山路35号

一、历史沿革

清宣统元年（1909）正月，里人钱名琛、庞鸿涵以"米捐"在西林寺创办西林学堂。1919年，里人庞柏渊等筹措资金，将学校迁到西张市东街李太堂南边。1934年，西张市镇设乡，学校改名为西张小学。1948年，改名为西张中心国民小学。1950年上半年，改名为西张中心小学。1969年，改名为沙洲县西张二大队小学。1978年，学校迁到金谷南路，改名为沙洲县西张中心小学，时学校占有土地面积32853平方米，建筑面积7576平方米，固定资产228.5万元。1986年，沙洲撤县建市，学校遂改名为张家港市西张中心小学。1995年，学校附设张家港市贝贝足球业余学校。2002年8月，学校与西张中学合并成九年一贯制学校，校名为西张学校。2006年8月，西张中学与凤凰中学合并，小学单独建制，改名为张家港市西张小学。2011年12月，学校重新挂牌成立张家港市贝贝足球学校。2015年4月，学校改名为张家港市凤凰中心小学。2013年8月，凤凰镇党委、政府投资7500万，在中山路35号易地新建学校；2017年2月，学校迁入新址。

20世纪90年代前校貌

1987年学校代表参加全国第五届"贝贝杯"足球赛

二、学校特色

学校坚守"动静相宜，超越自我"的教育理念，致力于培养"读千古美文，做少年君子；踢贝贝足球，当现代勇士"的凤小学子。学校于1995年成立了贝贝足球业余学校，组建了西张小学贝贝足球队。2001年，第十八届全国"贝贝杯"少儿足球赛中贝贝足球成功登顶。这一成绩打响了贝贝足球和西张小学的名字，以及"从小参加贝贝杯，长大要捧世界杯"的口号。2011年年底，张家港市贝贝足球学校在凤凰中心小学正式挂牌，苏州市足球市队县办项目也在这里落户。此后，学校陆续输送"国"字号球员周云、姚双艳、王钰灵、周敬哲、李毅等40多人，获评首批"全国校园足球特色学校""全国青少年校园足球工作典型学校""江苏省足球后备人才示范学校"。央视少儿频道、中国教育电视台、湖南卫视、《新华日报》等媒体，先后对学校开展校园足球运动的经验与成果进行了宣传报道。

三、办学成就

截至2021年12月，学校占地面积5.91万平方米，建筑面积3.95万平方米；现有班级47个，学生1996人；现有专任教师116人。学校先后获"江苏省小学特色文化建设项目学校""江苏省体育传统项目学校"，以及江苏省小学首家"四星级档案馆"等荣誉称号。学校人才辈出，其中有莎剧翻译者宋清如、江苏省劳动英雄王良、中华职教社上海分社原副主任委员庞翔勋等。学校将继续以"鞠育"为学校基本哲学，以"教养并举，文体共进"为基本办学策略，以"谦、勇、知"为校训，整体推进"体悟德育，鞠育课程，三力课堂，书香校园，贝贝足球"，将学校建成"有地方特色、有校本思想、有实践能力、有责任担当的苏南农村小学特色建设研究与实践的排头兵"。

（郑秋杰 文　辛建忠 供图）

张家港市徐市小学

创建时间：1912年
校训/校风：源
学校地址：张家港市凤凰镇镇中街169号

一、历史沿革

学校的前身是1912年创建的凤凰山乡初等学校，第一任校长为庞云荪。1916年，学校改名为常熟县凤凰山乡县立第一国民学校。1919年，学校发展为完小。1928年，学校改名为常熟县凤凰小学校。1937年，抗战全面爆发，11月学校被迫停课。1949年新中国成立后，学校改名为常熟县凤凰小学。1950年，学校设立初中补习班，即凤凰中学的前身，时任校长杨智良。1953年，学校改名为常熟县凤凰中心小学。1962年，成立沙洲县，学校遂改名为

1982年教师合影

沙洲县凤凰中心小学。1975年，学校开设小班、中班、大班3个幼儿班。1977年，由校办厂划拨利润和各方筹资，学校建成第一幢教学楼。同年，由县局拨款和校办厂划拨利润，建成第二幢教学楼。1978年4月，学校被评为沙洲县、苏州专区教育先进单位，出席苏州专区召开的教育先进表彰会。1986年，沙洲撤县建市，

20世纪90年代徐市小学课堂教学活动

1991年教师合影

学校遂改名为张家港市凤凰中心小学。1986年7月,学校设附属幼儿园。1986年后,顺联小学、新凤小学、双塘小学、关皇小学、小市小学先后并入学校。1996年,山前小学、联勤小学并入学校。1997年,鸷山小学并入学校。1999年,桥前小学并入学校。2001年9月,凤凰镇人民政府投入500万元在学校南侧、张家港河北侧新建教学楼,2002年竣工。8月,凤凰中心小学与凤凰中心幼儿园脱轨,幼儿园独立建制。同年9月,杨桥小学、码头小学并入学校。至此,全镇所有小学生全部并入学校就读。2006年8月,学校搬迁至凤凰中学(凤凰中学搬入新校)。2015年6月,学校改名为张家港市徐市小学。

二、学校特色

学校依托张家港市凤凰区域特有的河阳文化资源,打造河阳"一轩""一廊""三馆"环境，搭建河阳文化互动平台，构建、实施河阳文化校本课程。2019年，学校获评"张家港市课程建设先进学校"。2020年11月27日，江苏电视台教育频道以"传河阳文化，育有根之人"为题，对学校办学特色进行了宣传报道。学校坚持开展集邮活动，以邮增知，以邮益智，以邮会友，以邮冶情；2010年9月，学校获评全国青少年集邮活动示范基地；同年12月，集邮教育专题片《方寸之间，收获辉煌》获第七届中国中小学校园电视社教专题类评比金奖；2021年，与张家港市集邮协会共同举办"百年党史，百年辉煌"主题邮展，活动图片被"学习强国"平台推送宣传。

三、办学成就

截至2021年12月，学校占地面积1.88万平方米，建筑面积0.89万平方米；现有班级24个，学生1014人；现有教职工63人。2007年以来，学校先后获"全国青少年校园足球特色学校""江苏省智慧校园""江苏省健康促进学校"等荣誉称号。学校培养了大量优秀学子，其中有江苏省国画院一级画师卢星堂、上海泌尿外科研究所顾问缪廷杰等。学校将继续秉承校训"源"，弘扬"和而不同，超越自我"的校风，努力做"有温度、有灵魂的小学教育"，办"有尊严、有品质的农村小学"。

（张烨 文 奚周容、朱晓峰、李琳、徐蓓、何关歆 供图）

张家港市凤凰恬庄小学

创建时间：1909 年
校训/校风：涵恬养知
学校地址：张家港市凤凰镇恬庄中街 119 号

一、历史沿革

清宣统元年（1909），恬庄街上望族杨氏兴办义塾，初始只收杨氏族人，后接收附近百姓子女，资金全部由杨氏家族捐助，校名为杨氏初等小学。1912 年，三塘乡议会决议创办乡立学校，始名"恬养"，继名三塘乡立第一初等小学，初借恬庄孙氏花园为校舍，开设一至四年级。1914 年秋，学校迁入社仓弄新校舍，始办高级班。1916 年，改名为三塘乡立第一国民学校。1945 年，改名为恬庄中

20 世纪 90 年代教师教学场景

1998年学校大门

小学，后又改名为三塘乡立中心国民学校，时有高级一班，初级五班。1954年，改名为常熟县恬庄中心小学。1962年，成立沙洲县，学校遂改名为沙洲县恬庄中心小学。1968年9月，撤销中心小学建制，改名为红旗小学。1971年，学校附设"戴帽子"初中，改名为红旗中小学，校址位于恬庄街西奚浦塘旁。1972年，学校附设幼儿班。1976年，学校开设幼儿班至高中所有年级。1978年，改名为红旗小学，小学与初高中同一校舍，但分开管理。由于疏浚奚浦塘，校舍被拆，学校半天上课，半天建校。1978年，改名为恬庄小学。1979年，高中合并至港口中学，县乡投资易地筹建新校。1980年，学校创办织带、纸箱厂。1986年，初中合并至港口中学，小学迁至现校址（恬庄中街119号）。1990年，学校开办"恬小商业区"。1998年，新苗、杏市、太平、河阳四所村小并入。2010年，凤凰镇人民政府投入800多万元，改建师生餐厅、教学楼，新建塑胶操场和活动场地，完善现代化设施设备。

二、学校特色

学校依托具有地方特色的恬庄古街文化，以"恬养"为学校文化核心，架构"古街文化"校本课程体系，逐步形成了古街名人、多彩民俗、古街美食等基础课程，古街民居写意、古街民艺传承、古街文化宣传等拓展课程，"小恬螺"导游服务、古街文化亲子游学、古街美食推广等特色课程。依托恬庄杨氏孝坊、榜眼府等，组织开展公益性古街文化体验活动100多次，社区儿童直接受益约2600人次。

三、办学成就

截至2021年12月，学校占地面积1.42万平方米，建筑面积0.51万平方米；现有班级12个，学生502人；现有教职工39人。1999年，学校获"江苏省第三届模范学校"称号。学校培养了许多优秀学子，其中有高级工程师陈建华、钱敏、联合国粮食及农业组织行政管理助理顾冠军,国防大学教授陆建飞,致力于中国商用飞机制造的博士肖宇,等等。学校将继续遵循"涵恬养知"校训,不断深化课程改革,提高办学质量,丰富办学特色,为建办"高质量、有特色的古街小学"而不断努力。

(肖成文 王建国 供图)

常熟市孝友中学

创建时间：1905年
校训/校风：孝贯人伦，友睦天下
学校地址：常熟市虞山街道琴湖路111号

一、历史沿革

清光绪三十一年（1905），张氏孝友义庄捐资在归感乡施家桥（现为辛庄镇张家桥村施家桥）筹办学堂，定名为民立孝友初等学堂，张栋、张珠树、张毓禾等将施家桥祖宅捐充校舍，首任堂长为张棚；有1个教室，3位教员，30多个学生。清光绪三十三年（1907）春，添办高级班，改为民立孝友两等学堂。清宣统三年（1911），张栋继任堂长。1912年，张询继任校长。1914年，订立章程设置

20世纪20年代椐树弄老校门

学科，拟定校歌。1919年，张鸿接任校长，在常熟城内椐树弄（现为虞景文华广场内）购地11333平方米，张氏义庄后裔张藻、张元浚、张汶等捐地2000平方米，建新校舍；同年7月学校由施家桥迁至城内新校，10月成立学校董事会。1920年至1922年，添建校门、寄宿生宿舍、自修室、膳堂及室内操场等，招初中两个班。1927年，小学部迁至西弄校舍。1931年秋，核准试办高中。1933年春，高中班停办。1935年，胡剑心任校长。1936年，朱粹公代理校长。1937年年底，常熟沦陷，学校停办，两处校舍均被日寇占用。1938年，沈焜在椐树弄孝友中学校址开办私立民德中学并任校长。1941年，朱孟常任校长。1943年，收为公办，改名为江苏省立常熟中学。1944年，又改名为江苏省立第七中学。1945年，抗战胜利，张耀勋任校长并筹备复校，开始男女兼收，女子部设在西弄小学部旧址。次年，女子部并往椐树弄本部。1946年，张仲舒为校长。1947年至1951年，黄冠继任校长。1951年，孝友中学和淑琴女子中学合并，改名为私立虞光中学。1956年，

1941年民德中学教职员合影

1939年的校刊

转公办并改名为常熟市第一中学。1958年，改名为常熟县第三初级中学。1970年，招收高中班；1973年，停办；1975年，恢复高中。1975年，迁至红旗桥南路15号。1983年3月，改名为常熟市第三中学。1985年8月，改名为常熟市孝友中学。2004年6月，常熟市孝友中学与常熟市第五中学合并，搬迁到常熟市琴湖路151号新校区（现为琴湖路111号）。

二、学校特色

学校秉承"孝贯人伦，友睦天下"的校训，弘扬"诚敬勤朴"的德治精神，挖掘"孝友"文化内涵，将中国文化中最朴实的道德伦理与合作、进步的

张鸿像

求学精神相融合，以诠释教育的本质；打造孝友文化氛围，被命名为"常熟市中小学校园慈善文化建设示范教育基地"。学校致力开展校园足球活动，成为全国青少年校园足球特色学校。

三、办学成就

截至2021年12月，学校占地面积42486平方米，建筑面积28425平方米；现有班级29个，学生1179人；现有教职工124人，其中专任教师109人。中国科学院院士张青莲、国学大师钱仲联曾在学校任教。学校培养了大量的优秀学生，其中有中国科学院院士时钧、钱人元，清史研究专家戴逸，医学专家仲剑平，等等。学校先后获"江苏省实施教育现代化工程示范初中""江苏省最具影响力初中""江苏省智慧校园"等荣誉称号。

（徐慧娜 文 范琰 配图）

常熟市实验小学

创立时间：1053—1056 年（旧学）
　　　　　1907 年（新学）
校训/校风：崇德尚文，厚积薄发
学校地址：常熟市虞山街道华山路 55 号

一、历史沿革

学校可溯源至北宋至和年间（1054—1056）常熟始设县学。南宋端平二年（1235），知县王爚依"东庙西学"制重建县学，设"志道、据德、依仁、游艺、稽古、象贤"六斋，其中象贤斋为小学，教言氏子孙。常熟县学自北宋一直延续至清末。

学校正式创立，渊源有二：一是清光绪三十三年（1907）在原县学宾兴局创立的明德小学，首任校长袁景绍。二是创立于 1914 年的海虞市立女校，首任校长宗秀松。清光绪三十三年（1907），邑人袁寿康、赵宗典、屈镜清、陈弼等发起筹组明德初等小学，借用县学宾兴局为校址；1909 年，移至县学礼器库；1914 年，改名为海虞市立第三初等小学，校址迁在县学泮宫尊经阁；1915 年，改名为海虞市立第三国民学校；1924 年，改名为海虞市立第三初等小学。海虞市立女校于 1915 年改名为海虞市立女子国

首任校长宗秀松

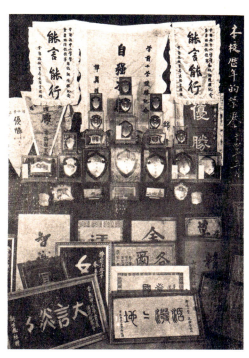

1935年常熟县第一学区学前小学教职员　　　　1935年常熟县第一学区学前小学所获荣誉

民学校，后相继改名为海虞市立女子高等小学、海虞市立女子小学。

1927年，北伐胜利，海虞市建制撤销。1928年，海虞市立第三初等小学和海虞市立女子小学合并，定名为常熟县第一学区学前小学。1937年八一三事变后，学校停课，常熟成立抗敌后援会，借用学前小学办后方医院，教师积极投身抗日救国热潮，参加护理工作。1938年，改名为常熟学前小学；1939年，改名为常熟模范小学；1940年，改名为常熟实验小学；1941年，改名为常熟县泮宫中心小学。1945年抗战胜利后，由参与抗日的教师办理接收事宜，改名为常熟县立学前小学。1947年，改名为常熟县城南镇第一中心国民学校。1948年，改名为常熟县虞城示范镇学前中心国民学校。1949年4月常熟解放后，学校改名为常熟市学前小学。1958年，改名为常熟县虞山镇（公社）学前小学。1962年，为直属县管学校，改名为常熟县学前小学。"文革"期间，曾改名为常熟县文革小学。1977年，复名学前小学，并被定为县直属小学和苏州地区重点小学；1981年，成为江苏省实验小学，并改名为常熟县学前小学；同年，改名为常熟县实验小学。1983年，常熟撤县建市，学校遂改名为常熟市实验小学。1999年5月，再次确认为江苏省实验小学，同年12月，命名为江苏省模范学校。2003年9月，学校整体搬迁至华山路。

二、学校特色

学校秉持"崇德尚文，厚积薄发"校训，树立育人为本，坚持儿童本位的办学宗旨，践行"用三原色涂抹世界"办学理念，倡导"邑学守真，择善寻美"的教育理念，强调学校教育应为学生的终身发展奠定基础。学校以"活动课程建设"

北宋时期建的泮池、泮桥（实验小学旧址）

和"互联网教育特色融合"为学校发展的双引擎。学校实施活动课程，构建活动教育体系，进行学科综合活动探索，其经验总结在全国实验学校教育科学研究会大会上进行交流，"活动教育的理论与实践研究"课题研究成果获中国教育学会实验研究会实验成果奖。全国教育科学"十五"规划课题"运用信息技术，建立以学生为主体的自主探索学习方式"得到教育部《教育信息化十年发展规划》编制专家组高度评价。"全息学习"课题成果获江苏省基础教育成果特等奖和国家级成果二等奖。

三、办学成就

截至2021年12月，学校占地面积41832平方米，建筑面积33760平方米；现有56个教学班，学生2535人；现有专任教师146人，其中有13名苏州市级以上学科骨干教师，1名江苏省特级教师。在100多年的办学历程中，桃李芬芳，俊才辈出，走出了中国工程院院士俞炳元和范滇元、物理学家浦大邦、抗疟新药研制专家李英、甲骨文研究专家陈炜湛、核科技专家杨燕华、气象学家李小凡、著名电影导演严寄洲等优秀人才。学校先后获"国家级绿色学校""教育部信息化标准应用先进单位""全国学校艺术教育先进单位""江苏省文明单位""江苏省智慧校园示范学校"等荣誉称号。

（俞璐 文　校办 供图）

常熟市石梅小学

创建时间：1720 年（旧学）
　　　　　1902 年（新学）
校训 / 校风：修身乐学
学校地址：常熟市虞山街道石梅街 1 号

一、历史沿革

常熟市石梅小学，北靠十里虞山，东枕言子杏坛，毗邻读书台。学校前身为邑人陶贞一、言德坚等于清康熙五十九年（1720）集资契买、由粮守道刘殿邦构筑的蹑云山房，供邑人子弟读书。清雍正三年（1725），粮储道杨本植捐银五百两作修缮蹑云山房和课士之费，并正式额名为游文书院；受聘在游文书院任教的有汪应铨、翁心存、吴大澂、钱泳、邵渊耀、赵烈文等名士；两代帝师翁同龢曾

游文书院

就读于此。清光绪二十八年（1902），邑人庞鸿文、邵松年等将游文书院改办为常昭学堂，为常熟最早创办的新学之一。清光绪三十年（1904），改名为公立石梅高等小学堂。清宣统元年（1909），定名为常昭公立高等小学堂西校，通称"石梅公校"，校长丁祖荫。清宣统三年（1911），西校并入常昭公立高等小学堂东校。1912年，常昭教育会创办的竞化两等女子学堂迁入石梅西校旧址，改名为常熟县立女子高等小学校。1928年，定名为常熟县立石梅小学。同年，海虞市立第五国民小学并入。1937年，私立思文小学并入。是年11月，常熟县城沦陷，学校被迫停课。1942年，改名为常熟县辛城镇小学。1943年，复名常熟县立石梅小学。抗战胜利后，改名为常熟县虞城镇石梅中心国民小学校。1950年，人民政府接办，改名为常熟县石梅中心小学。1951年，改名为常熟师范学校附属小学。1962年，

清宣统二年（1910）常昭石梅公校毕业生合影

1916年常熟县立女子高等小学校学生合影

1933年石梅小学校聘任书

常熟师范学校停办,改名为常熟县石梅小学,由县直接管理。"文革"期间,改名为常熟县红梅小学。1978年,复名为常熟县石梅小学。1983年,改名为常熟市石梅小学,为常熟市直属学校。2007年9月,常熟市机关幼儿园并入石梅小学附属幼儿园。2014年至2017年,确定以石梅小学为核心学校、游文小学为"一体型"集团化办学的成员校。2018年,确定以石梅小学为核心学校、五爱小学为"一体型"集团化办学的成员校,元和小学、张桥中心小学等17所城乡学校为"协作型"集团化办学的成员校。2018年1月,石梅小学附属幼儿园分离独立办学。

二、学校特色

石梅人秉承"修身乐学"的校训,坚守"润泽生命,开启智慧,以人育人,共同成长"的办学理念,不断追寻百年文脉的起点与基点,笃学尚行,明德至善,开拓创新,致力于特色建设与文化打造的融通共生,持续建设高品质的石梅教育品牌。学校形成电化教育、劳技教育、校园足球、书院传统文化等教育特色。从20世纪70代末至2000年,共主办14届电教研讨会。1990年起,学校以劳动教育为引领,全面实施素质教育。《中国教育报》1993年7月13日头版头条刊登《提高课堂效率,石梅小学减轻负担打攻坚战》文章。1995年,江苏省电教馆受联合国儿童基金会、国家教委委托,拍摄电视科教片《盛开的劳动教育之花》。从"劳动教育"到"新劳动教育",一所老书院始终坚守着教育的本真,从"习习工程院""勤勤躬耕园""智慧云厨房"到"金木工""布艺"等系列特色课程,石梅的"新劳动教育"已经融入了更多技术力量和创新因素,学校获"全国劳动技术(劳动)教育先进学校"。学校重视对学生进行书院传统文化的熏陶,营造浓郁的书香氛围,"书院小院士"特色课程建设获评江苏省中小学课程基地与学校文化建设项目。

三、办学成就

截至2021年12月,学校占地面积22942平方米,建筑面积17272平方米;现有班级34个,学生1399人;现有教职工105人,其中专技教师99人。学校办学逾300年,新学历程达120年,虽校名几经更改,校址始终未变,始终秉承严谨治学之风,造福桑梓之责,培兰育蕙,硕果累累,培养出中科院院士钱人元、皮肤病专家翁之龙、社会学家吴泽霖、北京大学原校长吴树青、古琴演奏艺术家吴景略、评弹表演艺术家蒋云仙、古代文学史研究专家邓绍基等众多名人。培养了王美卿等4位特级教师。学校是江苏省模范小学、江苏省实验小学。学校获"全球基础教育风向标学校""全国推进素质教育先进单位""全国中小学现代教育技术实验学校""全国百强特色学校""全国青少年校园足球特色学校"等荣誉称号。

(王根元 文 王根元 供图)

常熟市塔前小学

创建时间：1759年（旧学）
　　　　　1898年（新学）
校训/校风：乐雅方融
学校地址：常熟市虞山街道金沙江路65号

一、历史沿革

学校可溯源至清乾隆二十四年（1759），昭文县（常熟市前身之一）知县康基田在崇教兴福寺西别峰庵创设的琴川课院。清光绪六年（1880），昭文县知县陈康祺以琴川课院旧址建学爱精庐，作为县试童生课学之所。清光绪二十三年(1897)，士绅丁祖荫、曾朴、徐念慈、张鸿、殷崇亮等，以学爱精庐为学址，创办中西学社。清光绪二十四年(1898)，改为旨在"研习新学，培养人才"的中西蒙学堂，为常熟第一所实施新学的小学堂。清光绪二十六年(1900)，改为中西学堂。清光绪二十八年(1902)，顺应清朝廷颁布的壬寅学制，改办为常（熟）昭（文）公立高等小学堂。1912年，学堂成为官立学校，称常熟县立塔前高等小学。同年，原在石梅的公立高等小学堂西校并入。1913年，改名为常熟县立第一高等小学。1927年，改名为常熟县公立一校男子部。1928年，相继改名为常熟县塔前小学、

首任校长丁祖荫

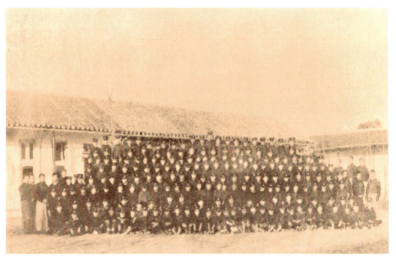

1916年常熟市县立第一高等小学全体师生合影

1928年常熟县实验小学开学纪念留影

常熟县实验小学。1933年，复名为常熟县塔前小学。1937年，校舍毁于战火。1939年，暂借塔后街民房为校舍，改名为塔浜初级小学和琴东镇小学分校。1945年，改租仓巷归姓祠堂，改名为塔弄小学。1946年，重新在原校址建校舍，复名为常熟县塔前小学。1947年，改名为城东镇第九、第十、第十一保国民学校，迁入塔庙和方塔余地上新建校舍。1949年，定名为常熟市塔前小学。1957年，改名为常熟县塔前中心小学。1960年，迁至东门大街67号办学。"文革"期间，改名为向阳小学、色织四厂五七学校。1979年，恢复常熟县塔前中心小学校名。1983年，改名为常熟市塔前中心小学。2001年，虞山镇城东小学并入。2002年，虞山镇虞阳小学并入。2005年，虞山镇辛峰小学并入。同年，迁入金沙江路65号新校址，一直至今。2006年，改名为常熟市塔前小学。

二、学校特色

自20世纪90年代末，学校以乒乓球训练为抓手，开启"艺体辅德，艺体益智"特色建设之路，多次承办苏州市、常熟市中小学生乒乓球比赛，承办常熟和日本萨摩川内市友城交流乒乓球比赛活动，向乒乓球训练基地输送了15位优秀选手。学校学生在全国、省、市少儿乒乓球比赛中有147人次取得好成绩，42人次获各级比赛冠军。学校被命名为"苏州市体育传统项目学校"。

三、办学成就

截至2021年12月，学校占地面积为21600平方米，建筑面积15083平方米；现有班级48个，学生2238人；现有教职工128人。从学校走出了李强、张青莲等中国科学院院士，陆抑非、江寒汀、沈肖琴、陈映霞、庞士龙、濮康安等书画家、篆刻家，杨帆、王立、戴逸等在经济、科技、文化等领域中的骨干。学校秉承"乐雅方融"校训，"养乐雅之气，行方融之事"校风，恪守培德开智、育才兴国办学理念，力求培养学生成为"做人，像方塔一样，方正为本，积极向上；做事，像方塔一样，脚踏实地，聚沙成塔"的人才。学校先后获"江苏省平安校园""江苏省和谐校园""江苏省智慧校园"等荣誉称号。

（陈玉芳 文 钱佳目 供图）

常熟市昆承小学

创建时间：1912年
校训/校风：格物致和
学校地址：常熟市琴川街道富兴路8号

一、历史沿革

学校的前身是由乡绅蒋可式于1912年在藕渠镇创办的海虞市立国民第九初级小学校，租用许姓私宅及邹姓私宅办学。1937年，抗战全面爆发，学校解散。1938年，藕渠成为江抗指挥部的抗日游击边缘区，抗日人士组织藕渠的学龄儿童建立无固定校址的流动识字班。1939年，海虞市立国民第九初级小学恢复。1943年，学校改名为藕渠鲇鱼联合小学校，校址在三官堂。1946年，常熟县政府恢复公立藕渠小学校。1947年，藕渠小学有低、中、高三个班，校址后迁瞿姓弄里，又迁瞿姓祠堂。1949年常熟解放后，常熟县政府接收藕渠小学，成立藕渠中心小学和藕渠辅导组，校址仍在瞿姓祠堂。1958年，在西浜兜开设分校。1960年12月至1962年4月，学校规模收缩。1964年春试办简易小学，下半年改名为耕读小学。"文革"期间，藕渠中心小学解散。1981年，藕渠中心小学恢复。1998年9月，藕渠中心小学和中心幼儿园迁

20世纪60年代 教师合影

1998年藕渠中心小学教学楼

至金山路新校舍，同时撤并庞浜、东库、胜湖等三所完小。2006年3月，改名为常熟市昆承小学。2010年至2013年，进行校舍改扩建。

二、学校特色

学校从1997年开始开展珠心算教育实验，2012年，被列为首批"江苏省珠心算教育实验学校"，同时被列为全国珠心算教育实验点。20多年来，学校秉持"在游戏中学习珠心算，在娱乐中开发脑潜能"的理念，积极开展"适度、自主、乐学、分层、融合、精准"的课堂教学实验。学生曾11次代表常熟市参加江苏省珠心算比赛，8次进入团体前3名，1次荣获团体冠军，学校获一等、二等伯乐奖多个，学生获省个人奖20多项，获常熟市个人一等奖200多个。2016年10月12日，承办全国珠心算教育教学经验交流现场会；2019年9月3日，由1000多名师生参与拍摄的科学文化宣传片《聆听珠算的声音》，在中央电视台科教频道《探索与发现》栏目中播出。

学校历来重视体育特色建设，形成了以田径和篮球为主打的品牌特色项目。2000年以来学校体育事业蓬勃发展。田径队参加常熟市中小学生田径运动会，获得团体冠军16次，46人次在省级田径比赛中获前3名；女子篮球队参加常熟市小学生篮球比赛获女子组冠军11次，苏州市冠军1次、亚军7次、季军3次。2009年，学校被命名为"江苏省体育传统项目学校"，2015年、2017年分别被命名为"江苏省校园篮球特色学校""全国青少年校园篮球特色学校"。

三、办学成就

截至2021年12月，学校占地面积32652平方米，建筑面积24714平方米；现有班级54个，学生2537人；现有教职工186人。学校培养了诸多优秀学生，其中有博士生导师徐全云、谭帆等人才。学校为江苏省实验小学，获"全国教育科研先进学校""全国珠心算教学实验学校""全国青少年体育俱乐部""江苏省绿色学校"等荣誉称号。

（黄美静 文 杨雪 供图）

常熟市新区小学

创建时间：1911年
校训/校风：诚
学校地址：常熟市琴川街道昭文路120号

一、历史沿革

学校前身为崇福小学堂和虹桥乡第三初等小学堂。

崇福小学堂，于清宣统三年（1911）由邑人徐震福创办，校址在九里庵，1924年，改名为九里小学，1933年撤校，1949年常熟解放，政府在原址办九里小学，1954年，升格为九里中心小学。

虹桥乡第三初等小学堂于1913年由邑人陈鸿源开办，校址在兴隆桥东市梢，1928年，改名为鼋泾初级小学，1937年，学校因被日军轰炸而停办，1940年，在兴隆桥西天王庙续办，1945年抗战胜利后，改名为虹桥乡第三保国民学校，1949年

1958年常熟县九里中心小学第五届毕业生合影

1982年常熟县兴隆中心小学五（1）班毕业生合影

20世纪80年代学校校门

常熟解放后，恢复蠡泾初级小学校名，1950年，改名为兴隆小学，1953年，升格为兴隆中心小学。

1961年，九里中心小学与兴隆中心小学合并，九里中心小学改为兴隆中心小学，兴隆中心小学改为分校。1979年，兴隆乡政府征地6666平方米，新建兴隆中心小学。20世纪80年代，兴隆小学成为常熟市首批办好的八所中心小学之一。1997年，兴隆镇政府出资重新建造占地15333.4平方米、校舍近万平方米的新教学大楼。2000年7月，兴隆镇并入虞山镇，学校归虞山镇管理。2006年，兴隆中心小学改名为常熟市新区小学。2012年，政府投资1000万元改建学校。2015年，小学与幼儿园分设。

二、学校特色

学校以"诚"为校训,确立"让孩子学会生存,学会求知,学会合作,学会做人"和"规范管理,巧教乐学,真抓实干,以人为本"办学理念,坚持"文明、勤奋、团结、朴实"校风、"严格、耐心、启迪、求实"教风和"刻苦、多思、勤奋、好问"学风。致力传承以黄公望为代表的有千年历史的虞山画派,开展毛笔书法、硬笔书法、国画绘画等特色书画教育,先后编印了《新区小学学生习字本》《玄秘塔碑入门教程》《书画教育知识读本》《国画基础教程》《师生书画作品精选辑》等作为学校书画教育特色教材。学校被命名为中国书法(写字)特色学校、中国教育学会书法教育专业委员会书法教育实验学校、江苏省硬笔书法家协会教育培训基地、虞山派篆刻艺术传承基地,先后有300多名师生在省级以上书画、书法比赛中获奖。

三、办学成就

截至2021年12月,学校占地面积11540平方米,建筑面积6683平方米;现有班级24个,学生1030人;现有教职工61人,其中专技教师60人。学校培养了众多优秀学生,其中杰出者有中国科学院物理研究所研究员王云平、中国计量研究院标准物质所所长陈保华、生物学专家陆丽芳、美国佐治亚州立大学终身教授顾宝桐、上海卫星装备研究所高级工程师祝雪华等。学校先后获"全国新教育实验优秀实验学校""全国中小学公民道德教育实验学校""全国教科研先进单位""江苏省绿色学校""江苏省体育特色学校"等荣誉称号。

(俞志英 文 俞志英 供图)

常熟市五爱小学

创建时间：1913 年
校训 / 校风：明知慧众
学校地址：常熟市虞山街道甸桥西路 18 号

一、历史沿革

学校前身是由教会创办的明慧小学。1913 年，明美丽、慧治灵两位外籍女士受美国基督教监理会女布道会指派来常熟创办教会学校，租赁南门外朱姓房屋为校舍，校名由"明美丽"和"慧治灵"两个名字的首字"明"和"慧"合成。办学之初，学校仅有两间教室，30 多名学生；1918 年，学生人数有较大幅度增加，原有校舍不敷使用，故学校转租祝家河的蒋姓房屋。1920 年前后，女布道会又于南门外新设一小学，亦称"明慧小学"。从地理位置上看，祝家河位于城北，而后建明慧小学校址位于城南，于是便有了"北明慧小学"和"南明慧小学"之称（南明慧小学于

1932 年北明慧小学教师欢送俞秀丽校长（后排右一）赴美国留学时合影

1987年校友施锡恩（后排最高者）与母校学生合影

20世纪30年代初因经费拮据停办）。1919年，北明慧小学迁至槐柳巷，租借宗姓房屋；1923年，又迁至朱姓房屋；同年，时任校长金振声（音译）利用募捐所得款项购买槐柳巷毛姓的一爿住房，经修葺后学校于次年迁入，并增设幼儿园（此校舍沿用至20世纪末）。抗日战争全面爆发后，常熟沦陷，大部分校舍因日机轰炸而被夷为平地，学校停办，直至1945年抗战胜利，学校才得以复学上课，改名为虞中小学分校。1952年，学校由常熟县文教科接管，改名为常熟县五爱小学。1982年，慧日小学并入。1986年，学校办起了全县第一个弱智儿童辅读班；1988年秋，成立常熟市虞山镇培智学校，附设于学校；1995年秋，培智学校并入市特殊学校。1998年8月，虞山镇人民政府投资850万元，在虞山十八景之一的"湖甸烟雨"景区建造五爱小学新校，而后山湖小学、烟雨小学、三星小学、宝岩小学、湖桥小学相继并入。2021年9月，学校迁入尚湖畔翡翠路新校区。

二、学校特色

学校逐步沉淀了"爱"的文化特色。办学初期，由校名"明慧"演化的"明知慧众"校训，内隐"爱"的文化元素。新中国成立后，学校改名为"五爱小学"，提出了爱祖国、爱人民、爱劳动、爱科学、爱护公共财物的办学宗旨与培养目标。学校遵循"明知慧众"的校训，倡导"爱的奉献"教育，一以贯之守护"爱"的文化基因，通过自爱之门、孝爱之门、关爱之门、仁爱之门、博爱之门，整体架构"爱之门"课程体系，淬炼五爱学子"明媚聪慧"的品质。同时，学校着力构建门球特色课程，学校门球队曾获江苏省少儿门球赛冠军、江苏省少儿门球赛体育道德风尚奖等荣誉。

三、办学成就

截至2021年12月，学校（新、老校区）占地面积40391平方米，建筑面积

28757平方米;现有班级14个,学生588人;现有专任教师41人。学校培养了诸多优秀学子,其中有2010年上海世博会中国政府总代表华君铎、北京信息工程学院原院长甘圣予、中国驻韩国领事馆原总领事虞晋峰、美国西部数据公司高级工程师姚向宇、江苏省劳动模范虞玉华等杰出人士,培养了1位省特级教师。学校被列为全国制订小学语文、数学学习标准及教学质量监测项目学校,先后获"江苏省健康促进学校""苏州市文明校园"等荣誉称号。

(陈晓艳 文 顾育锋 供图)

常熟市义庄小学

创建时间：1904 年
校训 / 校风：求真、弘义
学校地址：常熟市虞山街道白雪路 8 号

一、历史沿革

常熟市义庄小学是由义庄中心小学、城南小学、陈家市小学、报本小学四所学校合并成的。

义庄小学创建于 1939 年 2 月，由谢玉华在义庄弄内的棉业公会创办私立上达小学。1942 年，改名为县立琴南镇第二分校。1943 年，由席子常继任校长。1945 年抗战胜利后，校名改为县立义庄弄小学。1946 年 2 月，校长由沈毓秀继任。1947 年，改名为坛南镇第一、第二、第三保国民学校。1948 年，复名义庄弄小学。1957 年前扩充为完全小学，改名为义庄中心小学。"文革"期间，改名为红卫小学。1978 年，定为中心小学，2006 年，改名为义庄小学。2008 年，学校迁入白雪路新址，一所现代化的新义庄耸立在虞山城南，再次焕发青春。

义庄小学创始人谢玉华

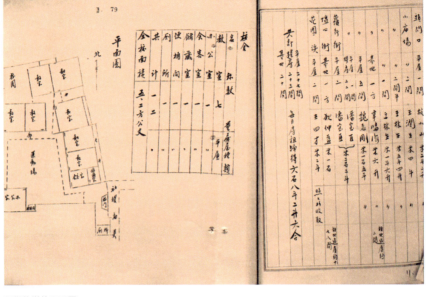

早期的学校平面图

城南小学创于清光绪三十一年（1905），校址在小庙场，创办人为邑人庞鸿济等，成立时名为城南商立初等小学堂。民国初年，改名为私立米业小学。米业小学办学宗旨十分明确："以辅助公立小学普及教育，抢救米业方面贫苦儿童之失学为宗旨，并求发展儿童身心，培养儿童民族意识、国民道德基础及生存必需之知识技能，以养成一健全之好国民。"新中国成立后转为民办小学，改名为城南小学。"文革"期间，改名为红光小学，1978年，恢复为城南小学。1992年6月，并入义庄小学。

陈家市小学创建于1912年，初立时名为陈市小学，校址在陈家市。新中国成立前改名为县立坛南镇陈市国民学校，新中国成立后恢复原名陈市小学。"文革"期间，改名为育红小学，1978年，改名为陈家市小学，2001年6月，并入义庄小学。

报本小学前身为公立儒英初等小学堂，创建于清光绪三十年（1904），由邵松年等创办。新中国成立后，改名为报本中心小学。2011年6月，并入义庄小学。

二、学校特色

学校立"求真、弘义"为校训。坚

1978年报本小学校门

持科技特色教育，依托地域资源和校内小星宇科技馆，开展科技综合实践、科技创新发明、小课题探究等特色教育实践，编制的校本读本《小小科学家》《虞风启智》，融合集体智慧，在科技课程实践中发挥着重要作用。"小院士"制度让一批"小小科学家"如雨后春笋般崭露头角。多年的科技教育活动影响巨大，硕果累累，形成了鲜明的科技教育特色文化。近年来，针对82%的学生来自全国各地的经商户家庭，学校开发出个性化课程——"求真微课程"，丰富学生个性化课程体验，为学生提供多元选择，满足学生个性发展的需要。多年实践创生了"虞风琴韵""虞衣风裳""虞山之宝""创意软陶""纸趣不凡""变废为宝""永不消逝的电波""义庄神舟"等校本精品课程，另有60多门微课程供学生自主选择，努力践行"追求适合每一个孩子发展的教育"之办学理念。

三、办学成就

截至2021年12月，学校占地面积30682平方米，建筑面积32456平方米；现开设班级46个，学生1848人；现有教职工123人。历经100多年的办学实践，学校培养了一大批优秀学子，其中有中科院院士、天体物理学家陆埮等。学校先后获"全国绿色学校""全国环境教育示范学校""全国艺术教育先进单位"等荣誉称号，是"江苏省科技特色学校""江苏省科普示范基地""苏州市前瞻性教改实验项目学校"。进入新时代，学校将继续循着"求真、弘义"百年校训，奋楫扬帆，卓越发展，谱写高质量教育的崭新篇章！

（杨喜亚 文　王韩英 供图）

常熟市莫城中心小学

创建时间：1911 年
校训/校风：诚、毅
学校地址：常熟市莫城街道恩怀路 1 号

一、历史沿革

学校的前身为清宣统三年（1911）春由常熟县政府拨款开办的荟英小学，校址在莫城东街城隍庙东首。1913 年，改名为莫城乡立第一初级小学。1922 年，改名为莫城初级小学，校址迁至莫城西街西王庙北首。抗日战争期间，学校停办。1946 年年初，改名为莫城镇中心国民学校。1949 年 4 月常熟解放，学校由人民政府接管。1950 年，改名为莫城中心小学。1963 年，校舍迁至莫城中街河南。"文革"期间，学校教学秩序被打乱。1969 年，改名为莫城小学，校址设在莫城虹霓桥东堍，由莫城大队贫管会管理。1978 年 5 月，恢复莫城中心小学校名，常熟县文教局拨款在石狮浜征地新建校舍，1978 年年底竣工。1990 年，莫城乡政府投资 60 万元改善办学条件。1995 年 2 月，学校迁至莫城中学旧址办学。1999 年，撤并光明小学和东始、斜桥办学点。2000 年，撤并凌桥、东湖办学点。随后，撤并碓

1978 年学校校舍

1979年学校毕业生合影

坊小学、河甸小学、双巷小学、青州小学、言里小学、马泾小学，构成一中心校一分校（安定小学分校）的布局。2002年至2003年，莫城镇政府拨款4000多万元，在莫城镇北恩怀路新建莫城中心小学，2003年9月正式启用。2003年12月，学校晋升为江苏省实验小学。

二、学校特色

学校秉承"诚、毅"校训，坚持践行"求真务实，崇善尚美"校风。学校强化以"文学"为主题的办学特色，建立全体教师参与的文学特色建设工作网络机构，成立学生写作兴趣班、花蕾文学社、教师文学阅览坊、学校文学馆。编印文学校本教材，设置文学阅读校本课程。花蕾文学社成为"江苏省中小学校园百家文学社"，社刊《繁星报》创刊至今已连续出刊254期。学校是教育部人文社科基地重点实验课题"中华经典诗文诵读"实验学校、新教育实验学校。

三、办学成就

截至2021年12月，学校占地面积39428平方米，建筑面积18637平方米；现有班级42个，学生1859人；现有教职工109人，其中专技教师106人。学校培养了一大批的优秀学生，其中有中国空军首位空中加油机带队机长尹培强、上海市小学特级教师徐永森等。20世纪末，学校小黄鹂合唱团曾赴北京演出，获全国第二届金曲潮演唱会优秀奖。学校是江苏省实验小学，获"全国青少年读书教育活动读书育人特色学校""全国青少年校园足球特色学校""江苏省实施素质教育先进学校""江苏省绿色学校""江苏省健康促进学校"等荣誉称号。

（徐洪文　吴茜　供图）

常熟市谢桥中心小学

创建时间：1906年
校训/校风：明德笃学
学校地址：常熟市虞山街道谢桥学南路1号

一、历史沿革

清光绪三十二年（1906），谢桥镇士商以集成善局及庙田租息开办谢桥乡立从简初级小学堂，首任校长陈其昌，校址在谢桥中市茶庵(今谢桥老街南段)；学堂仅有一个班级，一名教师，办办停停，几易校长。1912年，改名为谢桥乡立第一初等小学校。1915年，改名为谢桥乡第一国民学校，校址由茶庵搬至谢桥市镇福山塘西侧潮音庵。1940年，校长为浦惠英，教员有邹桐懋、徐福溙、钱月华、黄幼森，助教有邹魁。抗战胜利后，民国政府接管学校，推行国民教育。1946年，

1953年全体教师与毕业生合影

改名为谢桥乡中心国民小学。新中国成立后，正式定名为常熟县谢桥中心小学。1957年撤区并乡后，辅导全乡境内小学。1968年，谢桥中心小学解体，公办小学下放到大队办。1969年，改名为谢桥市镇小学。1980年，恢复谢桥中心小学校名。1984年，学校搬迁至谢桥管理区健康路南，并撤并金星和联明两所村校的中高年级。1995年，福圩和巨轮两所村校的高年级并至中心校。1999年，实施幼儿园与小学分设。2000年至2001年，汤桥和翻身两所村校四至六年级相继并入中心小学。2003年，学校整体搬迁至现址。汤桥和大毛桥两所村校并入中心小学，红旗和陈桥两所村校中高年级和高年级学生分别并入中心小学。2003年12月，谢桥镇并入虞山镇，学校成为虞山镇城北第一所省级实验小学。

1985年谢桥中心小学校貌

二、学校特色

学校秉承"明德笃学"校训，坚持"真善美"育人理念，努力构建"悟真、明善、尚美"学校主题文化。开展以环境熏陶、课程渗透、活动养成为途径的明善德育，倡导"六个好""六要六不""每日四问"，编写明善德育校本教材，定期发布明善德育主题实践作业，每月开展"明善少年"表彰，实现明善德育从课堂到校园再到校外的全程化、主题化，构建学生人格成长的课程体系。探索以"真"为本、以"悟"为径的悟真课程，力求真生成、真参与、真小结，结合"每月一节"推进包含"道德、智慧、体能、心理、特长"的校本特色课程体系。注重做强足球、羽毛球、科技、书法、陶艺、经典诵读等"新六艺"特色项目，致力培养德、智、体、美、劳全面发展的"明善美德"少年。

三、办学成就

截至2021年12月，学校占地面积46880平方米，建筑面积21760平方米；现有29个班级，学生1193人；现有教职工82人，其中专任教师74人。学校为江苏省实验小学，先后获"全国写字教学实验学校""全国青少年校园足球特色学校""江苏省健康促进学校""江苏省平安校园""江苏省绿色学校"等荣誉称号。

（石慧文 徐恩幸 供图）

常熟市大义中心小学

创建时间：1912年
校训/校风：致良知，行大义
学校地址：常熟市常福街道大义红旗路48号

一、历史沿革

学校前身为创办于1912年的归义乡第一初等小学校，由归义乡热心教育的人士租用大义桥东黄姓房屋为校舍而办，首任校长浦国钧。后又在塘头街孙氏庵、归家城创办第二小学校和第三小学校，分别由王琛、归曾祚任校长。1914年，成立归义乡第四初级小学校。1916年、1917年又先后在邹巷、查家桥开设第五、第六小学。1923年，第一初等小学改为四、二学制。1925年，第一初等小学增办高年级，成为完全小学。是年冬，改名为归义乡立小学校。1928年，改名为归义小学校。1945年，抗战胜利，改名为大义中心国民学校。1951年，改名为常熟县大义中心小学校，同时成立辅导组。1952年，各村先后成立村小学，至1964年，辅导组划分东益、蜂蚁、小义、中泾、大义五个行政教学片区。"文革"期间，辅导组撤销，中心小学解散，改名为五一大队小学。1971年，恢复大义

首任校长浦国钧

1965年耕读小学教师代表大会合影

1974年新丰小学第四届毕业生合影

小学名称。1979年恢复中心校，校名为常熟县大义中心小学校。1983年，改名为常熟市大义中心小学。1985年，辖完小11所、初小13所。1989年，中心小学和幼儿园搬入原大义中学。1995年，幼儿园搬出中心小学。1997年，星东小学低年级和小山小学全部撤并到中心小学。2003年，中心小学搬迁至红旗路新校址，至2013年村小全部撤并到中心校。2004年，大义镇并入虞山镇。2015年，常熟市大义中心小学实施改扩建。

二、学校特色

学校秉承"致良知，行大义"校训，传扬"勤奋、守纪、求实、创新"校风、

"爱生、善教、博学、严谨"教风、"勤学、好问、善思、巧练"学风,秉持"绿色·阳光·生命"办学理念,努力实施"弘义"特色文化教育。学校在学科教学和多样活动中渗透"守正义,讲仁义,担道义"的义风精神,使学生"激发绿色活力""促发阳光动力""触发生命伟力",引领学生做一个大正、大爱、

大义小学老校门

大责的义风传人。"弘义"文化实践课程被列为苏州市小学特色文化建设项目工程。

三、办学成就

截至2021年12月,学校占地面积47952平方米,建筑面积21027平方米,绿化面积24329平方米;现有班级36个,学生1526人;现有教师92人。学校涌现出众多杰出校友,如驻外大使魏瑞兴、国务院发展研究中心特约研究员王克明、高级工程师邹成福等。学校先后获"全国新教育实验学校""全国优秀陶研学校""全国中小学思想道德建设活动先进单位""全国青少年校园足球特色学校""江苏省绿色学校"等荣誉称号。

(范宇敏 文 吕梦 供图)

常熟市海虞中心小学

创建时间：1906年
校训/校风：崇真、弘毅
学校地址：常熟市海虞镇学前路18号

一、历史沿革

学校前身之一为清光绪三十二年（1906）里人汪昌寿、严绥利用南街斗坛庙创办的耿泾乡第一所公立学校耿公小学，首任校长杨吉修，后耿公小学迁入位于周家桥的耿公书院内。另一前身为清宣统元年（1909）由三所私塾合并、位于东街法云庵的民立求是小学。1912年后，耿公小学改名为第一国民学校，求是小学改名为第四国民学校。1945年，第一国民学校、第四国民学校合并，定名为耿泾中心国民学校。1949年4月常熟解放后，人民政府接管学校，改名为王市中心小学，学校分三部分：高年级部设于东街队部楼，中年级部设于东街法云庵，低年

1984年王市东新小学毕业生合影

2013年王市中心小学正门

级部设于南街斗坛庙。1959年,将原高年级部校舍拆除,择址于市镇北郊吴家桥处,征土地8666平方米,新建12间教室,设中高年级部;将原东街中年级部改为低年级部,原南街低年级部改为幼儿园。1968年,王市中心小学建制撤销,村村设立小学,中心小学中高年级部改办成下塘大队小学,东街低年级部改办成工农大队小学。1978年,恢复中心小学建制。1980年,工农大队小学并入中心小学。2000年,搬迁至原王市中学校址办学,改名为常熟市海虞中心小学,同时撤并星建小学和启智小学两所村完小。2003年9月,启用总投资3500万元的海虞中心小学新校,同时撤并建中小学、建新小学、龙灯小学三个村完小。2004年,学校成为江苏省实验小学。

二、学校特色

从2003年起,画信成为学校特色,学校构建以"情感教育"为主线的画信特色课程体系,积极参与中外主题画信活动和社会精神文明建设活动,被评为苏州市特色文化学校。在"世界遗产在我心中"画信活动中被联合国教科文组织(中国全国联合会)授予优秀组织奖。2008年中国奥委会新闻委员会发来证书,肯定了学校在迎接奥运、传承中华传统笔墨和书信文化中做出的贡献。

三、办学成就

截至2021年12月,学校占地面积45333平方米,建筑面积24116平方米;现有44个班级,学生1835人;现有教职工116人,其中专技教师106人。学校走出了不少优秀学生,其中有世界技巧冠军沈国华、天津南开大学教授张政朴等。学校先后获"江苏省实验小学""江苏省平安校园""江苏省健康促进学校"等荣誉称号。

(丁艳红 文 马荣明 供图)

常熟市福山中心小学

创建时间：1912年
校训/校风：崇德尚美
学校地址：常熟市海虞镇禄山路2号

一、历史沿革

学校由福山第一初等国民小学和福山第二初等国民小学合并而成。福山第一初等国民小学，始建于1912年，由福山乡公所决议而设，开办时因无场所，暂借港上夏姓私宅为校舍，后移至港上武庙文昌阁，首任校长夏鼎。同年，福山第二初等国民小学在福山老街城隍庙旁财帛司堂创立，首任校长谢伯棠。1917年，福

1983年福山中心小学校门

2000年学校篮球队学生训练

山第一初等国民小学改名为福山小学。1925年，福山第二初等国民小学改名为七峰小学。同年，福山小学选址在今陶山村一组新建校园，占地面积6667平方米，房舍9间，为福山乡第一所完全小学，校长陈日新。1937年，福山小学校舍遭侵华日军炮击和毁坏，被夷为平地。1938年，福山小学初小学生在港口街许顺兴家复课。1939年，中高年级学生在大弄口余家学习。1941年，学生全部迁入港上武庙后宫学习。1948年，福山小学有班级4个，学生167人，教师5人；七峰小学有班级5个，学生184人，教师5人。1952年9月，人民政府接管并合并了这两所学校，改名为常熟县福山中心小学，刘希禹任校长。校址分设两处：原福山小学为学校本部，原七峰小学为学校分部。1955年，福山老街城隍庙分部改建，港上本部迁到分部。"文革"期间，学校职能被福山公社教育革命领导小组取代。1968年，改名为福山市镇小学。1978年，恢复福山中心小学职能，并成立福山辅导组。1976年至1981年，附设初中班。1983年，改名为常熟市福山中心小学。1993年，搬迁至原常熟市福山中学办学，占地面积13770平方米，建筑面积5575平方米。2008年，迁至海虞镇禄山路2号办学。2015年，小学部与幼儿园分离。

二、学校特色

学校遵循"崇德尚美"校训，努力弘扬"厚德、笃行、尚美、求新"校风，全力打造"三自校园"，培养"最亮福娃"。20世纪80年代初至今，学校一贯重视培养学生学习自主、管理自治、生活自理的能力（简称"三自能力"），以少先队特色体验活动为依托，着力开发和实施"红领巾+"特色文化课题，开展了"以学生社团为载体，培养学生'三自能力'的研究""核心素养理念下小学生'三自能力'的培养研究"一系列省市级课题研究，逐步扭转了农村小学生普遍存在的不会学习、不善言辞、羞于交往，特别是缺乏自信、综合素质偏弱的现状，逐渐形成以培养农村小学生"三自能力"为目标的"三自"办学特色。学校获江苏省少先队文化建设品牌项目、江苏省少先队活动比赛一等奖、苏州市文化建设科研实践基地。

三、办学成就

截至2021年12月，学校占地面积50000平方米，建筑面积20474平方米；现有班级30个，学生1194人；现有教职工89人，其中专任教师86人。学校被命名为"苏州市特色体育项目学校""苏州市青少年校园篮球特色学校"，先后获"江苏省智慧校园""江苏模范职工之家""江苏省节水型学校"等荣誉称号。百年来，学校先后培养出中国人民解放军炮兵射击理论奠基人之一的吴大梁，《人民日报》北京分社社长朱竞若，曾为国家篮球队队员、上海市篮球队队长陈永生等杰出校友。

（郑艳文 单红艳 供图）

常熟市练塘中心小学

创建时间：1912 年
校训 / 校风：博
学校地址：常熟市尚湖镇南环路 258 号

一、历史沿革

学校前身为创立于 1912 年的常熟县练罗乡第一国民小学，校舍为净慧禅院的 2 间简陋房，首任校长蒋爱桢，教师 3 人，学生 40 多人。1920 年，丁雪伟任校长。1927 年，原有校舍改为练罗区行政管理办公室，学校移至寺弄东侧，由张德康任校长，有 3 间教室，教职工 4 人，学生 50 人左右。1944 年，学校改名为练塘中心小学，屈博任校长。1945 年抗战胜利，练小扩建整修，吴以澍任校长，有 4 间教

学校老校门

2021年校园新貌

室,教职工5人,学生60至70人。1949年4月27日,练塘宣告解放,7月,常熟县文教局委派蔡景襄担任练塘中心小学校长,当时有3间教室,教师4人,学生120人。1953年,施振球接任校长。翌年,学校进一步扩建,高级班由复式改为单式,增加一个初级班,并增设自费初中补习班,由翁群敏任初中补习班班主任。1955年年初,初中补习班并入塘桥中学,原初中补习班校舍设备改为增办小学高年级班之用。这时,学校有12个班级,教职工19人,学生500人。1956年秋,常熟县文教局委派杨祥熊担任校长。当时教育事业发展甚速,学生人数突破原定规划,校舍、师资、设备赶不上形势需要,高小毕业班只得暂借练塘中学教室上课。1957年至1960年,县教育局拨款修建校舍,发动公社邻近大队献工助料,师生开展义务建校活动,先后翻建、新建校舍6间,并扩大操场面积,重建厕所,筑围墙,学生突破500人。在农村的大队小学普遍增设民办班校,20个大队,15所学校(其中民办8所)。1961年,朱洪发接任校长。根据教育局指示,创办耕读小学。中心校派吴荣春为耕读教育负责人。1968年年底,撤销中心小学建制,公办小学下放到大队办,学校改名为卫东小学。1975年秋,改名为练塘市镇小学。1976年,建教育大楼。1978年,恢复练塘中心小学,同时开设幼儿园。1984年,学校建教学楼,老校舍得到改造。1996年,在练塘湾里桥东镇南环路北建新校舍,逐年撤并王泾桥、民庄、许巷、建华、翁庄、颜巷等村小。学校格局发展为一中心一分校(鸳鸯桥小学)。

二、学校特色

学校以"博"为校训,以"明理博益"为校风,以"笃信博引"为教风,以"厚积博学"为学风,营造浓厚的学校文化氛围。学校确立"国防教育"办学特色,开展少年排、加强连、军人进校园、学生进军营、教师进部队的军校共建三大行动等军训活动，建立国防教育实践基地和国防教育馆，开设国防教育课程。在开展国防教育时，注重学生内在发展，打造学校军营文化，提倡小军人式的行为习惯和言行举止，培养具有军人气质的学生。

三、办学成就

截至 2021 年 12 月，学校占地面积 23463 平方米，建筑面积 11496 平方米；现有班级 38 个，学生 1583 人；现有专技教师 87 人。学校培养了一大批的优秀学生，其中有国家一级作家金曾豪、博士生导师李立新、高级经济师王斌兴等众多名人。学校是江苏省实验小学，也是全国国防教育特色学校、全国国防教育示范学校。学校获"江苏省平安学校""江苏省健康促进学校""江苏省智慧校园"等荣誉称号。

（瞿锋 文　杨锦珠 供图）

常熟市尚湖中心小学

创建时间：1912年
校训/校风：正心博学
学校地址：常熟市尚湖镇永宁路168号

一、历史沿革

学校创办于1912年，由当时的归感乡乡议会决定开设，校名为归感乡立第一初等小学，系租借冶塘集镇徐姓民宅为校舍。始办一年后，徐姓居民不愿续租，学校遂停办。1913年冬，由归感乡乡董朱鸿诏、区学务委员范玉凤出面，择镇西李王庙旁余地，建校舍9间，1914年春重行招生开学。1916年，改名为归感乡立第一国民学校。1928年，改名为冶塘初级小学。1937年抗战全面爆发，学校停办。1942年，由社会人士募捐资金，修葺校舍，开设初级复式班。1947年，改名为

1984年第一届中师函授学员毕业合影

冶塘试办中心国民学校,设低、中、高3个年级复式班。1949年常熟解放后,学校由政府接管,改名为冶塘中心小学。1955年,由冶塘、大同、查村3个乡所有小学组成冶塘辅导组;1956年,冶塘辅导组被撤销。1957年,复名为冶塘中心小学,并设冶塘辅导组。"文革"期间,冶塘中心小学被撤销,下放大队办学,冶塘辅导组也被撤销,学校改名为忠东学校。1978年秋,复名为常熟县冶塘中心小学。1993年,易地新建冶塘中心小学。2013年,改名为尚湖中心小学。2014年,蒋巷分校并入尚湖中心小学。

1992年建的中心校校门

二、学校特色

学校围绕"让每个学生自由呼吸、个性发展、幸福成长"的核心思想,践行"顺有天性的成长,磨有灵性的课堂,育有个性的儿童,成有人性的未来"的办学目标,开展"优化课堂教学,培养小学生良好心理"课题研究,形成心理健康教育、综合实践活动的办学特色。学校被命名为全国教学科学重点课题"中小学心理健康教学运行系统的研究"实验学校、全国教育科学"十五"规划课题"中小幼发展性心理辅导研究"实验学校、全国教育科学"十五"规划教育部重点课题"团体心理辅导的理论、应用与推广研究"实验学校。综合实践成果在苏州市展评中取得佳绩:2014年《结艺让生活更精彩》获二等奖,2015年《尚湖水韵》获二等奖;2017年《植物园的水足迹》获一等奖,2018年《我眼中的3D》获二等奖。

三、办学成就

截至2021年12月,学校(本部)占地面积27112平方米,建筑面积14184平方米;现有28个教学班(含大河分校),学生1163人;现有专任教师66人。学校培养了一大批的优秀学生,其中有兵器工业部原处长吕平、中科院化学研究所研究员李平等。学校先后获"全国青少年校园足球特色学校""江苏省首批特色文化项目学校""江苏省健康促进学校""江苏省智慧校园"等荣誉称号。

(李超文 龚叙元 供图)

常熟市碧溪中心小学

创建时间：1908年
校训/校风：诚、朴
学校地址：常熟市碧溪街道碧溪东路114号

一、历史沿革

学校前身为清光绪三十四年（1908）乡绅徐钟麐创办的徐家私塾，校址位于碧溪老街西巷门外徐氏祠堂。辛亥革命胜利后，乡议会决议设立碧溪初等小学堂，继名为浒浦乡立第三初等小学校。1928年，改名为碧溪初级小学。1937年，日寇入侵，校舍被毁，学校的两个班分别迁至圆觉庵（溪南村朱公浜）和草庵（溪东村草庵）。1942年至1946年，陈耀华女士任校长，她向师生宣传抗日救国，引导进步学生走上革命之路，学校一时成为抗日小学。1946年2月，正式复校，改名为常熟县碧溪国民学校。1949年，常熟解放，学校由县人民政府接管，改名为常熟县浒浦镇碧溪学校，校舍仍借徐氏祠堂。1950年秋，改名为常熟县公立碧溪小学。

1962年徐家私塾大门

1915年学校历年状况表

"文革"期间,学校下放到大队办。1979年8月,恢复中心校,校址设在原碧溪中学高中部。1983年秋,正式改名为常熟市碧溪中心小学。1994年,中心校(含幼儿园)在碧溪溪南村南张家泾东易地重建。2007年夏,碧溪中学职高六层教学楼划归小学使用。2019年,学校在原新港中学校址实行改扩建,保留并利用原新港中学的体育馆、综合楼。

二、学校特色

学校秉承"诚、朴"校训,坚持"以诚朴育人,育诚朴之人"办学理念,弘扬"爱国、勤奋、求实、创新"校风、"博学、爱生、务实、开拓"教风和"乐学、多思、勤问、善练"学风,共创"诚朴教育"特色校园文化。学校形成好学多思、学思结合、学以致用的"诚朴"特色课堂模式,富有创新、乐于奉献、爱生务实、合作进取的"诚朴"教师群体,坚持立德树人,致力于培养全面发展的"诚朴"新人。

三、办学成就

截至 2021 年 12 月,学校占地面积 4 万多平方米,建筑面积 1 万多平方米;现有 36 个班,学生 1507 人;现有教职工 92 人。学校培养出了中国科学院院士、岩石学专家徐义刚教授等杰出人才。学校先后获"全国中小学心理健康教育先进学校""江苏省榴联教育基地学校""江苏省健康促进学校""江苏省智慧校园"等荣誉称号。

(孙永华 文 孙永华 供图)

常熟市浒浦学校

创建时间：1905年
校训/校风：诚真
学校地址：常熟市碧溪街道西弄街39号

一、历史沿革

清光绪三十一年（1905），里人孙永明、罗仲康等借西庙宝善堂房屋，创办公立养正小学堂，初设一至四年级，是为域内新学之始。1926年，由夏素民等劝募资金，夏育德设计，在西庙原址上兴建新校舍，时称"洋学堂"。1929年，开始招收五、六年级学生，改名为常熟县立浒浦高等小学校。1930年，首届高小毕业生12名。1937年，校长为教育家周洽寿，设8个班级，学生300多人，开设国文、算术、修身、图画、手工、唱歌、体育等课程，使用商务印书馆出版的课本为教材。抗战时期，日军强占校舍，学校被迫迁至西弄民房复学，后又搬进育婴堂上课（今浒浦渔村处）。1946年，改名为浒浦中心国民学校，并修复被日寇拆毁的校园。1950年，改名为常熟县浒浦小学。1952年时，在校学生增至1000余人，并设幼儿园和孔巷分校。问村、白马、浒西村校先后发展成为完全小学，学龄儿童入学率达80%以上。1956年，改名为浒浦中心小学，附设民办班。1962年，设28个班级，学生1500多人，教职员工50多人，规模之大、学生之多，成为全县之冠。"文革"期间，学校下放给大队管理，中心校被撤销，浒浦中心小学一度改为东风中学小学部。1978年，恢复为中心小学。2010年8月，浒浦中心小学与浒浦中学初中部合并为常熟市浒浦学校。

二、学校特色

学校以打造"师生的求真乐园"为办学目标，以"诚真"为校训，凝练出"抱诚守真"校风、"敏学、明礼、乐群"学风和"尚德、博学、笃行"教风。致力

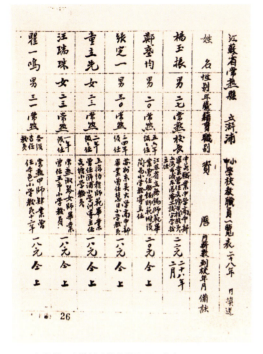
1939年常熟县立浒浦小学校教职员一览表

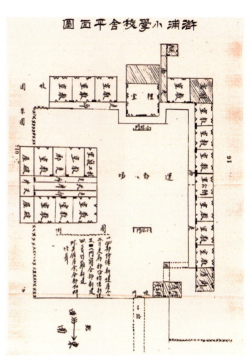
浒浦小学校舍平面图

1939年浒浦学校大礼堂

于让学生在"诚真"理念沐浴之下，养成"诚信""诚善""诚正"为特征的人文素养和"务实""求真""创新"为特征的科学素养。以"学校'诚真教育'特色文化建设的实践研究"课题为抓手，对学校文化建设进行实践和研究，通过完善校园文化制度，丰富校园文化生活，构建"求真"校本课程，优化"诚真少年"

1999年校园

评价体系等途径,将"诚真"理念外化成校园硬件文化,内化为师生内在品质。

三、办学成就

截至2021年12月,学校占地面积81573平方米,建筑面积39415平方米;现有班级38个,学生1660人;现有教职工121人,其中专技教师120人。学校成为市级科技教育特色学校,多次承办江苏省青少年科技模型竞赛,被评为"江苏省青少年科技教育工作(五星级)先进集体"。先后获"江苏省陶行知研究会实验学校""江苏省和谐校园""江苏省健康促进学校"等荣誉。百年历史,英才辈出。他们中有致力于东方哲学研究的黄心川教授,全国五一劳动奖章获得者、资深翻译家左飙教授,中国人民解放军总装备部高级工程师阮金元少将,等等。

(姚美芳、俞影 文 俞影、茹振球 供图)

常熟市吴市中心小学

创建时间：1905 年
校训 / 校风：诚、勇
学校地址：常熟市碧溪街道振兴路 9 号

一、历史沿革

学校始创于清光绪三十一年（1905），由地方士绅曾邦乾、杨镜清、杨元桢、周鼎等创办，始名诚正初等小学堂，校址在原吴市镇西街的孚善堂，堂长由乡董杨君含兼任。1912 年，改名为诚正初等小学校。1922 年，改名为吴市初级小学。1927 年，迁至镇东北的关帝庙（孚善堂内仍设一个班），杨子奇任校长。1937 年，校舍被日寇炸毁。1938 年，杨乃荣、唐善余、黄志云、陆慰慈、夏鼎玉等在杨乃荣私宅办私学。沈新来在吴市镇西街宅内，吴培君在吴市镇南街办私学，并宣传抗日救国。后各私学在吴市镇西街典当处联合办学。1940 年，各分散学校集中到

最胜庵含真阁旧貌

20世纪60年代学生活动

20世纪70年代学校气象哨

吴市镇王香圃家私庵最胜庵办学，校名为常熟县吴市小学校。1944年，由地方工商界人士集资，在最胜庵新建校舍。抗战胜利后，地方政府接收学校，改名为常熟县吴市国民中心小学。新中国成立后，改名为吴市中心小学，管辖吴市区境内小市、徐市、周泾、东张6个辅导组。1957年，发展5个民办班。"文革"期间，学校撤销，下放到大队办学，改名为吴市公社二大队五七学校。1978年10月，正式恢复吴市中心小学。1995年至2007年，汤桥、万福、谢桥、虹泾、马桥、周桥、小市等小学相继撤并。2016年实行幼小分设。

二、学校特色

学校坚持传承"含真"文脉，挖掘"至诚养正，抱朴含真"校史文化内涵，形成了红色德育渗透、绿色劳动实践、金色社团活动"三色教育"办学特色。《辅导员》杂志曾以"三色园"孕育"四好少年"为题报道学校的少先队工作。江苏有线数字电视台曾报道学校特色教育《"三色教育"奠基幸福人生》。学校"金炳元中队"被命名为2016年江苏省少先队"英雄中队"。学校古筝队曾获苏州市"水天堂"杯少儿舞台艺术大赛一等奖。学生卷纸社团获评苏州市第十六届"阳光团队"。

三、办学成就

截至2021年12月，学校占地面积为29212平方米，建筑面积9563.16平方米；现有班级21个，学生896人；现有教职工77人，其中专任教师60人。学校培养了众多优秀学生。杰出者有中国科学院院士、大地测量专家夏坚白，中国工程院院士、复合材料专家陈祥宝，爱国教育家陈旭轮，中国"环境外交大使"夏堃堡等名人。学校先后获"中国楹联教育基地""全国红旗大队""全国小公民道德建设先进集体""江苏省绿色学校""江苏省青少年科技教育先进学校"等荣誉称号。

（曹振鹤 文　曹振鹤 供图）

常熟市东张中心小学

创建时间：1904年
校训/校风：正直、勤劳、亲爱
学校地址：常熟市碧溪街道东张南大街26号

一、历史沿革

清光绪三十年(1904)，地方士绅徐兆玮、王元龄发起，将东张古镇的观善书屋改为实施新学的公立观善初等小学堂。后校址迁至东张市王氏义庄。1913年，改名为东张乡立第一初等小学校。1914年，校长王元龄个人捐资，在市镇西建新校舍6间。1915年，改名为东张乡立第一国民学校。1923年，改名为东张乡第一初级小学校。1927年，改名为常熟县立东张小学校。1937年11月，东张沦陷，学校停办。翌年，维持开学。1940年，中共常熟县抗日民主政府派地下党员顾坚来校以教员为掩护，进行抗日救国教育，引导学生参加抗日活动。抗战胜利后，改名为常熟县东张乡中心国民学校。1949年，常熟解放，政府接管学校，改名为常熟

20世纪末教师上课

20世纪60年代的教室

1992年学生参加劳动

县东张中心小学。1951年至1953年,创办初中补习班,前进初小并入。"文革"期间,学校下放到大队办学,分设两处,原址改名为东张公社反修小学,另一处设在第五生产队,取名东风小学。1979年,恢复东张中心小学校名。1985年起,实行分级办学和分级管理体制。

20世纪90年代,学校为适应现代化教育要求,配置了多媒体教室、微机室、音乐室、舞蹈室、美术室、电化室、图书阅览室、自然实验室、体育室和卫生室等。一般教室均配置了"三机一幕"。学校还建成了闭路电视系统、演播系统和计算机校园网,并接入宽带。

二、学校特色

学校秉承"正直、勤劳、亲爱"校训,努力弘扬"勤奋、守纪、文明、活泼"校风,以"依法治校,人本理校,质量立校,科研强校,特色兴校"为行动理念,以"成就每个独特而鲜活的生命,达成人民满意的亲民教育"为办学宗旨,积极"营造阳光环境,推崇阳光管理,打造阳光课堂,搭建阳光舞台,塑造阳光团队,培育阳光少年",构建"向真、向善、向美"的校园特色文化,不断提升学校的办学品质。从1996年起,学校探索心理健康教育,成为全国心理辅导特色学校。学校以楹联传统文化为引导,让学生懂楹联、学楹联、写楹联,并成为中国楹联教育基地。学校还以摔跤和射击为实践突破口,推进阳光体育运动,形成阳光教育特色,先后向市、省、国家输送了体育运动苗子,如学生苏懿萍成为运动健将,先后获世界大学生运动会、亚洲田径锦标赛和全国第九届运动会女子100米跨栏冠军。

三、办学成就

截至2021年12月,学校占地面积20498平方米,建筑面积8089平方米;现有班级25个,学生1040人;现有教职工78人,其中专技教师68人。学校积淀了丰厚文化底蕴,培育了大批佼佼人才,如中国科学院院士、细胞生物学家郑国锠,中国科学院院士、生药学家徐国钧,外交家郑耀文,烈士陈震寰,上海肝胆医院博士生导师沈锋教授,等等。学校先后获"全国中小学思想道德建设活动先进集体""江苏省体育特色学校""江苏省智慧校园"等荣誉称号。

(黄艳芳 文 祝险峰 供图)

常熟市董浜中心小学

创建时间：1908年
校训/校风：知识就是力量
学校地址：常熟市董浜镇华文路98号

一、历史沿革

学校前身为清光绪三十四年（1908）由董浜何氏族内顾素行创办的私立女子学校，以"知识就是力量"的提倡者英国哲学家培根之名，取校名为培根女学校，校址设在董浜街东市梢，因校门刷以绿漆，里人习称"绿门里"，以招收女童为主，兼收男生，贫穷孩子免费入学。后何镜明接任校长，改名为镜明初级小学堂。1913年，民国政府在镜明初级小学堂的基础上，利用原天星阁庙宇开办董沈乡公

1979年董浜中心小学毕业生合影

1937年被日军炸毁的董浜小学

20世纪初培根女学校校徽

立第一国民小学，首任校长邵元庆。1923年，实施初级小学四年制，高级小学二年制。1928年后，设初小4个班、高小1个班。1937年，常熟沦陷，学校停课。1938年秋，常熟县人民抗日自卫会命时任自卫会教育科文书的沈身三筹复董浜初级小学。1940年春，学校建立少年抗日先锋队，实施抗日救国教育。1945年抗战胜利后，改名为董浜中心国民小学。1950年，改名为董浜中心小学。"文革"期间，下放到各大队办学。1973年，开办董浜市镇小学。1978年，复名董浜中心小学，校址在原天星阁。1989年秋，学校迁至校前街（今星文路）。1990年，学校通过江苏省普及九年制义务教育达标验收。2008年秋，学校整体搬入新建的董浜镇教育中心办学。

二、学校特色

学校依托中国民间文化艺术之乡——董浜镇乡人素喜书法的传统，注重向学生开展书法教学，形成书法教学特色。学校为中国教育学会书法教育专业委员会的书法教育实验学校，被认定为苏州市书法特色学校。学校教师中现有苏州市书协会员2名，江苏省硬笔书协会员4名。三年来，有80多幅学生作品在苏州市级及以上比赛中获奖，连续三年在苏州市整班性写字比赛中取得一、二等奖等优异成绩。

学校秉承红色基因，结合书法特色，组织师生开展"追寻革命记忆，书写红色篇章"主题活动，引领学生寻访董浜革命先烈后辈，瞻仰抗日活动遗址，参观永安村红色记忆馆、常熟县人民抗日自卫会成立会址等红色教育基地，接受革命传统教育。

学校将继续探索规范汉字书写、彰显书法特色的红色教育之路，教育学生写端端正正的字，做堂堂正正的人。

三、办学成就

截至 2021 年 12 月，学校占地面积 25854 平方米，建筑面积 10086 平方米，绿化面积 11900 平方米；现有班级 22 个，学生 952 人；现有教职工 63 人，其中专任教师 60 人。学校培养出了中国工程院院士沈政昌、电力工程专家陶惠良、建筑高级工程师邵季周、统计分析专家马正平、农业机械化专家沈明霞、软件工程专家邵红等众多杰出人才。学校确立了"知识就是力量"的校训，形成了"文明、勤奋、自强、创新"的校风、"崇德、博学、严谨、务实"的教风和"主动求学，踏实奋进"的学风。学校先后获"全国教育科学'十五'规划课题'中小幼发展性心理辅导研究'实验学校""全国书法教育实验学校""全国心理辅导特色学校""江苏省智慧校园""江苏省儿童文化园"等殊荣。

（王惠红 文　王惠红 供图）

常熟市徐市中心小学

创建时间：1905年
校训/校风：智行天下
学校地址：常熟市董浜镇徐市安庆路183号

一、历史沿革

学校前身为创立于清乾隆三十一年（1766）的智林书屋。清光绪三十一年（1905），里人马元培将智林书屋改办为智林初等小学堂。1912年，改名为徐市乡第一初等小学校。1913年，县政府在智林寺东侧迁建常熟县立第二高等小学校。1926年，成为六年制完小。1936年，改名为常熟县立徐市小学。1937年抗战全面爆发，校舍被日机炸毁。1939年至1941年，在中共常熟县委领导下，学校脱离伪政权，改名为抗日小学，成为常熟虞东地区抗战教育中心。1946年，国民政府接收学校，改名为徐市乡中心国民学校。1949年5月，人民政府接管学校。1950年，改名为常熟县徐市中心小学，辖南港、陆市、钱桥等小学。因工农子弟入学率激增，高年级迁至镇东三官堂上课，称"二部"，

智林书屋

1922年的校钟

1936年的云板钟

1959年"二部"与本部合并。1969年,徐市中心小学解散,师生分散到大队小学上课。1978年,在原址恢复徐市中心小学,并有"戴帽子"初中及附设幼儿园。1984年,学校迁至东巷门路。1985年起,三年内四次征地扩大校园。20世纪末至21世纪初,学校增建教学楼,建造体育馆。2015年,学校整体搬迁至智林书屋旧址,在新建校园时,保留了书屋时期的古井、古树、古碑。

二、学校特色

学校秉承"智行天下"的校训及办学目标,自20世纪90年代起,成立艺术教研组,形成"艺术教育"办学特色。"九五"期间,学校全力构建充满生机活力的校园活动课程与人文环境,在常熟博物馆举办学生美术作品展览,出版学生美术作品专集《彩笔绘童心》。"十五"至"十二五"期间，学校以艺术特色教育为引线，在构建绿化、美化、艺术化的校园自然环境和人文环境的基础上，以艺术化的校园文化建设、以人为本的管理文化、丰富多彩的校园文化活动为载体，继续致力打造校园艺术文化品牌，开展"小

500 年树龄的古银杏

学现代美育实验与研究"，构建"以美至臻"实践研究，明确美育、主体性艺术教育的内涵，形成对艺术教育现代化的共识。学校先后成立民乐、舞蹈、合唱等艺术团队，学生参加常熟市、苏州市级比赛均获好成绩。学校建成艺术馆，为学生举办个人书法作品展并出版个人书法作品集《翰墨飘香》。学校被授予"全国写字教育实验学校"，成为苏州市艺术教育优秀学校。

三、办学成就

截至 2021 年 12 月，学校占地面积 47456 平方米，建筑面积 20811 平方米；现有班级 24 个，学生 972 人；现有教职工 72 人，其中专技教师 71 人。学校培养出了诸多优秀学子，其中有主持参与研制"蛟龙号"潜水器的翁震平、研究合成青蒿素衍生物新药的李英、寒地果树学家皇甫淳、长海医院文职特级教授仲剑平、被美国柯尔比中心医学部授予"国际著名医学专家"的柯雪帆等。学校先后获得"全国艺术教育特色单位""全国红旗大队""全国少儿美术教育杰出贡献单位""江苏省绿色学校""江苏省体育特色学校"等荣誉称号。

（朱伟康 文　章肃宽 供图）

常熟市张青莲小学

创建时间：1763 年（旧学）
　　　　　1902 年（新学）
校训 / 校风：正德修业
学校地址：常熟市支塘镇毓英路 2 号

一、历史沿革

　　学校原名常熟市支塘中心小学，其前身为正修两等小学堂。清康熙中期，知县黎龙若将祠堂改建为社学，堂额"正修"。清乾隆二十八年（1763），地方士绅以正修社学改建为书院，名为正修书院。清光绪二十八年（1902），支塘热心教育人士以正修书院办实施新学的正修蒙学堂。清光绪三十二年（1906），改名为正修两等小学堂。时有乡人徐兆玮于正修两等小学堂内，组织从事新学研究的虞东学会。1912 年，改名为支塘乡立第一初等小学校。1915 年，改名为支塘乡立

20 世纪 50 年代初少先队支塘中心小学大队部举行"一日行军"活动

第一初等国民学校。1917年，改为县立小学。1919年4月，学校成立爱国团，呼吁抵制日货，不做亡国奴。1919年，学生张青莲、平湘泰等组织爱国学生团，宣传抵制日货。1925年，改名为常熟县立支塘小学校。20世纪40年代时，称常熟县立支塘中心小学校。1947年，迁至西门正修书院旧址，一度为常熟县立师范学校附属小学。1949年5月，县人民政府通令接管公立、私立学校，1950年，支塘中心国民学校改名为常熟县支塘中心小学。在农村开办公办、民办公助完全小学或初级小学。先后开办枫塘、窑镇2所完全小学，以及民主、团结、顾泾、新庙、青小湾、贺舍、塘西、侯泾、合结、梅苑、陈家村、沈巷、牌楼13所初级小学。每校有公办（民办）教师1—2人，入学学生人数总计在1200人左右。1964年，贯彻"两条腿走路"方针，全公社先后开办耕读小学11所（生产队联办），招聘

1956年支塘中心小学第五届毕业生合影

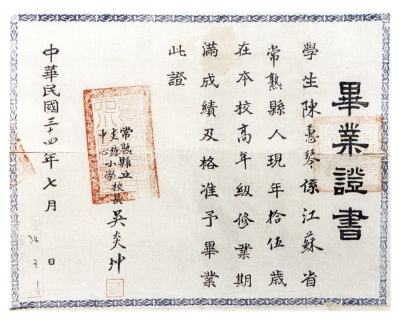

1945年支塘小学学生毕业证书

耕读教师16人，新增入学学生300多人。1966年，学校正常的教学秩序受到影响，1968年，师生分到各生产大队建大队小学。1969年，校本部下放十六大队、十九大队（市镇）办学，并由十九大队负责管理，其间，学制改为五年。1976年，中心小学恢复建制，1983年恢复六年制学制，并建立小学辅导委员会。1984年，学校成为常熟市首批办好的8所农村中心小学之一。1993年，被联合国儿童基金会、国家教委确定为制定小学语文、数学学习标准及质量监测项目学校。2011年10月，学校整体搬迁到位于支塘镇毓英路的新址；同年11月，改名为常熟市张青莲小学。

二、学校特色

学校秉承"正德修业"的校训，本着"依托名人，创办名校"的思想，努力创设生本化的校园环境，打造以"和雅"为核心的校园文化特色，以"新经典阅读"为基础的教学特色，以"生活教育"为指导的活动特色。学校是全国教育科学"十一五"规划教育部规划课题"新经典诵读实验研究"实验学校，承办了江苏省新经典诵读研究现场会，获得推动"中国经典诗文诵读"研究突出贡献奖。参与教育部人文社科基地重点实验课题"中华经典诗文诵读实验"。学校坚持开展经典诵读活动，形成具有莲小特色的经典诵读课程。

三、办学成就

截至2021年12月，学校占地面积40666平方米，建筑面积23700多平方米；现有31个班，学生1395人；现有教职员工107人。学校获"全国红旗大队""江苏省首批陶行知实验学校""江苏省和谐校园""江苏省青少年科技活动先进集体（三星级）""江苏省健康促进学校"等荣誉称号。支塘人杰地灵，人才辈出。学校培养了许多优秀人才，他们中有中科院院士张青莲、中国人民解放军副总参谋长吴铨叙上将、中国舰船研究院原常务副院长钟家雪少将、香港华润集团石油化工总公司董事长和总经理周亨元等。

（姜中良 文　学校档案室 供图）

常熟市何市中心小学

创建时间：1893年（旧学）
　　　　　1902年（新学）
校训/校风：诚、整、敏、朴
学校地址：常熟市支塘镇何市荷花大街47号

一、历史沿革

清光绪十九年（1893），何市乡士绅徐苎堂及子徐兆玮等捐地46667平方米，创办供弟子读经学四书的桂村书院。清光绪二十八年（1902），将桂村书院改办为新学性质的蒙养学堂，徐翰青为学堂堂长。清光绪三十年（1904）秋，蒙养学堂改为桂村初等小学堂，学生十余人。清光绪三十二年（1906），改名为桂村初等小学校，堂长改称校长。清光绪三十三年（1907），改名为桂村两等小学校，

1956年师生合影

20世纪50年代校舍

学校创办人之一徐兆玮

学制为初等四年,高等三年,学生增至50多人。1913年,改名为何市乡立第一初等小学校,高等部分改名为虞东高等小学校。1916年秋,桂村初等女子小学并入,开始男女生同堂就读。1915年,虞东高等小学校改名为常熟县立第二高等小学,何市乡立第一初等小学校添办高等年级,并立"诚、整、敏、朴"为校训。1924年,何市乡立第一初等小学校改名为何市乡立完全小学,设学生自治会。1931年,改名为桂村小学。抗日战争时期,"江抗"东进常熟,学校在共产党领导下,贯彻抗日教育方针。抗战胜利后,学校改名为何市国民小学校,许多进步青年教师参加进修联谊会,阅读进步书刊,宣传抗租抗丁。1949年常熟解放,改名为常熟县何市中心小学。"文革"期间学校停办。1980年恢复办学,1983年,常熟撤县建市,学校改名为常熟市何市中心小学。1989年,学校迁入原何市中学校舍办学,2000年,何市各界捐资新建教学大楼落成。

二、学校特色

体育与文艺是学校的传统办学特色。20世纪30年代,桂村小学篮球队就在常熟、太仓颇有名声。20世纪60年代,学校获苏州地区小学生乒乓球团体和女子单打冠军。学校被命名为江苏省和全国体育传统项目学校。20世纪90年代,学校举办了全国第一家农村儿童文化园——村娃少年宫,受到联合国教科文组织和文化部表彰。1995年5月,村娃艺术团晋京参加全国小学生文艺汇演,受到党和国家领导人亲切会见。进入21世纪,学校注重"五育"并举,提出以体艺"启德、强身、益智、育美、陶情、怡心"的愿景。村娃舞蹈队获常熟市小学生文艺汇演一等奖,体育运动队参加常熟市小学生田径、足球、冬锻比赛,屡创佳绩。

三、办学成就

截至2021年12月,学校占地面积17246平方米,建筑面积8319平方米;现有教学班15个,学生597人;现有专任教师44人。120年来,培养了报告文学作家何建明、清华大学教授杨百寅等优秀学子。学校获"江苏省智慧校园""江苏省健康促进学校""江苏省绿色学校"等荣誉称号。

(徐质田 文 陈海峰 供图)

常熟市任阳中心小学

创建时间：1909 年
校训/校风：和融尚礼，博学求真
学校地址：常熟市支塘镇任阳环镇北路

一、历史沿革

学校前身为清宣统元年（1909）由基督教会设立的任阳初等女子学堂，校址在任阳镇塘北街大桥堍城隍庙内。后因学生寥寥，翌年即告停办。1913 年，里人闵恩澍发起募捐集资，在镇上高真堂创办任阳初等小学，首任校长李士友。1918 年，任阳初等小学转为公立学校。1928 年，因在塘北堰角落开办任阳第二初等小学，任阳初等小学改名为任阳第一初等小学。抗日战争全面爆发后，任阳沦陷，学校停办。1939 年冬，里人潘姗、王守元、浦天伦等筹备复课，1940 年春开学，翌年秋学校再度停办。1945 年抗日战争胜利后，学校恢复，改名为常熟县任阳中心国民学校。1946 年，升格为完全小学。1949 年常熟解放后，常熟县人民政府接管全县公立、私立学校。1950 年，学校改称任阳中心小学，兼管辅导组所属 10 所小学、私塾。1958 年，学校向东

1959 年教职工合影

迁 200 米，并经建新葺旧，附设幼儿园。"文革"期间，任阳中心小学撤销，班级分散到张家湾、张家桥、闵家桥、杨家村、胡桥及渔业 3 队等处。1978 年，恢复中心校，重建辅导组。1985 年至 1987 年间，扩建维修校舍，办学条件得到改善。2001 年，学校搬迁至原成人教育中心校办学。2016 年，幼儿园与小学分设。

二、学校特色

学校以"一切为了学生，为了一切学生"为办学思想，弘扬"和融尚礼、博学求真"校风，遵循"宽和激赏，立范启智"教风，传承"会学善思，明德向上"学风，紧密围绕"阳光成长，快乐学习，成就每个独特而鲜活的生命"这一办学理念，营造和谐校园，塑造阳光教师，培养七彩少年，推动学校文化建设。2014 年来，学校乡村少年宫建设得到常熟市文明办和苏州市文明办的关心支持，获得中央专项彩票基金扶持，先后建成依托全国文明村蒋巷村的乡村小导游培训班，依托全国无纺基地建立的无纺文化研究研究班、无纺剪贴画研究和智高科技智慧教室，开设书法兴趣班、葫芦丝兴趣班、围棋兴趣班、乒乓球兴趣班等多个兴趣班，每周五下午安排一个小时，进行乡村少年宫活动。葫芦丝兴趣班编排的节目《竹林深处》参加常熟保利大剧院八周年迎新年晚会、百年建党常熟教育系统专场演出。2017 年 12 月，学校获常熟市二星级特色学校，获中国人民大学·中国少年报社少年新闻媒介素养教育基地学校。2018 年 12 月，任阳中心小学志愿者服务站被苏州市教育局评为苏州市中小学创建"一校一品"党建文化品牌特色项目学校。

三、办学成就

截至 2021 年 12 月，学校占地面积 25241 平方米，建筑面积 8396 平方米；现有班级 24 个，学生 1058 人；现有教职工 83 人，其中专任教师 63 人。学校培养了大批的优秀学生，其中有全国优秀共产党员、全国劳动模范常德盛，北京大学教授潘建国等。学校获"全国中小学思想道德建设实践创新活动先进单位""教育部人文社科基地重点实验课题'中华经典诗文诵读'学校""江苏省和谐教育实验学校""江苏省生态教育实验学校"等荣誉称号。目前，学校将继续紧跟时代的脚步，以全体教职工的辛勤耕耘，不断推进学校素质教育的持续发展。

（盛永明 文 吴建芳 供图）

常熟市沙家浜中心小学

创建时间：1913 年
校训 / 校风：弘毅仁心
学校地址：常熟市沙家浜镇沙南路 10 号

一、历史沿革

学校前身是创办于 1913 年的横泾乡立第一初等小学。1915 年，改名为横泾乡立第一国民学校。1932 年秋，改名为横泾短期小学（简易小学）。1945 年，改名为横泾国民学校。1948 年，改名为横泾中心国民学校。1949 年常熟解放后，改名为常熟县横泾中心小学。"文革"期间，学校停办。1979 年，在辛闸大队新泾上重建校园。1980 年，恢复横泾中心小学。1981 年 5 月，改名为常熟县芦荡中心小学。1992 年 3 月，改名为常熟市沙家浜中心小学。同年，在湖浜和辛闸村新建校舍。1993 年 4 月，师生搬入。1994 年至 2010 年，经过多次改建扩建，办学条件得以改善。

1985 年毕业生合影

1994年学校大门

2010年，幼儿园搬离。学校拥有图书馆、师生阅览室、网络教室、信息中心、美术室、音乐室、科学室、档案室等专用教室。

二、学校特色

学校依托有着光辉革命传统的沙家浜镇红色优势，充分挖掘沙家浜人文历史、自然风光资源，确立"植根沙家浜沃土，育就沙家浜新葩"的办学理念，努力造就小导游、小制作、小戏曲、小柔道、小科技的"五小"办学特色。学校培养的小导游得到全国各地游客赞扬，获得宣传部门高度关注。学校成功承办以"弘扬沙家浜精神，展示红领巾风采"为主题的全国少先队展示活动。学生制作的芦苇画、芦苇贴画在中国国际循环经济博览会上吸引了各界人士。学校小柔道队多次参加柔道和散打比赛，取得近百枚奖牌，共输送了10名运动员。学校的京剧队、沪剧队参与央视中文国际频道《走遍中国》栏目、江苏少儿频道《重走铁军路》的拍摄等多项活动。

三、办学成就

截至2021年12月，学校占地面积26654平方米，建筑面积17558平方米，绿化面积9328平方米；现有25个班级，学生近1100人；现有专任教师68人。学校先后获"全国公民道德教育实验学校""全国青少年校园足球特色学校""江苏省绿色学校""江苏省青少年科技活动先进集体金奖单位""江苏省少先队特色品牌学校"等荣誉称号。

（黄宝元 文 黄宝元 供图）

常熟市唐市中心小学

创建时间：1902 年
校训/校风：望贤修志
学校地址：常熟市沙家浜镇唐市中环路 202 号

一、历史沿革

清光绪二十八年（1902），唐市董事孙晓卿、里人嵇洛如在河西街邵园内语溪草堂，创办语溪中西学堂，第一次把英文教学引入乡村课堂。清光绪三十年（1904），在河西街众善局内办亭林小学，校长张叔颖。清宣统元年（1909），唐市米业公所在河西街南市梢三官堂创办米业小学，校长嵇翼如。民国初，亭林小学改名为第一国民小学，米业小学改名为第二国民小学。基督教会在金桩浜华

语溪学塾旧址

20世纪60年代毕业生合影

第一国民小学旧址

阳桥塂办浸礼会初级学校，在育元堂办育英女校。继而唐市商业在河西街南段火司殿开办商业补习学校，一时呈教育振兴风气。1919年，常熟县教育局设唐市高等小学。1923年，唐市高等小学改名为常熟县公立第四小学。1928年，改名为唐市小学。1937年抗日战争全面爆发，学校停办。1939年，唐市小学恢复。1945年抗战胜利后，唐市镇设中心国民学校，并在儒浜、南沙、陈桥、彭介段、夏泽、大坟、缪家、白潭建立8所保国民学校。1949年常熟解放后，唐市小学复名。1950年，改名为唐市中心小学，注重整合传承原语溪中西学堂、亭林小学、米业小学、浸礼会初级学校、育英女校等唐市地域内兴新学历史与教育传统遗蕴。"文革"期间，唐市中心小学解散。1971年，重组唐市中心小学。1979年，唐市中心小学在育英女校旧址办学。1998年，撤并全镇村小，建唐市中心小学分校。2008年，沙家浜镇人民政府在明朝吏部尚书严讷幼时读书地朗城新建小学校区，力求传承历史文化遗风，再振唐市教育风采。2009年，唐市中心小学搬入新址。2018年，

米业小学旧址

撤并唐市中心小学分校，全镇只留中心校。

二、学校特色

学校秉承"望贤修志"校训，弘扬"明德、励志、博学、力行"校风，立足沙家浜水乡特质和古镇人文资源，形成以地域文化育人兴校的办学特色。2018年，"湿地里的江南古镇特色文化课程建设"获批苏州市小学特色文化建设项目，学校成为苏州市小学课程基地。校内建设水乡文化长廊、语溪园、拳歌馆、开心小农场，创编《可爱的家乡》《乡村孩子感悟乡情》《醉美水乡金唐市》《石湾山歌》《江南船拳》等校本教材。系统建构了"一核心两基地四课程"课程体系，制度化推进课程实施，激励每个唐小娃主动汲取湿地资源和古镇文化的力量，做沙家浜革命小传人、湿地小博士、古镇小乡贤、劳作小能手，成长为具有科学精神、家国情怀、责任担当的阳光自信的水乡孩子。石湾山歌社团被评为"江苏省优秀红领巾小社团"。

三、办学成就

截至2021年12月，学校占地面积27850平方米，建筑面积16440平方米；现有班级30个，学生1322人；现有教职工75人，其中专任教师72人。学校先后获"江苏省智慧校园""江苏省健康促进学校""江苏省少先队文化建设科研实践基地"等荣誉称号。学校以"基于学科核心素养的深度学习方式研究"为方向，推进教育教学改革，夯实学生文化基础，培养学生自主发展意识，提高学生社会参与能力，不断提升学校的办学品质，努力实现"金色童年，悦在唐小"的整体发展。

（周月明 文　顾小静 供图）

常熟市梅李中心小学

创建时间：1763年（旧学）
　　　　　1904年（新学）
校训/校风：诚、毅
学校地址：常熟市梅李镇韩家浜路8号

一、历史沿革

学校可溯源至清乾隆二十八年（1763）建的梅李书院。清光绪三十年（1904），邑人张善康将梅李书院改建为实施新学的蒙养学堂。清光绪三十一年（1905），改名为梅李初等小学堂。1912年，改名为梅李市第一初等小学校。1915年，改名为梅李市第一国民学校。1923年，改名为常熟县公立第六小学。1924年，学校推行壬戌学制。1927年，改名为常熟县梅李小学，并于南街潘家祠堂设立分校。1937年，日寇入侵，梅李镇遭日机轰炸，梅李沦陷，十余间校舍遭日机轰炸，损

1954年梅李小学教师、少先队员与赴朝慰问团合影

1918年梅李小学学生在体育课上学国技操

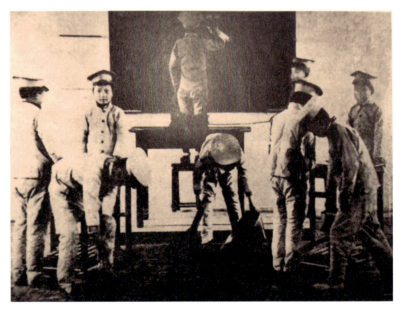

1924年梅李小学学生打扫卫生

失惨重,学生锐减,教室被日军侵占。1946年,学校改名为梅李镇中心国民学校。1949年,改名为常熟县梅李中心小学。1955年,学校在本部扩建校舍。1958年,拆雷尊殿和胜法寺,建新校舍。1969年,中心校分解为由第三、第十一、第十五大队管理的三所小学。1970年,三校合并,名为工农小学。1978年,复名为常熟县梅李中心小学。1983年,改名为常熟市梅李中心小学,一直沿用至今。2002年,学校搬迁至现校址办学。

二、学校特色

梅小人秉承"诚、毅"校训,坚持"办有灵魂的学校,做有品位的教师,育有底气的学生"的办学理念,以"聚沙文化"为引领,践行"每一次聚都是成功的基,每一粒沙都是闪耀的金"的梅小价值观。梅李镇建于五代十国,为千年古镇,素有重孝廉的文化传统,据此,学校开辟孝爱慈善馆,打造孝爱慈善长廊,开展孝爱特色文化建设,以孝爱故事宣讲、孝爱经典诵读、孝爱活动评比等形式,将孝爱文化融入日常教学,成为常熟市校园慈善文化建设示范教育基地,先后有20多位学生被评为"江苏省好少年"。学校打造篮球文化办学特色,制订篮球文化系列计划,并在实际工作中全面落实,相继开展篮球文化节、篮球夏令营,评比"篮球之星"等活动。在校园内进行篮球文化环境布置:大厅内悬挂励志横幅,主席台上张贴主旨宣传画,运动场上矗立篮球运动雕塑,体育馆内布置学校篮球运动荣誉专栏。"建设篮球文化,提高学生素质的实践研究"成为苏州市教育科学"十三五"规划课题。学校男子篮球队先后获江苏省青少年体育传统学校篮球赛第一名、苏州市小学生传统项目学校篮球赛第一名、苏州市小学生篮球比赛第一名,体育团体总分连续10年获常熟市小学(农村)组第一名。

三、办学成就

截至2021年12月,学校占地面积30400平方米,建筑面积15483平方米;现有班级55个,学生2423人;现有教职工133人,其中专技教师129人。学校培育出了一大批的优秀学生,其杰出者有中国工程院院士黄崇祺,革命烈士任天石、李建模、薛惠民,清华大学教授陈南平,全国吊环冠军阮国良,二胡演奏家陈耀星,中国作家协会会员叶公觉,等等。学校为江苏省实验小学,先后获"全国青少年校园篮球特色学校""全国优秀家长学校""江苏省教育现代化示范小学""江苏省青少年科技教育先进学校"等荣誉称号。

(季红娟 文 苏立峰 供图)

常熟市赵市中心小学

创建时间：1912年
校训/校风：搏
学校地址：苏州市常熟市梅李镇赵市路53号

一、历史沿革

学校创建于1912年，校名为常熟县耿泾乡第三国民学校，校址在塘坊桥（今赵市北街），系租用民房办学，创办时校长徐永昌，教员施相延，共有学生26人。1917年，设青墩分校，开办3个班级，学生120人。1927年，改名为常熟县立塘坊桥初级小学校，为公立学校，迁往塘坊桥南街，并设西街分校。1937年抗战全面爆发后，公立小学停办，转为抗日小学。1939年，迁至张泾岸（今海城村张泾岸）办学，有4个班级。1941年，抗日小学停办。1945年到1947年，改名为圩港保校，返迁塘坊桥城隍庙办学。1949年常熟解放后，学校由人民政府接管，再次迁回张泾岸，改名为朱泾小学。1950年，升格为完全小学。1964年，改名为赵市公社中

1959年朱泾小学毕业生合影

1988年朱泾小学教师合影

1991年赵市中心小学校舍

心小学。1969年,下放大队办学,改名为利跃小学。1978年,公社教革组及大队贫管会撤销,恢复赵市公社中心小学,并设小学部和初中部。1982年,搬迁至宋家宕东风桥塅。1984年,小学五年制改制,向六年制过渡。2000年,由新梅李镇政府投资1300多万元建成新校舍。2000年至2006年,丁巷小学、城北小学、师桥小学、何村小学、八字小学等校陆续撤并到赵市中心小学。

二、学校特色

学校以"搏"为校训,秉持"以人为本,勤而行之,和谐发展"的办学理念,以"明礼崇德,厚学求真,勤行尚美"为办学旨向,构建"勤真仁行"学校文化核心体系,精心培育"勤劳守信，知书达礼，好学善思，博爱尽责"的学子。学校以校园足球、皮贴画项目为办学特色，足球队曾 12 次蝉联常熟市小学生男子足球赛冠军，先后向省、市体校输送优秀足球队员 20 多名。学校传承地方皮艺特色，把皮件小工艺和皮贴画引入课堂，开展丰富多彩的皮艺教育实践活动，《新华日报》《光明日报》刊登了学校的皮贴画作品，《苏州日报》以"废弃边角料变成画"为题报道了学校皮贴画特色教育。

三、办学成就

截至 2021 年 12 月，学校占地面积 26667 平方米，建筑面积 11000 平方米；现有教学班 27 个，学生 1050 人；现有教职工 82 人，其中专任教师 76 人。学校培养了众多优秀学生，其中有国防科技大学原校长温熙森、军旅画家殷培华等。学校先后获"全国青少年校园足球特色学校""江苏省和谐校园""江苏省智慧校园"等荣誉称号。

（姚春花 文　王丽萍、杨震 供图）

常熟市珍门中心小学

创建时间：1912年
校训/校风：用心走好每一步
学校地址：常熟市梅李镇珍门珍碧路95号

一、历史沿革

学校始建于1912年，由梅李市议会议决创办，校名为梅李市第三初等小学校，校址在珍门镇东街，系租借陈姓民房为校舍，首任校长陈祖纲。1915年，改名为梅李市立第三国民学校。1923年，改名为梅李市立第三初等小学校，使用商务印书馆出版的课本为教材，设有国文、算术、修身、图画、手工、唱歌等课程。1923年后，学校规模缩小，学生仅剩30人。翌年秋天，薛士奎在珍门庙东街沿河向乡绅陈四房家租借3间房为校舍，与堂妹两人任教。1931年，获准官办，成为

1960年珍门辅导组教师与先进工作者合影

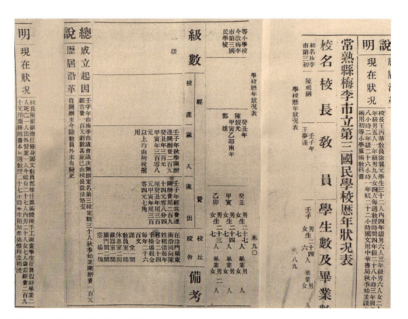

梅李市立第三国民学校历年状况表

1995年学校举办庆祝六一儿童节活动

完全初级小学。抗日战争胜利后，成为完全小学。1949年常熟解放后，学校发展较快，学生从200余人增至400余人。"文革"期间，中心小学撤销，下放到大队办学。1979年，恢复中心校，学校搬回原址。1988年，班级增至15个，学生600余人。1989年，中心校搬到原珍门中学校址。2003年，建成新校舍，新联小学、上仙小学、沈市小学先后合并到珍门中心小学。2016年，小学与幼儿园分设。

二、学校特色

学校坚持以特色树立品牌，以品牌积淀文化，以文化促进发展，以发展赢得口碑的特色发展战略，以棋养德，以棋启智，以棋健体，以棋育美，以棋强志，结合国际象棋的特色提炼出"用心走好每一步"作为校训,开展棋类特色系列活动,并以国际象棋为学校办学名片,先后有171人次在苏州市级以上比赛中获个人奖,其中有全国国际象棋棋协大师赛(公开赛)5人次,省个人冠军8人次,苏州市级以上团体奖20个,省团体冠军8个。

三、办学成就

截至2021年12月,学校占地面积20050平方米,建筑面积9240平方米;现有班级17个,学生617人;现有教职工51人,在编教师44人。学校培养了大量优秀学生,其中有国际象棋大师王晓华、书法家秦健、儿童文学作家顾鹰等名人。学校获"国家级国际象棋传统学校""中国当代特色学校""全国中小学生棋类教学课题研究实验基地""江苏省陶行知研究会实验学校"等荣誉称号。

(孙艳 文　魏建国 供图)

常熟市古里中心小学

创建时间：1833 年（旧学）
　　　　　1912 年（新学）
校训/校风：承古风书韵，养剑道琴心
学校地址：常熟市古里镇元通路 166 号

一、历史沿革

学校前身可追溯到清道光十三年（1833），古里镇铁琴铜剑楼第一代楼主瞿绍基出资，联合刘、汪、丁三户，在古里镇后街建立的继善堂。1912 年，古苏乡第一高等小学（完小）在继善堂成立，铁琴铜剑楼第四代楼主瞿启甲任学董。1913 年，在古里苏家尖成立古苏乡第二初等小学（一到四年级）。1921 年，在古里南湖村设置古苏乡第三初等小学（一到四年级）。1931 年以后南湖村停办，第三初等小学设置到古里童家浜。1949 年常熟解放后，常熟县人民政府接管公、私立学校，古里乡时设古里、苏尖、童浜、小圩、毛瀚五所小学。1950 年，成立古里中心小学，并建立辅导组，庄鉴任校长。20 世纪 50 年代中期，学校搬至古里后白场新校舍。"文革"期间，各村办学，古里中心小学改为古里双纲村小学。1979 年，恢复中心小学，复名为常熟县古里中心小学。1984 年，校址搬至双纲村（今双港村）薛家田，此后多次扩建。2001 年，形成"一中心"（古里中心小学）"三完小"（苏尖小学、南湖小

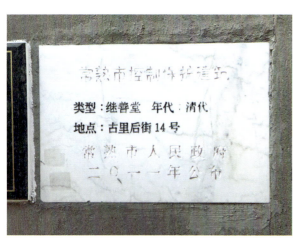

2011 年立继善堂遗址碑

20世纪80年代参加运动会师生合影

20世纪90年代大门

学、杨漊小学)格局。2005年至2008年,撤并南湖小学、杨漊小学和苏尖小学。2020年,学校搬至古里镇元通路。古里镇与苏州伦华教育投资有限公司合作办学,学校为公办性质,由伦华教育管理。2021年8月,新校区正式投用。

二、学校特色

学校以"承古风书韵,养剑道琴心"为校训,弘扬和传承铁琴铜剑楼的"开放、勤奋、精致、创新"人文精神,以"科学务实,自强不息,追求完美"为校风,逐步形成了"以礼立人,以球健身"的办学特色。

以礼立人:自20世纪90年代以来,学校坚持开展传统美德教育,以传统美德课题研究为引领,以少先队阵地建设为依托,以丰富多彩的德育实践活动为载体,大力弘扬"爱国爱民""诚实守信""谦虚好学""勤劳勇敢"等中华传统美德，培养学生良好的思想品质和行为习惯。

以球健身：自2002年以来，学校坚持开展校园足球活动。先后招聘了4位足球专职教师，成立多个梯次的校园足球队，各年级每周开设一节足球课程，每年组织校园足球文化节及班级足球联赛，广泛开展校园足球运动，做到"班班有球队，人人能参与"，培养学生良好的身体素质和坚强的意志品质。学校获评"苏州市足球体育特色项目学校"，学校小学生足球队曾5次荣获常熟市冠军。

三、办学成就

截至2021年12月，学校占地面积40000平方米，建筑面积36600平方米；现有班级41个，学生1756人；现有教职工116人。学校培养了一大批的优秀学子。曾获"全国新教育实验学校""全国青少年校园足球特色学校""江苏省传统美德实验学校"等荣誉称号。

（邹国强 文 黄维贤 供图）

常熟市淼泉中心小学

创建时间：1911 年
校训 / 校风：上善若水
学校地址：常熟市古里镇学淼泉前路 11 号

一、历史沿革

学校创设于清宣统三年（1911），始名为永福初等小学堂，以三元宫（俗称三官堂）为校舍。1912 年，改名为虹桥乡立第一初等小学。1928 年，改名为庙前初级小学校。1937 年至 1946 年年初，校名为虹桥国民学校。1947 年，地方开明绅士毛柏生组织筹资新建校舍，改名为常熟县淼泉镇中心国民学校。1948 年，改名为常熟县虹桥乡中心国民学校。1949 年 4 月，常熟解放，学校由人民政府接管。1951 年，改名为常熟县淼泉中心小学。"文革"期间，村村办校，校校完小，原中心校校址改办淼泉中学。1978 年 9 月，恢复中心校建制。1979 年 2 月，校舍以原二大队小学改造而成。1983 年，改名为常熟市淼泉中心小学。1988 年秋，淼泉

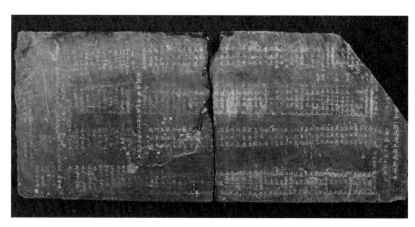

1947 年常熟县淼泉镇中心国民学校校舍建造第一期工程收支清册碑

1951年淼泉中心小学校舍

1960年淼泉中心小学学生活动

中学易地重建，中心校恢复原址办学。1997年秋，学校改建工程竣工。经2000年、2006年、2007年三次改扩建，相继完成教学楼、橡塑操场、食堂、综合楼、室内风雨操场等的改造新建，办学条件得到明显改善。

二、学校特色

水润，是百年淼小办学的核心与根本。学校立足本地地貌和人文特征，注重寄情于水，化教为润，若水润物，紧扣"让每一滴水都折射七彩光芒"的培养目标，走出了一条"水润教育"特色建设之路和办学品牌。学校围绕一个主题：水润教育；强化两条路径："润·雅"教师打造和"润·趣"学子培育；打造三大阵地：水样校园、水情管理、水性课堂；建设"四色"课程：基础性"底色"课程、拓展性"本色"课程、选择性"特色"课程和综合性"亮色"课程。学校以水性、水品浸润人性、人品，一点一滴、润德润行，形成"水润教育"特色文化建设的策略模型、基本经验和运行模式，打造常熟农村教育的森小范式。

三、办学成就

截至2021年12月，学校占地面积24247平方米，建筑面积11256平方米；现有班级24个，学生1008人；现有教职工79人，其中专任教师63人。学校培养了大批的优秀学生，其中有少将方金祥，教授张振怡、王宗根、沈树民等。学校获"全国生态文明教育特色学校""江苏省绿色学校""江苏省健康单位""江苏省健康促进学校""江苏省智慧校园"等荣誉称号。

（鞠焕军 文　鞠焕军 供图）

常熟市白茆中心小学

创建时间：1905 年
校训 / 校风：明理、爱乐
学校地址：常熟市古里镇白茆新市南路 65 号

一、历史沿革

白茆中心小学的前身为吕氏小学、白茆乡私立茆江小学。清光绪三十一年（1905），乡绅吕叔宾在白茆保婴堂创建吕氏小学。清宣统元年（1909），白茆乡学务委员陆宝树在白茆东后街、庙弄旁创办白茆乡私立茆江小学，后改名为白茆乡私立茆江初级小学校，兼收女生，1916 年停办。1918 年，医师李馨山在白茆镇西王堂东侧创办白茆乡立初等小学校，男女生兼收。1928 年，白茆乡立初等小学校改归县立，改名为白茆初级小学校。1937 年，抗战全面爆发，常熟沦陷，学校停办。1939 年复课。后校舍被日本侵略军占领，学校搬迁至耶稣堂，一年后，耶稣堂又被日本兵占作养马场，学校又迁至龙王庙。抗战胜利后，国民党政府接收白茆初级小学校。1947 年，改名为白茆镇第一、第二、第三保联立国民学校，同年 7 月更名为白茆镇中心国民学校。1949 年 4 月常熟解放，5 月常熟县人民政府接管学校。1950 年，确立中心小学

1985 年白茆乡山泾小学校门

2014年生活教育校本课程地方山歌演唱展示活动

建制并建立辅导组。"文革"期间，改名为白茆市镇学校。1979年，恢复中心校建制，改名为常熟县白茆中心小学。从20世纪80年代至2007年，白茆辖区所有村小撤并至白茆中心小学。1989年，学校由原白茆塘北迁至塘南现址。经1992年、1999年、2004年三次扩建，以及2010年改建、2017年至2022年改扩建，遂成今日校园规模。

二、学校特色

学校注重传承国家级非物质文化遗产"白茆山歌"，坚持守护山歌文化，传承山歌精神，建设山歌校园，形成艺术教学特色。学校组建山歌社团，将山歌引入音乐课堂，每年举办校园山歌艺术节。学校山歌队参加各级各类比赛，获苏州市级以上奖项十多个。其中，山歌表演唱《渔塘欢歌》获全国第一届中小学生艺术展演活动艺术表演类声乐节目二等奖，白茆山歌情景合唱《三邀三甩唱端阳》获全国第三届中小学生艺术展演活动艺术表演类小学甲组三等奖，《喊日子》获江苏省中小学文艺调演一等奖，山歌剧《红豆》获苏州市第六届中小学生艺术展演活动中小学甲组一等奖、江苏省第六届中小学生艺术展演活动戏剧展演小学甲组三等奖。

三、办学成就

截至2021年12月，学校占地面积27193平方米，建筑总面积11993平方米；现有24个教学班，学生998人；现有教职工67人，其中专任教师63人。学校培养了许多优秀学生，其中有中科院院士、医学昆虫学家陆宝麟等。学校秉承"明理、爱乐"校训和"行知"教育思想，形成了"人文、人性、人情"校风，"立德、立言、立功"教风和"自强、自学、自治"学风。学校先后获"江苏省健康促进学校""苏州市德育管理先进学校""苏州市艺术教育特色学校"等荣誉称号。

（朱建国 文　朱建国 供图）

常熟市辛庄中心小学

创建时间：1910年
校训/校风：和乐、尚雅
学校地址：常熟市辛庄镇常隆路1号

一、历史沿革

学校的前身是振南初级小学，由吴熙、孙建甫于清宣统二年（1910）创办，后改名为常熟县辛安国民第一小学，王朝阳任校长，校舍设在辛庄镇广德桥西塊河南老街圆应庵内，班级2个，教职工3人。1942年，改名为辛庄乡小学，校长颜冠良，学生45人。1945年，改名为辛安镇第一国民学校，由屈佩兰任校长，员工1人，学生26人，复式班。抗日战争胜利后，常熟县县长安蔚南募资，拆除寺庵，

1958年辛庄基层工会文娱组全体组员合影

20 世纪 40 至 60 年代辛庄中心小学校舍

20 世纪 70 至 80 年代辛庄中心小学校舍

建造9间二层木结构楼房1幢，偏屋数间，由县复员委员会决议，呈省教育厅准予，改名为常熟县立蔚南小学，任命方日升为校长，教员2人，校工1人，设置一、二、三、四年级1个复式班，五、六年级1个复式班。1949年7月，改名为常熟县辛安乡小学，班级4个，教师7人。1950年上半年，学校改名为常熟县辛安中心小学。1956年，改名为常熟县辛庄中心小学，班级5个，其中五、六年级为复式班，有教师9人。1958年6月至1959年8月，班级扩至8个，教师14人。校舍让给公社机关办公，学校迁至苏常公路辛庄桥北西侧民房内。1959年年底，学校搬回原址。1963年年初至1968年，班级增至10个，教职工19人。1968年9月，公社成立教育革命领导小组（教革组），贫宣队进驻学校，1969年，中心校解散，辅导组撤销，校舍为辛庄中学所用，中心小学教师大多下放到各村办小学任教。辛庄中心小学解散后，建辛庄市镇小学，校舍为辛北街老香烛店数间平房。1974年，市镇小学在辛庄桥北西侧辛西村农田中建平房14间，五上五下教学楼1幢，占地面积2100平方米。1978年9月，恢复常熟县辛庄中心小学，班级7个，学生300多人，教职工15人，附设幼儿班1个，幼儿40多人。1984年，建造新校舍，校址位于苏常公路（205省道）东南侧，建造九上九下教学楼1幢，占地面积6667平方米。是年，五、六年级6个班搬入新校舍。1989年，建造教学大楼2幢及天桥等设施。1990年春季开学，15个班级及3个幼儿班全部搬入新校舍。1991年，投入资金200万元，建造传达室、食堂等。是年，建造200米环形跑道、100米直道，以及喷水池、假山、紫藤架等。2007年，整体性迁建辛庄中心小学，校址位于辛庄镇常隆路1号，于2009年8月底竣工，并投入使用，村完小全部并入辛庄中心小学，班级37个，学生1595人，教职工121人。

二、学校特色

学校以"和乐、尚雅"为校训，借助人文与地域优势，创建评弹特色学校，实践"弹和乐之音，育尚雅之人"的愿景，提高学生人文素养。2004年年初，学校成立辛庄中心小学少儿评弹艺术团。学校将评弹教育与法治教育有机结合，把思想教育寓于评弹艺术教学之中，让学生在悠扬的琵琶声和吴侬软语中品味人生。近年来，少儿评弹艺术团创作了50多个脍炙人口的法治教育评弹节目，少儿评弹艺术团先后赴北京、南京、福州、苏州等地演出、比赛100多场次，获奖30多次。评弹情景剧《新木兰辞》在中央电视台直播并获得全国曲艺大赛三等奖。2021年，在江苏省优秀少儿曲艺作品邀请赛中，选送作品《刘胡兰》获一等奖，《英雄船》获二等奖。学校为苏州评弹团输送评弹演员1名，为南京艺术学院输送琵琶专业学员1名。

三、办学成就

截至2021年12月，学校占地面积37333平方米，建筑面积26203平方米；现有教学班41个，学生1806人；现有教职工139人。学校获"全国新教育实验学校""全国中小学学校思想道德建设优秀成果展先进学校""全国青少年校园足球特色学校""江苏省青少年科技教育工作先进集体""江苏省健康促进学校"等荣誉称号。一百多年来，学校人才辈出，有中科院院士时钧、评弹作家平襟亚、国家一等功臣颜林生、舰载雷达领域领军人物邢文革等杰出校友。

（沈钟元 文 吴紫依 供图）

常熟市杨园中心小学

创建时间：1911年
校训/校风：用一分精神，生一分效果
学校地址：常熟市辛庄镇杨园长征路11号

一、历史沿革

学校始创于清宣统三年（1911），由乡绅黄瑀、戴瀛旭、陆星耀、陆机云等私人集捐创办，校名初为公立化南初等小学堂，校址在杨树园东际庵。1942年，毛伯渊任校长。1948年，改名为杨树园小学。1949年，常熟解放后，县人民政府接管杨树园小学。1950年至1954年设治安辅导组。"文革"期间，实施贫下中农管理学校，学校增设"戴帽子"初中班和高中班，并改名为杨园中心学校。1978年9月，恢复中心小学建制，改名为常熟县杨园中心小学。1986年上半年，学校迁建，并于1987年9月搬入新校。2014年，启动校安工程；2016年1月，正式启用新校舍。

二、学校特色

学校确立"用一分精神，生一分效果"校训和"重素质，创特色，求全面，争一流"办学目标，形成"求真、向善、尚美"的校风、"博爱、乐学、善导"的教风和"自强、自治、自学"的学风。学校以坚持常规加特色的办学思路，以"绿色教育"为核心，充分开发利用

1936年杨园中心小学创始人王饮鹤纪念碑

20世纪80年代师生活动场景

校园植物园

"园艺文化"地方资源,构建具有地方特色的素质教育体系,开展"园艺文化背景下的小学综合实践活动"的课题研究。以"美"的文化创造校园精神,以"真"的文化培育校园学子,以"动"的文化创造校园生活园艺文化,形成"缤纷园艺,多彩童年"的鲜明办学特色。学校的凤兰少儿戏曲艺术团,是学校的一张亮丽名片,创作编排的《孔子拜师》《曹冲称象》等30多个节目,获全国小梅花银花奖、全国少儿戏曲小梅花荟萃最佳集体节目奖、全国校园影视评比金奖等,并受邀参加中泰国际青少年艺术节。

三、办学成就

截至2021年12月,学校占地面积40924平方米,建筑面积19065平方米,绿化覆盖面积14432平方米;现有班级24个和1个融合教育资源中心,学生1074人;现有教职工85人,其中专技教师60人。近现代小说家、南社社员徐枕亚,曾于1912年在学校前身化南初等小学堂任教。学校获"全国少儿戏曲示范基地""全国青少年校园足球特色学校""江苏省绿色学校"等荣誉称号。

(黄亚萍 文 陈享 供图)

常熟市张桥中心小学

创建时间：1912年
校训/校风：崇德尚美
学校地址：常熟市辛庄镇张桥东环路77号

一、历史沿革

学校前身为创办于1912年的常熟县归感乡第一国民学校，校舍系借用张桥北桥堍庙宇，首任校长朱云山。1917年，由乡绅邹浩生等发起集资，在大屋里隔壁新建校舍。1945年，改名为常熟县归感乡第六保国民学校。1947年，成为六年制完全小学，后改名为常熟县张桥小学。1949年4月常熟解放后，学校由人民政府接管。1952年，改名为张桥中心小学。1958年，增办两个民办班。"文革"时撤掉中心校，学校下放大队办。1979年，筹建中心校。1980年，恢复中心小学。1981年秋，开办幼儿园。1983年，改名为常熟市张桥中心小学。1990年，进行村校布局调整，形成"一中心、四完小"办学格局。2002年，形成"一中心、两完小"办学格局。2007年到2013年，先后撤并卫浜小学、倪桥小学。2012年10月，

1950年张桥小学第二届毕业生合影

1979年学生参加县运动会合影

20 世纪 80 年代校门

学校正式启动校园改建工程，迁建张桥幼儿园。2013 年 9 月，辛庄镇张桥片区的完小、村小全部撤并。2015 年，幼儿园分设。

二、学校特色

学校遵循"崇德尚美"的校训，秉承"让学校成为师生向往的精神家园"的办学宗旨，以"德润童心，向美而行"为办学理念，以"手巧心灵，扬帆远航"为学校特色建设理念，以剪纸文化、书法文化、国际象棋文化等为办学特色，以德育人，以文化人。积极开展"剪纸活动中培养学生审美能力和创造能力的实践研究""以剪纸文化促进学校特色建设的实践与研究""传承剪纸艺术，创造学校特色文化的实践研究""融'五育'于'非常2+1'系列活动中的实践研究"等省、市课题研究。学校被评为"苏州市特色文化学校""苏州市艺术教育特色学校"。

三、办学成就

截至 2021 年 12 月，学校占地面积 24590 平方米，建筑面积 17066 平方米，绿化面积 5348 平方米；现有 27 个普通班，1 个培智班，学生 1083 人；现有专任教师 75 人。学校培养了许多优秀学生，如甘肃中医学院教授席与民等。学校先后获"全国新教育实验优秀学校""江苏省绿色学校""苏州市教育现代化学校"等荣誉称号。

（王建东 文　龚立新 供图）

太仓市

江苏省沙溪高级中学

创建时间：1914 年
校训/校风：勤、谨、信、进
学校地址：太仓市沙溪镇南院路 188 号

一、历史沿革

学校的前身是沙溪高等小学堂，始创于 1914 年。清末废科举、兴学校，沙溪镇教育界先辈刘镕经为解决沙溪附近乡镇学生就学困难，多次呼吁当局，增设沙溪高等小学堂，几经周折，于南道院废址，因陋就简，置办校具。学校是继太镇高等小学堂之后创办的第二所高等小学堂，简称"二高"。1917 年，淑德女校并入"二高"。1926 年，学校改为太仓县立初级中学乙部。1927 年，江苏试行大学区制，学校改名为太仓县立第三小学。1928 年，学校改名为太仓县沙溪中心小学。

1947 年师生合影

20世纪80年代部分教师合影

1937年,抗战全面爆发,同年11月,太仓沦陷,学校横遭破坏,人们纷纷逃难,学校一度停课。1938年4月,经多方努力,学校复课。1939年,学校改名为太仓县立沙溪中心小学。私立明道初级中学创办于1940年,校长汪学良。1943年7月,汪学良被日伪逮捕,校务由马咏台主持,学校改名为私立明德初级中学,1944年7月停办。同年,伪县教育局办的县立初中再次复校,分设城区一校和沙溪二校。抗日战争胜利后,1945年10月,在南道院成立县立初级中学。1947年,县立初级中学又分为两部,校本部在城区,沙溪改为分校。1948年,又奉命改为县立沙溪初级中学。1948年2月,私立璜水初级中学改建为太仓县立初级棉织科职业学校,由当时在上海工作的棉检专家狄福豫任名誉校长,校址在璜泾镇西塔庙。1951年2月,经苏州专署文教科决定,改名为太仓初级棉织技术学校。1951年8月,太仓初级棉织技术学校奉令从璜泾迁到沙溪,上级拨款15万元,先后兴建教学楼、礼堂与生活用房,开拓大操场。由于师生骤增,学校教学楼与生活用房未成前,只能借住沙溪庙宇和庵堂及部分民房,直到新校舍建成。1952年,苏南行署决定,改校名为太仓棉织技术学校。1953年年初,全省技校布局调整,学校奉令于当年9月改变性质为普通中学,太仓棉织技术学校撤销,太仓沙溪中学重新成立,成为太仓县第一所公办的完全中学。"文革"期间,沙溪中学遭受了严重破坏,1968年12月,沙溪中学、利泰职工子弟学校、沙溪公社小学和沙溪镇小学合并成立工农大学校,下属四所分校,自西向东,按校址称一校、二校、三校、四校,沙溪中学称为二校。1972年春,学校恢复太仓县沙溪中学校名,分散在小学任教的教师回到沙溪中学,沙溪中学逐渐改变了混乱局面。1978年9月,太仓县文教局宣布沙溪中学为重点中学。1994年，学校改名为太仓市沙溪中学。1996年秋季，停招初中生，沙溪中学逐步过渡到纯高中的高级中学。2001年，学校改名为太仓市沙溪高级中学。进入21世纪，学校秉承"勤、谨、信、进"的校训，开拓创新，走出了一条优质发展、特色发展、多元发展的办学之路。2001年，成为国家示范性普通高中；2003年，成为省首批四星级高中。2008年，经省教育厅批准，学校改名为江苏省沙溪高级中学。

二、学校特色

学校十分重视学生发展的主体性、全面性和差异性，最大限度地激发他们的主动性和创造性，开发其潜能。学校与南京航空航天大学艺术学院签署了联合办班协议，为一批艺术特长生开辟了一条新路，有多名学生被北京电影学院导演系、中国美术学院、西安音乐学院等著名艺术高校录取。学校作为江苏省桥牌特色学校，为一批桥牌爱好者创造了良好的舞台，学校多次承办国家及省市级中学生桥牌比赛，受到主办单位中国中学生体协的好评。2006年，一名学生作为桥牌特长生被辽宁科技大学破格录取。2009年，《江苏教育研究》以"江苏省沙溪高级中学多元智能教育概览"为题，介绍了学校开展多元教育的活动和经验；同年12月，《中国教育报》全面介绍了学校新课程改革的积极探索和成功做法。

三、办学成就

截至2021年12月，学校占地总面积86520平方米，建筑总面积48880平方米；现有班级45个，学生2340人；现有教职工219人，其中专任教师210人。学校获"江苏省文明校园""江苏省文明单位""江苏省智慧校园""江苏省体育特色项目学校"等荣誉称号。新舞蹈艺术创始人吴晓邦曾在本校任教。学校培育了一

校园内一棵约500年树龄的银杏树

大批的优秀学生,其中包括我国"863"计划主要倡导者、"两弹一星"功勋王淦昌院士,著名天体物理学家龚树模,中国教育学会副会长谈松华,等等。在新课改的时代浪潮中,学校将乘势而上,精准定位,把发扬冠军精神作为教育实践的内驱力,转变育人方式,朝着科学发展、优质发展、特色发展、精品发展的目标迈进。

(韩宇文 刘白玛 供图)

太仓市明德高级中学

创建时间：1913年
校训/校风：大学之道，在明明德
学校地址：太仓市城厢镇东仓南路128号

一、历史沿革

学校前身为世界著名实验物理学家吴健雄之父吴仲裔创办的明德女子职业补习学校。1913年，吴仲裔携夫人樊复华利用浏河镇北市梢废弃的火神庙，筹建明德女子职业补习学校。学校当年招收女学生28名，教员有3名，吴仲裔担任校长；第二年又增加一个班新生，并附设幼儿园，共3个班，110余名学生，教员5名。不久，民国政府推行小学义务教育，规定初等小学校无论公立还是私立，一律改为国民小学校，明德女子职业补习学校遂改名为浏河乡国民女子初等小学。1920年，

明德学校创始人吴仲裔夫妇与长子吴健英、女儿吴健雄

1988年吴健雄为明德学校题词

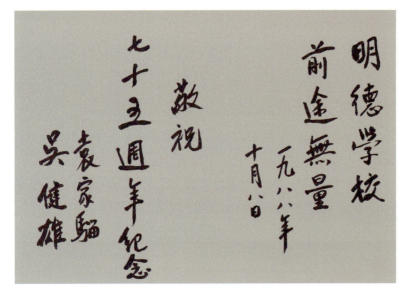

吴健雄、袁家骝的题词

吴仲裔辞去校长职务,委托蒋蓉镜接任校长。此后,学校改名为浏河乡初等小学,男女学生兼收。1924年秋,江浙军阀在浏河开展激战,校舍遭到严重破坏。1925年,沪商汪明甫捐资于原址重建学校,学校改名为明德初等小学。1937年,位于镇区南边的浏河中心小学因遭日军轰炸毁坏严重而无力恢复,全部师生并入明德初等小学,明德初等小学改名为浏河中心小学。1945年抗战胜利后,国民政府公布《国民教育实施纲要》,小学实行国民教育,学校改名为浏河国民中心小学。1949年新中国成立后,改名为浏河中心小学。学校发展到12个班,有近600名学生,附设2个幼儿园班级,有教职员工28名,兼管浏河区内茜泾、新塘、陆渡等乡镇的教学辅导工作。从1949年至1984年，学校在各任校长的努力下，发展壮大。1984年，学校改名为太仓县明德学校，聘请吴仲裔长孙——浙江丝绸工学院吴颐教授担任名誉校长。1988年，吴健雄博士捐资设立吴仲裔奖学金，同年10月，吴健雄、袁家骝夫妇回到家乡浏河，为第一批获吴仲裔奖学金的明德学校优秀师生颁发奖学金，吴健雄博士还亲笔题词"明德学校，前途无量"。1988年，明德学校与浏河中学合并，定名为太仓县明德学校，学校分为幼儿园、小学部、中学部。1990年5月26日，太仓县明德学校董事会在南京东南大学成立，吴健雄、陈焕友等任名誉董事长，周大炎任董事长。1998年2月，经太仓市机构编制委员会批准，明德学校中学部改名为太仓市明德高级中学。2010年8月，太仓市优化普通高中教育布局，决定将太仓市明德高级中学与太仓市实验高级中学合并，新校定名为太仓市明德高级中学，办学地址为太仓市东仓南路128号。2017年，学校正式晋升为江苏省四星级高中。

二、学校特色

学校依托江苏省机器人创新实践课程基地，在吴健雄精神引领下，不断丰富课程内涵，拓展课程内容，提炼教学模式，培育了明德学子深厚的科学素养，科技教育已经成为学校靓丽的名片。学校为江苏省科技教育协会团体会员单位、江苏省科普教育基地、江苏省首批青少年科学教育特色学校。作为全国最早开展机器人教育的学校之一，自20世纪90年代，学校从机器人课程零起点的筚路蓝缕到斩金夺银走向世界，在国际、国家级、省级、苏州市级比赛中共计获奖600余人次，其中获国家级奖96人次，学校多次获国际邀请赛参赛资格。在2014年第八届国际发明展览会上，学生创意作品分获国际级金奖、银奖。学校的江苏省机器人创新实践课程基地被授予江苏省科普教育基地铜牌，机器人小组被评为苏州

1985年，聘请上海实验小学校长、特级教师袁瑢任明德学校顾问

市优秀教师群体，指导老师王金云被授予"全国优秀教师"称号。学校不断加强与东南大学、中科院上海技术物理研究所、世界五百强特灵空调等高校、研院所、高新企业合作共建，科技教育驶入快车道，品牌的示范和辐射效应日益彰显。

三、办学成就

截至2021年12月，学校占地面积99667平方米，建筑面积52305平方米；现有班级48个，学生2391人；现有教职工242人，其中专技教师238人。学校获"国际生态学校绿旗单位""全国创建绿色学校活动先进学校""江苏省文明单位""江苏省健康促进学校""江苏省青少年科学教育特色学校"等荣誉称号。吴健雄博士在学校接受启蒙教育。吴仲裔长孙吴颐教授曾任学校名誉校长。吴健雄博士为学校亲题校名，袁家骝博士亲笔题写学校校训"大学之道，在明明德"，诺贝尔物理学奖获得者朱棣文、李政道、杨振宁、丁肇中都曾为学校题词。学校将明德厚重的历史变成前进的台阶，继续践行"明德为先，文化立校，和谐发展"的办学理念，坚持"明德之人，创新之人，至善之人"的培养目标，以"质量明德、文化明德、特色明德"建设为抓手，不断提高办学品质。

（吴倩倩 文　李承雅 供图）

太仓市第一中学

创建时间：1907 年
校训/校风：勤谨
学校地址：太仓市城厢镇南园东路 1 号

一、历史沿革

学校创建于清光绪三十三年（1907），其前身为清朝太仓州试院。校园旧址的清太仓州试院碑及口字楼（已拆）即为明证。当时科举制度已废，兴学之风特盛，太仓唯缺中学，当时社会贤达提议创设一州四县（太仓州，镇洋、宝山、崇明、嘉定四县）之太仓州属中学堂，校址由试院改建。袁观澜任第一任校长，校长每年一换，一州四县轮流，继袁之后，推时为南洋监督（交通大学校长）的太仓人氏、著名教育家唐蔚芝（文治）为校长。辛亥革命爆发，取消州属建制，1912 年，学校改名为太嘉宝崇中学。1913 年，改名为省立第四中学，确定"勤谨"为校训。1927 年，学校改名为第四中山大学区太仓中学。1928 年，改名为江苏省立太仓中学，继而学校与

唐文治（1909 年至 1911 年任校长）

1926年成立的太仓县立初级中学合并，仍名为江苏省立太仓中学。1932年，据江苏省要求，学校改名为江苏省立太仓师范学校，并附设初中部。1937年淞沪抗战，学校因此停办。1939年，再度改名为江苏省立太仓中学校，1926年成立的太仓县立初级中学并入。1944年，学校改名为江苏省立第五中学校。1945年，改名为太仓中学。1947年，改名为太仓县立初级中学，校址在太仓孔庙。1949年5月，太仓解放，6月县军管会接管学校，改名为太仓县初级中学。抗美援朝运动中，师生爱国热情高涨，积极捐款购买飞机大炮，学生踊跃报名参军、参干。王维洁、顾兆萍同学在朝鲜战场上献出了年轻的生命。1954年，改名为太仓县第一初级中学。学校教育教学质量稳步提高，受到上级和各界好评。1958年，改名为太仓县中学。1965年，迁入初创原址。"文革"期间，学校停课，学校改名为太仓县城厢镇卫东五七学校，后改名为太仓卫东中学。1975年，恢复校名太仓县中学。十一届三中全会后，学校拨乱反正，建立正常的教育秩序，学校进入了振兴、改革、开放的新时期。1993年，因撤县建市，学校遂改名为太仓市第一中学。2002年，由于全市教育布局调整，学校停止高一招生。为了使学校的初中优质资源得以进一步发挥，学校向纯初中转轨，2004年学校成为纯初中。2011年7月，学校由上海西路20号（清考试院旧址）整体搬迁至南园东路1号。

二、学校特色

传承百年文脉，渗透双韵文化。学校以明代洞庭分秀碑和清代太仓州试院碑为主的古碑，以近600岁明代紫藤为首的古树，以《二十四史》为代表的线装古籍，形成校园"三古"文化特色。近年来，以"紫藤"为文化意象，学校秉承"紫藤花开，朵朵出彩"的育人理念，打造"一中一等"文化品牌。打造"双融"课程，力求全面育人。唐文治老校长教育思想渗透着浓浓的"双融"理念，学校确立"德学双馨"（师生品德与才学深度融通）、"文理兼修"（人文教育与科学教育有机兼容）、"中西并重"（中国文化与西方文化互补交融）、"身心兼顾"（学生身心发展全面兼顾）的课程建设框架，促进学生多元发展。弇山文学社、紫藤

校园标志性建筑——口子楼，共青团太仓特支成立地点

1956年太仓县第一初级中学全体教师合影

明代洞庭分秀碑

体育社等社团已成为学生展示自我的舞台：桥牌队获世界团体冠军，多位学生获全国武术比赛冠军，学生论坛"茹经讲堂"影响广泛。

三、办学成就

截至2021年12月，学校占地面积64712平方米，建筑面积40058平方米；现有班级57个，学生2600多人；现有教职工219人，其中江苏省特级教师1位，姑苏教育领军人才1位，苏州教育青年拔尖人才1位，苏州市名教师2位，苏州市学科带头人8位。学校严谨治学，为祖国培养了数以万计的人才，如长征六号运载火箭总设计师、总指挥张卫东，瑞典皇家工程科学院院士、ABB集团副总裁顾纯元，等等。

学校获共青团中央授予的"活跃的中学生活——开辟多种渠道、培养创新人才"锦旗。学校获"全国青少年冰心文学大赛文学创作基地"、全国首批"中国少年儿童信息研究基地""全国青少年校园足球特色学校""江苏省科研先进集体"等荣誉称号，连续多年获太仓市教育质量综合评估先进学校一等奖，带动了区域教育质量的整体提升。

（马俊安、金雪峰 文 金雪峰、马俊安 供图）

太仓市沙溪镇岳王学校

创建时间：1904 年
校训 / 校风：谐
学校地址：太仓市沙溪镇岳王大街 52 号

一、历史沿革

学校前身是鹤王初等小学堂。清光绪三十年（1904），在市北清风禅院（今岳王大桥南塊）创办鹤王初等小学堂，首任校长庆铨。清光绪三十二年（1906），改名为鹤王小学。1914 年，改名为岳王乡第一初等小学，校长陆世鑫（字曾乔）。1915 年，评为特优小学，之后又先后改名为第一国民学校和岳王初级小学。至新中国成立前夕，另附设幼稚班。1951 年年初，改名为岳王中心小学。1952 年下半年，入学人数猛增，临时在陆家桥南租借民房设立分校。1964 年，学校分为岳王西街大队小学和岳王东街大队小学。1969 年年底，东西街小学合并为岳王小学，同年，与岳王中学（开办于 1958 年秋季，校址在杨林河南，初始时只收初中学生，1969 年始增收高中学生，成为完全中学）一起成立党支部。1979 年，小学部单独成立党支部，恢复工会，学校改名为太仓县岳王中心小学。1983 年 12 月，小学教育大楼落成交付使用，新校舍坐落在众兴街南端，占地面积 6533 平方米，建筑面积 2180 平方米。同年，岳王中学开办职业班，开设电子、水产、艺术、审计和商

2005 年合并前的岳王幼儿园、岳王中心小学和岳王中学

1993年岳王中心小学毕业生合影

务日语5个班。1990年学校搬迁到岳王西大街新校舍，1996年停止招收高中学生，1998年停办职业班。2003年9月，岳王镇划归沙溪镇管辖，岳王中学改名为太仓市沙溪镇岳王中学，岳王中心小学改名为太仓市沙溪镇岳王小学。2005年8月，太仓市沙溪镇岳王小学和太仓市沙溪镇岳王中学合并，定名为太仓市沙溪镇岳王学校，实行一个学校两个校区。2008年8月，小学部的幼儿园与学校分离，小学部迁入位于岳王大街西首的中学部，真正合并为一校区。

二、学校特色

学校是一所九年一贯制学校，构建了"合生长"的办学理念。学校坚持特色办学，品质立校，注重以"融合"的方式，将科技、书法、象棋等特色项目融入、结合到日常的教育中去。2016年，学校被评为"太仓市青少年科学教育特色学校"；2017年，学校的"'科技智能'合生长课程基地建设"被评为太仓市中小学课程基地建设项目，2019年，该项目又被评为苏州市特色建设培育项目；2019年，学校被评为"太仓市科学教育示范学校"。

三、办学成就

截至2021年12月，学校占地面积25642平方米，建筑面积12358平方米；现有班级27个，学生1146人；现有教职工83人，其中专技教师79人。近年来，学校先后获"江苏省绿色学校""江苏省健康促进学校""江苏省档案工作二星级单位"等荣誉称号。学校培养了大批的优秀学生，有世界举重冠军顾薇、儿童文学作家王一梅等名人，培养了省特级教师王晓春。学校将继续秉承"合生长"文化，以"谐"为校训，以"致谐、求真"为校风，以"博学、善导"为教风，以"明礼、乐究"为学风，促进学生、教师、学校的共同发展，不断提升学校的办学品质。

（王艳芳 文 王艳芳 供图）

太仓市明德初级中学

创建时间：1913年
校训/校风：大学之道，在明明德
学校地址：太仓市浏河镇迎福北路81号

一、历史沿革

学校前身是明德女子职业补习学校。1913年，吴健雄博士的父亲吴仲裔和夫人樊复华，利用浏河镇北市梢废弃的火神庙，筹建了明德女子职业补习学校。1924年秋，江浙军阀在浏河开战，校舍遭到严重破坏。在吴仲裔吁请下，次年，沪商汪明甫捐资于原址重建学校，校舍两排，中西结构，窗明几净，宽敞舒适，又建大礼堂，称"明德堂"，学校改名为明德初等小学。1932年，日军向上海闸北发动进攻，并逐步侵占浏河地区，位于镇区南边的浏河中心小学变成了一片废墟。1937年，浏河中心小学因遭严重毁坏无力恢复，全部师生并入明德初等小学，明德初等小学改名为浏河中心小学。抗战胜利后，国民政府公布《国民教育实施纲要》，小学实行国民教育，学校改名为浏河国民中心小学。1949年新中国成立后，学校改名为浏河中心小学。1966年，学校改名为浏河小学。"文革"期间，学校处于时办时停状态。1973年，吴健雄教授阔别故乡37年后回到母校旧址，建议恢复办学。1978年，学校恢复办学，改名为浏河明德中学。1984年，太仓县政府为了发扬"明德"学风，将学校复名为太仓县明德学校。1988年，在吴健雄教授的倡议下，经太仓县人民政府批准，学校又与毗邻的浏河中学合并，定名为太仓县明德学校，此时的明德学校包含幼儿园、小学、初中和高中。1997年，根据政府、教委的要求，为明德学校（高中）争取通过江苏省重点中学的验收，初中、高中逐年脱钩。1998年2月，经太仓市机构编制委员会批准，明德学校初中部与浏河第二中学合并办学，正式改名为太仓市明德初级中学。2001年4月，因校门所在新华街交通

明德学校创始人吴仲裔

吴健雄与父母亲在明德学校教室前合影

1938年浏河中心小学毕业生合影

拥挤，考虑学生的安全问题，校门搬迁至迎福路。2010年8月，因教育事业发展需要，太仓市明德初级中学整体搬迁至原太仓市明德高级中学校区内（太仓市明德高级中学另迁他处，因新校区教室欠缺，初三年级暂留老校区）。2014年3月，太仓市明德初级中学新校区改建扩建完毕，初三年级搬入新校区。

二、学校特色

学校始终以吴健雄博士为典范，倡导"像吴健雄那样乐于学习，勇于探究"，多年的办学形成了科技教育特色。20世纪90年代，学校大力倡导科学实践，形成了机器人、天文观测、模具智造等特色项目。2001年，学校被江苏省科协、江苏省教育厅授予江苏省机器人教学实验学校。2002年，学校被苏州市科协、苏州市教育局授予苏州市科技教育特色学校。

百年紫薇

2015年，学校被江苏省科协、江苏省教育厅授予江苏省科学教育特色学校。2016年，学校被苏州市科协、苏州市教育局授予苏州市科学教育综合示范学校。学校多次在省市级科技比赛中荣获金奖，多名学生凭科技特长进入四星级高中学习。

三、办学成就

截至2021年12月，学校占地面积41780平方米，建筑面积28506平方米；现有33个教学班，学生1618人；现有教职员工121人，其中专技教师170人。学校先后获得"全国青少年校园足球特色学校""江苏省科学教育特色学校""江苏省科技教育五星级先进集体""江苏省机器人教学实验学校"等荣誉。中华人民共和国成立前，中国科学院外籍院士吴健雄曾于此就读小学。中华人民共和国成立初期，北京石油化工学院原院长郁浩然曾于此就读初中。20世纪80年代，外籍院士吴健雄题写校名，外籍院士袁家骝题写校训，杨振宁、李政道等诺贝尔物理学奖得主为学校爱国主义教育基地、科技楼题词。学校将继续遵循"大学之道，在明明德"的校训，弘扬"崇德、尚才、求实、创新"，倡导"像吴健雄那样乐于学习，勇于探究"，实施以"乐探"课堂实践为核心的强校计划，在新一轮发展机遇中厚积薄发，积极培养多元发展的人才，不断提升办学品质。

（茆晓明 文 张元媛、沈兵 供图）

太仓市陆渡中心小学

创建时间：1905 年
校训 / 校风：天地人、中国心
学校地址：太仓市经济开发区陆渡金湾路 25 号

一、历史沿革

学校的前身是陆渡桥初等小学堂。清光绪三十一年（1905），陆渡乡董冯竹君提议在陆渡镇上办新学，利用镇中城隍庙内地藏殿和西厢房作校舍，开办陆渡桥初等小学堂，属陆渡商界私立。1912 年，学堂由商界私立改为公办，改名为陆渡桥初等小学，教学方法上已采用堂课教学，约一小时一课，课间有休息。1922 年，颁布新学制后，小学分为初小、高小两部分，初小四年，高小两年。1937 年，抗日战争全面爆发后，学校遭到日军侵占和破坏，经常停课。后几经转折，多次迁移，勉强维持教学。1945 年，抗战胜利后，重新修复狐仙堂校舍，恢复正常教学秩序，学校改名为陆渡中心国民小学校，从初小改为六年制完小，采用全国统一教学计划和统一教材。1949 年 5 月，太仓解放，人民政府接管学校。1954 年 8 月，学校改名为陆渡小学，另立倪家桥小学为倪桥中心校。1969 年，将部分校舍迁往陆西大队，从此，

1975 届毕业生合影

1987年学生运动会

学校分成两部分，新增了陆西大队部分。1974年春季，陆渡公社党委决定，将陆西大队部分改名为陆渡公社小学，归公社及陆西大队双重领导。同年8月，经多方协商，将新校建在陆渡江申泾西岸的陆西大队金湾小队境内。次年春，新校全部落成，从而结束了一所学校分隔两地办学的局面。1978年12月，恢复中心校，学校定名为太仓县陆渡中心小学。1993年，太仓撤县建市，学校遂改名为太仓市陆渡中心小学。2015年2月，学校搬迁至易地新建的陆渡教育园。

二、学校特色

学校以"完人"教育为目标，秉持"六度教育，为每个孩子的终身发展奠基"的办学理念，着力构建"三维一体、六度相融"的课程体系，落实基础型课程、拓展型课程和探究型课程，满足学生的多元选择和个性化需求，并从文化视野、科学态度、创新思维、生命意识、人格精神、审美情趣六个领域构建育人目标。学校致力于"认识太仓，融入上海"课程项目的研究，课程建设被《江苏教育》等媒体报道。国防教育课程开展丰富的国防教育活动，营造浓厚的国防教育氛围，使学生在潜移默化中受到教育和影响，学校荣获教育部2017年度"国防教育特色学校"称号。

三、办学成就

截至2021年12月，学校占地面积60000平方米，建筑面积20915平方米；现有班级48个，学生2030人；现有教职工125人。学校先后获"江苏省健康促进学校""江苏省青少年科技教育先进学校""江苏省智慧校园""江苏省绿色学校"等荣誉称号。学校将继续遵循"天地人、中国心"的校训，致力于实现"以人为本的教育，多元文化的氛围，充满激情的校园，快乐幸福的学习"的办学愿景。

（王家元 文 徐向华 供图）

太仓市城厢镇第一小学

创建时间：1905年
校训/校风：好学、远志、健体
学校地址：太仓市城厢镇观塘路75号

一、历史沿革

清光绪三十一年（1905），蒋汝坊创办毓娄女子小学堂。清光绪三十三年（1907），蒋汝坊合并了他创办的另两所学校——正则和公益女子小学，三校合一，在海宁寺弄开办新校，校名改为毓娄女师附属高等小学堂。1915年，毓娄女师附属高等小学堂迁址卫基场。1927年，改为县实验小学。1933年，城市中心学校并入该校，改名为城中中心小学。日伪统治时期，改名为模范小学。抗战胜利后，弇中中心小学（原城市中心小学）又并入该校，改名为城中联镇中心国民学校。不久，又先后改名为城中中心国民学校、城厢中心国民学校。1951年年初，改名为太仓城厢中心小学。1960年，因历年升学成绩为全县第一，被评为"江苏省红旗小学"。1963年，学校建立了正常的教学秩序，规模一直保持在21个班左右。"文革"期间，学校先后改名为红卫五七学校和城厢小学。1978年3月，恢复为中心校，并确立为县重点小学。

创始人蒋汝坊

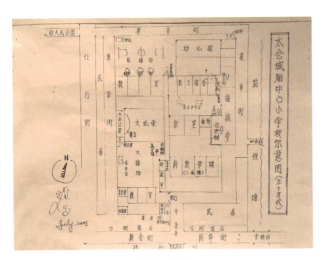
20世纪50年代太仓城厢中心小学校示意图

1925年毓娄女校编印的《太仓地理》

1993年3月，改名为太仓市城厢第一中心小学。2000年11月，改名为太仓市城厢镇第一小学，一直沿用至今。

二、学校特色

学校注重传统文化的积淀，并在办学实践中逐步形成了"灵和文化"办学特色。学校的核心办学理念是"毓灵"与"致和"。毓灵，即钟灵毓秀；致和，取自人文荟萃的千年长河——致和塘。百年老校，人才辈出，学校先后走出了4位院士，院士身上共有的严谨、笃学、创新精神，默默影响着一代代城小学子，激励城小学子开拓创新，善学乐学。学校努力培育一批又一批的"七彩银杏小院士"，这是一种传承与创新。数代城小人默默耕耘，继承和发扬着"团结进取，追求卓越"的办学精神，追求着"创意内涵发展，人本教育与生命同行"的办学境界，在时代奔涌的浪潮里，孕育着城厢一小的"灵和文化"，这种文化滋养城小人，让城小拥有回首过去的宠辱不惊与展望未来的磅礴大气，激励着城小学子从城小舞台向更大舞台蜕变。

三、办学成就

截至2021年12月，学校占地面积13542平方米，建筑面积10639平方米；现有班级29个，学生1379人；现有教职工85人，其中专技教师82人。学校创办至今连续十年，教育质量始终处于太仓市第一方阵，在太仓市教育质量综合考评中被评为一等奖。学校开发并实施具有校本特色的课程群，彰显学校特色，并取得丰硕成果。学校获"全国青少年校园篮球特色学校""全国生态文明教育示范学校""江苏省国际象棋特色学校""江苏省陶行知研究会实验学校""江苏省示范家长学校"等十多个荣誉称号。百年来，学校培育了一大批的优秀学生，其中就有黄胜年、唐孝炎、邹世昌、杨胜利4位院士。学校将继续心怀感恩，润泽心灵，负重拼搏，务实奋进，殷实精致校园，打造精品教育，为学生的健康成长提供广阔平台。

（王心怡 文　李永英 供图）

太仓市城厢镇第四小学

创建时间：1904年
校训/校风：养正至美
学校地址：太仓市城厢镇东古路20号

一、历史沿革

学校由原州义塾改建而成，名养正学堂，创办于清光绪三十年（1904），翌年办作新小学堂。1912年，学堂改称学校，先后改名为太仓县第四初等小学、西厢国民学校、西厢初级小学。1952年，学校改名为西郊中心小学。1979年，恢复中心校建制，学校改名为城郊中心小学校，学校的各项制度更加完善。1982年，校名随乡名改为娄东中心小学。1986年3月，中心校新校舍教学大楼破土动工，总投资30万元（其中乡政府出资22万元，原校舍出售得款8万元），占地面积8000平方米，建筑面积1768平方米，绿化面积1250平方米，同年8月竣工，幼儿楼、生活用房、传达室分别于9月、10月竣工；中心校各班由旧校址搬入新校址，旧校舍自1986年7月起分批移交给太仓造船厂。1993年，学校随行政辖区调整，娄东中心校改名为城厢镇第四小学。同年1月，太仓市教育局对下属东顾、花墙、三里3所村校进行"合格村校"验收。同年7月，昆太路扩建，

1989年校门

1982年娄东中心小学部分教师合影

1993年部分教师合影

学校重建传达室和3间教室，并修筑水泥干道。2005年，学校步入了发展的快车道，新校舍一期工程竣工，并交付使用。

二、学校特色

学校把生态文化教育作为文化主题，加强文化顶层设计，推进"五大文化"建设：一是兴趣中心、学做合一的课程文化；二是问题取向、关注细节的教师文化；三是聪明好学、宽容大气的学生文化；四是用心做事、精益求精的组织文化；五是江南风物、作坊缩影的校园文化。学校基于苏南水乡文化的特色，充分挖掘地方资源，依托"麦秸工艺""才子扇面""水乡糕点""昆曲脸谱"等近十个具有苏南地区传统文化的课程开发，让学生感受苏南文化，培育工匠精神。学校成功获评苏州市特色文化项目基地学校，其中《麦秸工艺工作坊》获评江苏省艺术展演二等奖、苏州市艺术展演一等奖。

三、办学成就

截至2021年12月，学校占地面积48667平方米，建筑面积12894平方米，体育活动面积11585平方米，绿化面积25200平方米；现有班级36个，学生1643人，其中来太务工人员子女998人，占学生总数的60.7%；现有教职工97人，其中市级及以上骨干教师41人。学校获"全国特色学校创建科研单位""全国环境教育示范学校""全国中小学棋类教学实验基地""中国书法（写字）特色学校""江苏省绿色学校"等荣誉称号。学校以"养浩然正气，育未来全人"为办学理念，秉承"养正至美"的校训，努力建设"有故事，有书香，有温度，有文化"的新苏式优质学校，积极培育具有善美人格、高雅志趣、家国情怀的新时代养正好少年。

（张强 文 韩旻 供图）

太仓市科教新城南郊小学

创建时间：1904 年
校训 / 校风：团结、向上、勤奋、创新
学校地址：太仓市科教新城城南路 66 号

一、历史沿革

学校创办于清光绪三十年（1904），初名南郊小学堂。民国成立后，先后改名为第六初等小学、南厢国民学校和南厢初级小学。1946 年，复名为南厢国民学校。1948 年至 1949 年，始有高年级，成为完小。新中国成立后，于 1952 年改为中心小学。1957 年，扩大东郊乡。次年，定名为东郊乡中心小学。1959 年，中心校移至东郊小学，该校改为辅导点完小。1966 年，建立南郊公社，恢复为中心校。"文革"开始后，1968 年改称为南郊五七学校，增设中学部。1978 年在原地建一幢 3 层教学楼，1979 年中小学分开，恢复为中心校。1983 年，随乡

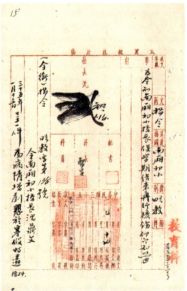

1946 年 1 月关于南厢初小校长的任命文件

1991年南郊中心小学六（1）班毕业生合影

名改为南郊乡中心小学。1988年随镇改名为南郊镇中心小学。1989年，改名为太仓县南郊中心小学。1993年3月，因太仓撤县建市，学校遂改名为太仓市南郊中心小学。2000年10月，因镇级行政区划调整，改名为太仓市城厢镇南郊小学。2010年12月，因行政区划调整，改名为太仓市科教新城南郊小学，成为城区外来务工子女定点吸纳学校之一。2014年秋季，校舍原址重建，学校借用科教新城实验小学"哈佛楼"继续办学。2020年春季，学校迁入原址重建校区。

二、学校特色

书法、木兰拳是学校的两大支柱。学校环境古朴优雅，书法氛围浓厚，依托书法课、书法社团、书法活动等形式推动书法教育，曾连续5年组织学生参加江苏省书法水平等级考试，先后6次获得苏州市团体比赛一等奖。学校被评为"中国书法（写字）特色学校""江苏省规范汉字书写教育特色学校""江苏省硬笔书法实验基地"。木兰拳社团建立于2004年，至今已有18年。学校开展"木兰武术章"的学章考章活动，指导木兰特色班级文化建设，开展木兰促进学校特色德育课题研究，编著校本教材《木兰拳》。学校曾在江苏省武术交流大赛、苏州市学校武术教育展示赛等比赛中获得集体项目一等奖9次，还参加了2019年少儿春晚的演出。

三、办学成就

截至2021年12月，太仓市科教新城南郊小学占地面积23262平方米，建筑面积18781平方米；现有21个教学班，学生953人；现有在编在岗教师52人。学校获评为"中国书法（写字）特色学校""江苏省绿色学校""苏州市文明校园"等。学校将秉承"因爱而生，幸福一生"的"幸福教育"理念，传承"弘扬传统文化，传承地方非遗项目"的特色教育，建设"有文化，有温度"的校园，塑造"有思想，有能力"的教师，培育"有素质，有特长"的学生。

（金霞 文 张华英、詹建国 供图）

太仓市双凤中心小学

创 建 时 间：1868 年
校训 / 校风：心存大爱，德行天下
学 校 地 址：太仓市双凤镇凤北路 290 号

一、历史沿革

学校的前身是建于清同治七年（1868）的双凤镇义塾，清光绪三十年（1904）改设双凤乡第一初等小学堂，校舍迁至李家桥堍育婴堂（即现校址），1926 年建立双凤镇中心国民学校。1949 年 5 月双凤解放，1951 年学校改名为太仓县双凤中心小学。20 世纪 50 年代，学校十分重视少先队工作，以"母爱育人"为主线开展丰富多彩的"爱"的教育活动，获得多方好评。20 世纪 60 年代学校教师自编的珠算教材和节日图，发表在《江苏教育》上。20 世纪 70 年代，乒乓球特色已经初显成果，学校德智体各科教育全面开花，在当时的太仓有着一定的教育影响力。20 世纪 90 年代，学校少先队工作成绩斐然，少先队大队部被授予"纪念抗战胜利五十周年

20 世纪 70 年代学生合影

学校鼓乐队训练

20世纪80年代学生合影

全国先进集体""江苏省红旗大队""苏州市先进集体";三(1)班、六(3)班被评为"江苏省红旗中队";学生吴金亚获全国赖宁奖。2007年12月新小学建成,2008年9月搬至双凤镇凤北路新校区。2019年,学校进行实验楼、报告厅、体育馆、食堂、图书馆的扩建,2020年完成扩建,2021年投入使用。

二、学校特色

学校的德育教育教学特色与体育教育教学特色较为明显。2000年,学校的家长学校受到省市领导好评,被命名为"江苏省优秀家长学校""苏州市示范家长学校"。学校更为重视学生德、智、体、美、劳全面发展,学校被命名为"全国小公民道德建设实验学校",在首届全国小公民道德建设实践创新活动中获集体二等奖。2010年后,学校篮球教育教学蓬勃发展,营造出了浓郁的校园篮球文化,学校女篮获3次省冠军、12次苏州市冠军,2019年获得中国小篮球联盟篮球联赛华东六省的总冠军。学校获评"全国篮球特色学校""江苏省篮球特色学校""江苏省体育传统项目学校"等。

三、办学成就

截至2021年12月,学校占地面积22200平方米,建筑面积11214平方米;现有班级25个,学生1088人;现有教职工87人。学校先后被评为"全国青少年校园篮球特色学校""江苏省金钥匙科技竞赛实施素质教育先进学校""江苏省健康促进学校"等。学校将遵循"心存大爱,德行天下"的校训,弘扬"求真、尚美、崇善"的校风,在传承和发扬"福地文化"的同时,把握时代发展的脉搏,以文化立校,丰富育人之道,不断提升学校的办学品质。

(陈刚 文 谢建宗 供图)

太仓市沙溪镇第一小学

创建时间：1904年
校训/校风：翰墨飘香，立字立人
学校地址：太仓市沙溪镇印溪南路68号

一、历史沿革

学校创建于清光绪三十年（1904）春，初名沙溪小学堂，是一所公立初等小学，创始人为刘镕经（号师竹），校舍设于沙溪镇河南街毓秀堂（原名育婴堂）。清光绪三十二年（1906）二月，改名为沙溪乡第一初等小学堂。1914年2月，设太仓县立第二高等小学堂于沙溪西市梢南道院（今沙溪中学校址），简称"二高"，"二高"成立后与原沙溪乡第一初等小学堂并为一个体制，总学制七年。1922年起，学校改为六年制。之后，学校几经改名：1927年，改名为太仓县立第三小学；1929年，改名为太仓县沙溪中心学校；1934年，改名为太仓县沙溪镇中心国民学校；1939年，改名为太仓县立沙溪中心小学。1946年6月，改名为印溪镇中心国民学校，第一分校为本校前期部，第二分校改名为高真堂国民学校。1947年春，学校后期部从南道院迁至职业中学（现沙溪镇河南街68号）。1950年9月，学校改名为沙溪镇中心小

创始人刘镕经

1983年学校组织元宵节活动

1985年全体教师合影

学校。1951年，改名为沙溪区中心小学校。1958年下半年，沙溪镇、沙溪公社分治，沙溪公社另立洞泾小学为沙溪公社中心小学，统管全公社乡校。1959年上学期，学校由镇社共同领导，改名为太仓县沙溪中心小学，管辖沙溪公社所有小学。1969年9月，学校归沙溪公社沙星大队领导，改名为沙星五七干校。1970年秋季，学校归公社教育革命领导小组（简称教革组）管理，学校改名为沙溪公社中心小学。1979年2月，撤销公社教革组，学校改名为沙溪公社中心小学。1983年秋季，随着公社改乡，学校改名为沙溪乡中心小学。1993年9月，沙溪乡、镇合并，学校遂改名为沙溪镇第一小学。2021年9月，学校搬迁至沙溪镇印溪南路68号。

二、学校特色

学校以"翰墨飘香，立字立人"为校训，通过多年的积淀，在书法教学方面取得了可喜的成绩。2015年9月，学校被评为"江苏省书法教育特色学校"。2016年6月，学校被命名为"苏州市书法特色学校"。学校教师及学生在各级各类书法比赛及活动中不断获奖。2014年3月28日，《语言文字报》在《名校解读》专栏以"立足翰墨文化，打造书香校园"为标题对学校办学特色进行了宣传报道。经过多年探索，学校创设了适合本校学生的书法教材体系，建构了"学生在课程中央"的"翰墨飘香"书法课程，形成了循序渐进的特色书法评价体系，组织了多届全校千人硬笔书法大赛，同时与外国友人进行书法交流，传播中华优秀文化。

20世纪80年代学校大门

三、办学成就

截至2021年12月，学校占地面积48000平方米，建筑面积30869平方米；现有48个班级，学生1666人；现有教职工99人，其中专技教师83人。学校积极实施教育现代化工程，全面实施素质教育，教育质量稳步提升，先后获"苏州市教育信息化先进学校""苏州市艺术教育工作优秀学校""苏州市特色文化学校"等称号。学校培养了许多优秀学生，其中有上海交通大学教授胡粹士、曾任上海教育局副局长的陈源、曾任南京紫金山天文台台长的龚树模等众多名人。学校将以"宁致远，和不同"为学校文化定位，以"包容每一次摇摆，陪伴不一样的成长"为办学理念，传承百年老校的优良传统，抓住契机，解放思想，锐意进取，为把学校办成"家门口的好学校"而不懈努力。

（吴茜 文 朱伟 供图）

太仓市沙溪镇直塘小学

创建时间：1904年
校训/校风：公、毅、勤、信
学校地址：太仓市沙溪镇直塘虹桥路208号

一、历史沿革

清光绪三十年（1904），直塘乡董凌廷楷、杨清澄等人发起，将原义塾改为小学，取名直塘启蒙小学堂，校址设于城隍庙（今普济寺），一个班级，二三十名学生，只收男学生，不收女学生，由杨清澄、凌规周负责教学工作，并推举凌规周为监督堂长（校长）。清光绪三十二年（1906），改名为直塘初等小学堂。清宣统三

1946年制作的校徽

年（1911），学校改名为直塘乡第一初等小学。1912年、1913年分别在镇西睢阳庙（今粮管所）与青秧地（今青秧村）创立第二、第三初等小学。1916年，直塘乡第一初等小学校址从城隍庙迁移至镇北李王庙（今广安寺）。1918年，里人在凌家书厅（旗杆里）创立直塘女子学校，取名培德女子学校。1927年夏，直塘乡第一初等小学改名为直塘初级小学，设分校于女校内，从此本校成为单式四级的一所完全初级小学。1928年，学校本部新建两幢新校舍，撤并女校与二校。1934年9月，直塘初级小学改名为太仓县直塘国民学校。1938年9月，太仓县直塘国民学校改名为直塘小学，校址设在睢阳庙，从此开创了直塘小学成为完全小学的历史。1939年秋，直塘小学迁回经过整修后的李王庙，并制订校训、创作校歌，以示学校步入正轨。1944年9月，校舍又遭日军强占，直塘小学被迫南迁至河南街西的蕊真道院。1945年，直塘小学校址从蕊真道院迁回城隍庙。1946年，直塘小学改名为直塘中心国民学校，并制作校徽。1947年，开设直塘中心国民学校附设幼儿班。1950年9月，直塘中心国民学校改名为直塘镇中心小学。1959年，改名为直塘小学，增办两个民办班和一个民办幼儿园，由此形成了公办与民办两种教育制度并存的教育体制。1979年2月，重新建立乡中心校并成立党支部，直塘小学改名为直塘中心小学。2000年，撤乡并镇，直塘镇划归沙溪镇管理，直塘中心小学改名为沙溪镇直塘小学。2009年，学校整体搬迁至直塘虹桥路208号。

二、学校特色

2000年，学校依托"农村小学童话作文教学的研究""'童话引路'序列作文训练研究"等课题，有效激发学生童话写作的兴趣，创办校刊《童话大世界》，学校童话作文的教学特色彰显。2008年起，学校连续举办三届童话节，童话节内容丰富，形式多样。教师发表、获奖的专题文章有40多篇。《太仓教育》2009年第6期辟有学校童话特色专版。出版的学生成果《陌上花开》由《作文大世界》杂志编入"作文大世界"丛书。2020年，"泉润DNA课程"体系，对原有课程基础进行了总结提炼，形成了鲜明的学校文化烙印。让直塘小学的学子既有传统文化的烙印，又有现代公民应具备的素养，是"泉润DNA课程"的出发点。传承与创新是这所百年老校课程建设的坚守与突破。课程设置中包括国家课程、校本课程和探究性课程三部分。

20世纪70年代老校门

学校通过整合、嵌入、长短课、多人执教等方式，有效利用时间，做好课程的兼顾与并进，以此培养承正气、展灵气、拥有故土情怀与面向未来的新时代少年。"泉润DNA课程——培养故土情怀与面向未来的时代新人"，被评为2020年太仓市创新创优项目。

三、办学成就

截至2021年12月，学校占地面积19290平方米，建筑面积6295平方米；现有6个年级，18个班级，学生639人；现有教职工61名。学校获"江苏省健康促进学校""新教育儿童写作课程基地学校""全国青少年校园足球特色学校""全国'家校（园）共育'数字化项目试点学校""江苏省红十字示范学校"等荣誉。学校培养了大批优秀学生，他们中有当代军人、名师、作家、航空技术人员等。

（郁黛嫔 文　黄瑛 供图）

太仓市沙溪镇归庄小学

创建时间：1911年
校训/校风：慎微笃行
学校地址：太仓市沙溪镇归庄归东新村36号

一、历史沿革

归庄小学是由东、西两校合并而成。西校是清宣统三年（1911），当地绅士葛玉书和李景良捐资在归庄西街创立的常熟县归庄公立小学堂，学生70余人。1913年2月，改名为何市乡立第三初等小学校；1923年7月，改名为常熟县第三区何市第三初级小学校；1925年2月，改名为常熟归庄初级小学校；1928年2月，改名为常熟桂村第三小学校。东校是1924年，傅维孝在归庄东街创办的太仓县王秀乡第三初级小学，学生近50人，有两个班级。1927年，改名为太仓县第四

2003年归庄小学校门

2010年归庄小学校门

区区立王秀乡第三初级小学；1928年，改名为太仓县璜泾区归庄初级小学；1929年，改名为太仓县归庄初级小学；1935年10月，改名为太仓县立归庄初级小学，学生85人；1936年，改名为太仓县帆秀乡第三国民学校。1937年11月，日寇占领归庄，东、西两校停办。1938年3月，东、西两校复课。1939年，西校有1个班，学生40余人，1940年改为完全小学，学生150人。1949年5月，太仓解放，东校由太仓县军管委接管，西校由常熟县军管委接管。1949年8月，西校改名为常熟县归庄小学，开始附设幼儿园；1950年，改名为常熟县支塘区归庄小学。同年，东校改名为太仓县归庄初级小学；1952年，改名为太仓县归东小学。1953年2月，常熟县支塘区归庄乡全部划归太仓县管辖，归庄小学东、西两校正式合并，定名为太仓县归庄中心小学，全校8班，教职工25人。1958年9月，附设初中班，1959年发展到18班。1960年，不再设初中班，学生流失较多，办学规模缩小。1964年3月，开始创办耕读小学，同年8月达到11所。1966年年底，学校停课，耕读小学转为民办小学。1967年复课，1968年年底，公办学校下放到大队办学，东校校舍拆除。1971年，西校校舍拆除，材料用于建设归庄中学。1974年9月，将渠泾村小学改名为归庄市镇小学。1976年10月，教育事业发展加快，学龄儿童入学率达到99.8%。1979年2月，恢复中心校。从此，规模不断扩大，质量不断提高。到1986年，全乡小学13所，教学班42班，其中完全小学4所，单双班8所，中心校1所，学生1300余名。从1986年到2001年，除归庄中心校之外，全乡其他所有的村小全部撤并。2003年，归庄镇并入沙溪镇，学校改名为太仓市沙溪镇归庄小学。1988年，学校从归庄玄恭路搬迁至利民南路，又于2009年8月搬迁至岳鹿公路东侧归东新村36号。学校从2011年到2013年完成改扩建任务。2018年7月，启动归庄小学风雨操场及室外操场建设工程，总投资约2000万元，于2020年10月建成投入使用。

二、学校特色

学校地处岳鹿路旁、七浦塘畔,穿山脚下。穿山,太仓市域唯一一座山,曾是明清时期的旅游胜地,文人墨客纷纷前来寻访,留下许多墨宝。学校充分挖掘"崇文明礼"的穿山文化精神,以"弘扬穿山文化,培育时代新人"作为办学特色,创办"玄恭缘"农村少年宫,相继建立了恒轩书画社、新苗文学社、红舞鞋艺术团、紫藤诗社等20多个社团,为开发学生潜能、发展学生个性特长创造条件。学校积极探索"多元融合,实践育人"的体系,促进学生德、智、体、美、劳全面发展,做到"五育"并举,文礼兼修,有效落实立德树人的育人目标。

三、办学成就

截至2021年12月,学校占地面积27044.23平方米;现设3轨18个班级,学生707人;现有教职工67人,其中在编教师46人,局聘代课教师1人。学校秉承"慎微笃行"的校训,高扬"勤学守纪,文明活泼"的校风、"严谨、严肃、严格"的教风和"勤学、勤思、勤练"的学风,引导教师学习,保持心态宽容,不乏进取,以平和心态坚守平凡岗位,以平实工作创设平静校园,引导学生踏实做事,诚实做人,立志在平凡中孕育不平凡。学校在2004年被中国教育学会命名为"课程改革实验基地",先后获"苏州市文明单位""江苏省绿化达标单位""苏州市语言文字规范化达标学校"等荣誉称号。学校培养了许多优秀人才,如曾任复旦大学党委副书记的金兆良、曾任中国体育研究所所长的陆绍中等。

(刘英 文 冯建良、王权 供图)

太仓市璜泾镇鹿河小学

创建时间：1903年
校训/校风：健体、快乐、诚信、合群
学校地址：太仓市璜泾镇鹿河玉影路18号

一、历史沿革

学校始建于清光绪二十九年（1903），系鹿河乡绅、民众在鹿河西街崇福道院的余屋里，集资筹办的一所民办小学堂，由唐聘贤任校长。辛亥革命后，鹿河小学堂搬迁至鹿河中弄街城隍庙，由县教育行政部门直接管理，命名为鹿河初等小学校，属公立性质。1937年10月中旬，日寇在白茆口登陆，学校被迫停课，一停近8年。抗战胜利后，鹿河小学于1945年秋季恢复招生。复校后的校名为鹿河

20世纪六七十年代校舍

20世纪80年代学生早上值日

1989年鹿河小学举办文艺汇演

中心国民小学校,是一所"四、二"两部制的完全小学。1949年4月鹿河解放,5月,太仓县军管委接管学校,学校定名为鹿河中心小学。1969年至1978年,中心校撤销。1978年,恢复鹿河中心小学建制。1979年年初,鹿河中心小学领导班子正式组建。1985年9月10日,我国第一个教师节,县、乡领导来校慰问教师,当场决定迁建鹿河中心小学。1986年4月,土地征用手续办妥,共征用玉影村一组农田10220平方米。1986年4月到1989年2月,共投资70万元,分两期迁建鹿河中心小学。1989年春季开学,鹿河中心小学完成第二次大搬迁,从城隍庙搬迁至鹿河玉影路18号。1992年9月,学校根据发展需要,再次征地5666平方米,投资50万元,建造综合大楼1040平方米，并完善标准化运动场的建设。2007年，鹿河小学的现代化建设工程被列入太仓市政府实事工程，将位于校内的所有陈旧建筑全部拆除，原地翻建教育用房，工程分三期进行，于2009年8月全面完工。

二、学校特色

学校形成了"诗育文化"的办学特色。从2008年起，学校从育诗情画意的环境文化、育诗韵书香的课程文化、育诗趣盎然的活动文化三方面打造学校的办学特色。编印学生原创诗歌50期，共计1000余首；开发校本教材《学写格律诗讲义》《银杏新声》《银杏清声》《古诗新唱》《诵诗承德》《古诗词诵读手册》《学校诗育文化诵读手册（爱国篇）》《学校诗育文化诵读手册（勤学篇）》《学校诗育文化诵读手册（诚信篇）》《学校诗育文化诵读手册（友善篇）》等，正式出版诗歌集《银杏树下》。学生在《娄声》《沧江诗词选集》《太仓日报》《江海诗词》等发表诗歌300余首。《银杏清声》在江苏省中小学优秀校报校刊评选中获得优秀奖。连续四年，诗育文化特色获太仓市教育特色文化建设一等奖。学校先后被评为太仓市诗词教育工作先进集体、江苏省诗教工作先进单位、中华诗教先进单位。

三、办学成就

截至2021年12月，学校占地面积14510平方米，建筑面积6248平方米；现有班级18个，学生701人；现有教职工45人，其中专技教师43人。学校走出了如中山大学博士生导师袁燕秋等优秀学子。学校先后获"全国中小学生（江苏地区）金钥匙科技竞赛先进学校""江苏省健康促进学校""江苏省绿色学校"等荣誉。

（袁志清 文 袁志清 供图）

太仓市港城小学

创建时间：1903 年
校训/校风：同心同德又共奋
学校地址：太仓市浮桥镇平江路 288 号

一、历史沿革

学校的前身为太仓市浮桥中心小学。浮桥乡先贤闵理斋带头集资，于清光绪二十九年（1903）创办浮陆思两等小学堂，并兼任校长。清光绪三十二年（1906），改名为第一初等小学。1928 年，浮桥民国小学改名为太仓县第四小学，小学实行中心小学辅导区制。校长顾陟高多方奔走，筹集资金，在原校小河之西增建一幢二层教育楼，礼堂一个，门房一间，在校园小河建小木桥连接东西新老校园，并在桥上置棚顶。1937 年，学校改名为浮陆思九乡中心小学。1945 年，改名为浮桥

20 世纪 50 年代浮桥小学老校舍

1986年学生毕业合影

1993年2号教学楼奠基

中心国民学校。1978年改革开放后，学校进入健康发展的新时期，教育事业走上正轨。1979年，改名为浮桥中心小学。2014年5月，太仓实施教育均衡发展和城乡一体化战略，学校整体搬迁，并改名为太仓市港城小学。

二、学校特色

学校秉承"质量立校"原则，以"德为先，质为上，勤思考，善实践"为办学理念，注重内涵品质，深化特色发展。自2017年起，学校聚焦课程基地核心理念，运用物型课程理论，打造知识化立体校园，推进"玩学创"泛在学习空间开发与四大课程基地建设。泛在学习空间建设包括：开发数学步道，打造数学学习的主题乐园；建设校园植物园，发挥每一棵植株的育人价值；建设校园墙面科技馆、创意广场、创意长廊、创意大厅等，发挥校园景物的育人价值。开发STEAM课程群落，并建设四大课程基地，其中未来农场课程基地侧重学生科学思维的启蒙，智创机器人实践室指向学生技术思维的培育，德宝玩具实践室涵养学生工程思维，儿童数学实验室指向学生数学核心素养的培育。课程及资源的开发，进一步厘清了育人目标，凝练了育人模式，完善了课程开发，形成了实践路径和评价方式。有5项数学实验学具研发成功，申报国家专利。2019年，由《人民日报》、新华社、中央电视台等十余家主流媒体组成的"壮丽70年·奋斗新时代"大型主题采访组来校调研、采访，苏州电视台、苏州教育等媒体报道学校"玩学创"特色课程的成果。

三、办学成就

截至2021年12月，学校占地面积55854平方米，建筑面积29707平方米；现有班级52个，学生2211人；现有教职工131人。乘着港城发展有利时机，"十二五"期间学校硬件建设实现华丽转身；"十三五"期间，学校以"立德树人"为根本，遵循"顶层设计，项目跟进，课题引领，课堂第一，协同育人"的建设思路，坚定不移走内涵发展、创新发展之路，借教育联盟科研优势与专家资源，依托大项目、高平台，努力打造高品质教育。学校获"全国青少年校园足球特色学校""江苏省中小学课程基地""江苏省基础教育前瞻性教学改革重大项目先行示范校""江苏省健康促进学校"等荣誉称号。学校走出了中国工程院院士龚知本、著名经济学家闵庆全、太仓师范学校原校长顾仲超、第一代计算机专家朱廷一、上海交通大学教授顾建光、美国密歇根大学教授朱强、中国微米纳米领域著名专家朱健、少将闻培德、上海交通大学教授张洁等一批杰出校友。学校秉承"同心同德又共奋"的校训，坚持"德为先，质为上，勤思考，善实践"的办学理念，以"开拓创新，勇于进取"的郑和精神为指引，向着内涵发展、文化立校的目标前进。

（王红艳 文　沈玉芳 供图）

太仓市浮桥镇时思小学

创建时间：1905年
校训/校风：明礼至善，敬学善思
学校地址：太仓市浮桥镇时思管理区永辂路1号

一、历史沿革

学校的前身是时思小学堂，建于清光绪三十一年（1905）春，由举人陆诵芬利用三官堂庙屋创办。清宣统元年（1909）编印《嘉定太镇乡土志》作为教材。辛亥革命后，改名为时思公立初等小学校。民国成立后，先后改名为时思初等小学校、时思国民学校和时思初级小学。1931年，曾招收高小补习生。1940年5月，中共党员于鹤辂在学生中秘密建立了太仓地区第一个由党直接领导的少年儿童革

义井

教学楼

命组织——江南少年抗日先锋队,开展抗日爱国活动。新中国成立后,1950年成为完全小学。1951年年初,改名为时思小学。1954年,撤区并乡,同年8月,建时思中心小学。1958年4月,九曲成立公社,撤销中心校改为辅导点完小,改名为时思小学,属九曲中心校管辖。1966年11月,时思公社成立,复名为太仓县时思中心小学。"文革"期间,先后改名为时思大队五七学校和时思中心小学,从幼儿园到初中部实行教学一贯制。1971年春,中小学分开,1974年,小学迁到时思大队。1979年3月,复名为太仓县时思中心小学。1982年,县教育局拨款建校舍,同年9月,学校搬迁至时思镇北新校舍。1993年,时思乡镇府为改善办学条件建标准化教学楼。1995年4月,学校搬迁到时思镇南现校址。2001年2月,区域调整,时思、老闸、九曲三镇合并建金浪镇,学校遂改名为太仓市金浪镇时思小学。2003年6月,撤销太仓市金浪镇时思小学,并入太仓市金浪中心小学,保留时思办学点,称为太仓市浮桥镇金浪小学时思教学点。2007年8月,学校改名为太仓市浮桥镇时思小学。

二、学校特色

学校是一所具有光荣传统和教育特色的农村小学。1940年5月,在中共党员于鹤辂的倡导下,时思小学在学生中建立江南少年抗日先锋队,进行爱国抗日活动,为时思小学的校史写下光辉一页。20世纪90年代,学校以培养社会主义建设人才为目标,结合农村实际,挖掘乡土德育资源自编乡土德育教材,利用当地德育人才优势和校外德育教育基地,进行爱国主义教育。1993年,学校被评为"苏州市德育先进学校";1999年,学校被评为"江苏省义务教育阶段德育整体改革先进学校"。2010年以后,学校继续秉承于鹤辂精神,争做时代先锋,把打造红色教育特色学校作为学校的一项综合工程，通过不断完善红色课程，打造红色校园文化，传唱红色歌曲，讲述红色故事，开展红色研学等系列活动，将红色教育融合贯穿到学生学习生活的方方面面，红色基因铸就了学校师生坚定牢固的红色灵魂。经过十多年的探索，学生对红色精神和红色传承有了认同感和自豪感，也进一步激发了学生爱党、爱国、爱社会、爱家乡、爱学校的热情，增强了学校的凝聚力和向心力。学校于2012年荣获"苏州市德育先进学校"和"太仓市关心下一代工作先进集体"，2015年获得"苏州市少先队合格学校"，2019年"于鹤辂大队"被授予"江苏省优秀少先队集体"的称号，2021年"五（1）于鹤辂中队"被评为"苏州市英雄中队"。

三、办学成就

截至2021年12月，学校占地面积22021平方米，建筑面积6840平方米；现有班级18个，学生765人；现有教职工60人，其中专任教师45人。学校有两人被评为江苏省劳动模范。学校在普及九年义务教育中各项工作成绩显著，学生的入学率、巩固率、普及率、毕业率一直名列全县各乡镇学校之首。学校获"江苏省科技先进学校""江苏省德育整体改革先进学校"等荣誉称号。教育部原副部长刘锡初曾视察时思小学。第六届全国政协副秘书长孙轶青曾为时思中心小学题写校名和校风。"南京路上好八连"原指导员公举东曾担任时思小学少先队校外辅导员。进入新时代，学校将继续遵循"明礼至善，敬学善思"的校训，弘扬"洁、诚、勤、争"的校风，培养具有风云之志、家国之情、认知之能、健康之心的时代学子。

（钱民健 文　陈麟燕 供图）

太仓市浮桥镇九曲小学

创建时间：1906年
校训/校风：和谐发展，合力前行
学校地址：太仓市浮桥镇九曲育才路6号（九曲校区）
　　　　　太仓市浮桥镇老闸新华路55号（老闸校区）

一、历史沿革

学校有九曲和老闸两个校区。

九曲校区位于太仓市浮桥镇九曲育才路6号。学校创建于清光绪三十二年（1906），次年学校从创办人之一杨祖芳家中迁到九曲镇西南观音堂庙内，取名为九曲初等小学。1945年至1979年期间，校名几经更迭，后定为九曲中心小学，统一管理全乡10所小学。2001年8月28日，学校新校舍建成，搬迁至现址。

老闸校区位于浮桥镇老闸新华路55号。创建于1912年，由三市人龚颂僖创办新学，取名为三老乡第二初等小学，校舍借用老闸镇西市梢城隍庙。1937年至

1985年九曲中心小学五（2）班毕业生合影

1979年九曲中心小学校领导商议学校工作

1999年九曲中心小学教职员工合影

  1949年，校名几经更迭，新中国成立后，正式命名为老闸小学。1987年，迁入老闸村12队的新校舍。1998年8月，与老闸中学合并，改名为老闸学校。2002年8月，老闸学校所属的中学部搬至九曲金浪中学，小学部搬入老闸学校中学部（现址）。

  2003年8月，九曲中心小学、时思中心小学、老闸小学合并为浮桥镇金浪中心小学，负责管理金浪、时思、老闸三所小学及三所幼儿园，形成一校三区、六个办学点的格局。2007年8月，原时思中心小学及三所幼儿园与浮桥镇金浪中心小学拆分，学校变为现有的九曲、老闸两个校区的办学格局。2008年8月，学校改名为太仓市浮桥镇九曲小学。

二、学校特色

学校积极对接太仓城市发展定位,以陶行知教育思想为指导,以"办现代田园校,育幸福乡村娃"为办学目标,优化场馆设施,美化育人环境,打造绿色课堂,构建生态德育,开发"田园STEAM"课程。学校建设"九小生态园""丝路文化馆""美食工作坊"三大特色课程场馆,促进不同学科、不同领域深度整合,开启立体化、跨学科的学习实践模式,培养学生积极向上的思想情感、系统创新的思维方式、解决真实问题的综合能力。意大利马切拉塔农业学校、新加坡德义小学师生先后来校参与学校"田园STEAM"课程实践活动。《太仓日报》《苏州日报》"苏汇点"新闻客户端、江苏教育频道《教育周刊》等媒体先后对学校特色课程进行过专题报道。"田园STEAM"课程已成为九曲小学课程改革的一张亮丽名片,体现了区域教育的优质均衡,促进了育人模式的深入转变,助推着学校师生全面、健康、可持续发展。

三、办学成就

截至2021年12月,学校占地面积35708平方米,建筑面积7645平方米;现有班级26个,学生1055人;现有教职工87人。学校先后获"中国STEM教育2029行动计划种子学校""江苏省体育特色学校""苏州市特色文化课程基地学校"等荣誉称号。

(龚晓峰 文 龚晓峰 供图)

太仓港港口开发区第一小学

创建时间：1904年
校训/校风：尚德、博雅
学校地址：太仓市浮桥镇浏家港飞马西路8号

一、历史沿革

学校的前身为创建于清光绪三十年（1904）的茜泾初等小学堂，地址位于茜泾镇毛家弄内育婴堂和民宅之间，是一所初级小学，创办人李仙楼为首任校长。学校坐西面东，进校门，是一条狭小的过道，迎面有一面照墙，墙上挂着孙中山先生的半身像，学校白墙上方写着"忠、孝、仁、爱、信、义、和、平"8个红色大字。此后，学校又几经波折，1949年4月，太仓解放，人民政府接管学堂，并

20世纪60年代俞娉华校长在使用老式挂机电话

20世纪60年代末俞娉华校长（中）与两位知青薛宜芬（左）和陈明明（右）合影

增设高小班，改名为太仓县茜泾小学，当时在校学生120人，4个班级，教师6人。1956年，学生增加到250人，班级扩展至6个小学班，还附设1个幼儿班，学校将育婴堂的房子改为教室，校名改为茜泾中心小学。1962年，学校扩展到10个小学班和1个幼儿班。1968年，学校撤销，1978年9月又恢复，管辖4所乡校，改名为太仓县茜泾中心小学。1983年，镇政府拨款单独建造中心幼儿园。1984年，镇政府又集资28万元建造新校舍，1985年9月，学校整体搬迁至新校舍。1994年，茜泾镇改名为浏家港镇，学校遂改名为太仓市浏家港镇中心小学。2003年，浏家港镇合并至浮桥镇，设立浏家港管理区，学校改名为太仓市浮桥镇浏家港小学。2008年9月1日，学校整体迁入现代化新校区，并正式定名为太仓港港口开发区第一小学。

二、学校特色

学校确立"以人为本，追求师生共同发展"的办学理念，树立"精彩学生的童年，幸福教师的人生，彰显学校的特色"的办学目标，以"港口文化"为依托，挖掘学校地处郑和七下西洋起锚地这一地域优势，开发特色课程资源，实施"港口情韵教育"，形成学校特色，培养具有开放、融合、创新精神的新港口人。

学校以扎实有效的课堂教学激发

1949年茜泾小学校徽

学生兴趣,以丰富多彩的社团活动提升学生综合素质,为学生提供展示才艺的舞台。从"全科阅读""创造课程""节礼课程"等视角组建大学科课程群,武术、绳毽、机器人、模型制作、沙画、农民画等社团活动让学生在活动中激扬个性。学校积极倡导实现学生成长的"四个一":参加一个团队,发展一项特长,收获一份自信,形成一种个性。学生的科学、艺术、文学素养不断提高,学校的科艺特色逐渐彰显。苏州教育电视台、《中小学德育》等媒体多次报道学校港口文化特色办学成果。

三、办学成就

截至2021年12月,学校占地面积43948平方米,建筑面积16260平方米;现有班级36个,学生1560人,其中外来务工子弟1270人,占学生总数的81.4%;现有教职工87名,其中县市级及以上骨干教师31名。学校秉承"尚德、博雅"的校训,以"立德树人"为根本,遵循"顶层设计,项目跟进,课题引领,课堂第一,协同育人"的建设思路,坚定不移走内涵发展、创新发展之路,努力打造高品质教育。学校先后获得"江苏省平安校园""江苏省绿色学校""江苏省健康促进学校"等荣誉称号。

(闻丹静 文 姚欣政 供图)

太仓市浮桥镇牌楼小学

创建时间：1903年
校训/校风：立德、启智、尚美
学校地址：太仓市浮桥镇牌楼新港中路82-1号

一、历史沿革

清光绪二十九年（1903），牌楼义熟私塾创立，创办人不详。清光绪三十二年（1906）2月，洪漱亚、朱禹明、沈叔甫三人将义塾改名为牌楼乡第一初级小学堂，学制四年，由洪漱亚担任校长，校址位于牌楼镇西市稍城隍庙。1913年，学校改名为牌楼第一初级小学，钱汉平任校长。1923年，将四年制初级小学改为六年制高等小学。1932年，改名为牌楼乡立第一国民学校，闻庆荣担任校长。1937年至1945年，戴惠英、朱蕙、焦为民、顾苾先、蒋志超先后担任校长。抗战期间，师生为反奴化教育进行了激烈的斗争，常熟游击队为学校印发了抗战教材。1946年6月，学校改名为牌楼中心国民学校。1948年，蒋惕担任校长，青年教师积极投入反蒋斗争，成立地下组织，张贴标语，迎接解放。1949年，学校由太仓县人民政府接管，张念祖担任校长。1950年至1957年，闻祝眉、吴思枢、王锦喜、陈其杰先后担任校长。1958至1965年，学校改名为牌楼小学，属岳王中心小学管辖，校长先后由朱仁林、王炳湖、张耀林、周佳声担任。1966年10月，牌楼成立人民公社，学校改名为牌楼中心小学，俞菊元担任校长。1969年撤销中心校，成立教革组，每个大队设有一所学校，贫下中农管理学校，原中心校的校舍被一拆为二，分属米场和金垫两个大队，学制为五年。1978年秋季，撤销教革组，恢复中心校，校址迁至公路南侧、米场河西岸。1987年秋，学校搬迁至此，投入44万元，在新村西建造新校舍，占地面积13333平方米，建筑面积2100平方米。2003年9月至2008年7月，学校被撤并，成为当时浏家港小学附属牌楼办班点。太仓市教育

20 世纪初学校大门

2009 年学校新教学楼

现代化办公室对牌楼小学实施翻扩建工程,于 2008 年 7 月正式启动。2008 年 9 月,牌楼小学恢复建制,定名为太仓市浮桥镇牌楼小学。2009 年 9 月,新校舍交付使用,新建教学楼 2800 平方米,综合楼 3000 平方米,食堂 900 平方米,建筑面积总计 6700 平方米。

二、学校特色

学校在办学过程中形成了"书法教育"与"足球校园"两大特色。1996 年,成立书法社团,特聘全国硬笔书法名师马永先来校指导教学,学校被评为"中国书法（写字）特色学校""江苏省硬笔书法实验基地"。此外，学校结合校园文化建设，着力打造独具书法特色的校园文化。学校对教学楼中的墙壁、走廊、楼梯间进行合理规划，以书法作品点缀学校的文化长廊；在学校课程设置中纳入书法课，确保每班每周均设置一节书法课，并且安排专职书法教师进行教学，使学校书法教学得到进一步普及。2017年，学校大力推进足球特色项目建设，广泛开展各类校园足球活动；2018年，学校女子足球队获苏州市女足比赛乙组第二名；学校在2021年苏州市全国青少年校园足球工作建设质量管理与考核中获一等奖。

三、办学成就

截至2021年12月，学校占地面积28345平方米，建筑面积8875平方米；现有班级21个，学生868人；现有教职工53人。学校获"江苏省平安校园""江苏省健康促进学校""江苏省三星级档案室"等荣誉称号。学校将遵循"立德、启智、尚美"的校训，弘扬"立德、守纪、求实、创新"的校风，紧跟时代步伐，以坚定的信心和坚实的行动提升学校办学品质。

（王雨薇 文 柳国刚 供图）

太仓市明德小学

创建时间：1913 年
校训/校风：明文德治
学校地址：太仓市浏河镇东海路 200 号

一、历史沿革

1913 年，毕业于上海南洋公学（上海交通大学前身）的吴仲裔和夫人樊复华，利用太仓市浏河镇北市梢废弃的火神庙，筹建明德女子职业补习学校；当年招收女生 28 名，有教员 3 名，吴仲裔担任校长；校名取意于儒家经典《大学》开篇第一句："大学之道，在明明德，在亲民，在止于至善。"1914 年，又增加一个班新生，并附设幼儿园，共 3 个班，110 多名学生，教员 5 名。1915 年，因吴仲裔治校有方，学校校风静穆，学风敦实，办学成绩斐然，被评为"太仓县模范小学"。不久，民国政府推行小学义务教育，学校改名为浏河乡国民女子初等小学。1920 年，吴仲裔委托蒋蓉镜女士接任校长。此后，学校实行男女生兼收，改名为浏河乡初等小学。学校设 4 个班，学生 137 名，教职员 7 名。1924 年秋，江浙军阀在浏河摆开战场，校舍遭到严重破坏。次年，沪商汪明甫捐资于原址重建学校，称"明德堂"，其他办公室、图书室、厨房、休息室等一应俱全，设备完备，在浏河镇属一流，学校改名为

创始人吴仲裔

20 世纪 80 年代学校操场

明德初等小学；聘请蒋宪璇女士主持学校工作，学校有 4 个班，学生 182 名，教职员 8 名。1932 年，日军向上海闸北发动进攻，并逐步侵占浏河地区，位于镇区南边的浏河中心小学变成一片废墟。1937 年，浏河中心小学因遭严重毁坏无力恢复，全部师生并入明德初等小学，明德初等小学改名为浏河中心小学。抗战胜利后，国民政府公布《国民教育实施纲要》，小学实行国民教育，学校改名为浏河国民中心小学，先后由熊熙、金企贤、曹耀缪等任校长。新中国成立后，学校改名为浏河中心小学，校长曹耀缪。1955 年后，由卫华元、范本纲任校长，学校发展到 12 个班，学生近 600 人，教职员工 28 人，附设 2 个幼儿园班级，兼管浏河区内茜泾、新塘、陆渡等乡镇的教学辅导工作。1959 年，顾赞忠任校长，学校有 14 个班，学生 680 人，教职工 28 人。1965 年后，由王克强、李浩然继任校长。"文革"期间，张福德任校长，全校共 13 个班，学生 530 人，教职工 30 人。1984 年，经县人民政府批准，学校改名为太仓县明德学校，有 14 个班，学生 576 人，教职工 37 人。1985 年，学校被批准为县教育局直属小学，学校占地面积 7760 平方米，有教学楼 5 幢；有 19 个班，学生 837 人，教职工 64 人。2001 年 8 月，明德小学与浏河镇中心小学合并，改名为太仓市明德小学，有 54 个班，幼儿园 15 个班。2004 年 12 月，学校被命名为"江苏省实验小学"，成为全市唯一一所地处农村的省级实验小学。

二、学校特色

学校在保障国家课程实施的基础上，关注学生个性发展需求，充分挖掘学校独特的健雄精神和明德文化，积极推进特色课程文化建设，形成了以"健雄精神教育"为主题的校本 4S 课程体系，包括"SKP 国家课程""STE 少年科学院""SLA 少年人文学院""SPH 少年体育学院"四个部分，各类课程从低到高分成寻路课程、登山课程、高峰课程3个层次，40多项多彩课程精彩绽放。近年来，学校在科技教育、体育项目等方面打下了坚实的课程基础，依托健雄少年科学院科技活动基地，与东南大学、高新企业、高中等多家单位合作，在共享、合作、共赢框架下，为明德学子提供高品质的科技课程，致力于培养热爱科学、具有"大我"胸怀和高远理想的健康儿童。

三、办学成就

截至2021年12月，学校占地面积52087平方米，建筑面积20626平方米；现有班级57个，学生2447人；现有教职工175人。学校获"全国青少年校园足球特色学校""全国武术优秀教改单位""江苏省青少年科技教育五星级先进单位"等荣誉。物理学家吴健雄1918年进入由其父亲创办的明德女子学校接受启蒙教育，1923年，吴健雄考入苏州女子师范学校，并一步步走向世界。学校将继续发扬"明文德治"的校训精神，加强"攀高峰"的校风建设，积极秉承"让每个生命都插上理想翅膀"的办学理念，坚持文化引领、课程立校、内涵发展，努力把明德小学办成具有吴健雄精神特质的品牌学校，让每一个孩子全身心享受品质教育。

（张静文 顾旭亮 供图）

太仓市浏河镇新塘小学

创建时间：1903年
校训/校风：真诚致善
学 校 地 址：太仓市浏河镇新塘新谊西路6号

一、历史沿革

学校创建于清光绪二十九年（1903），起初用育婴堂、三官堂作为校舍，校名为新塘初等小学堂。民国成立后，先后改名为新塘乡第一初等小学和第一国民学校。1924年后发展成完小。1937年，日军入侵太仓，学校新建的校舍仅使用了一学期即被日寇付之一炬。1938年，在教师和家长的努力下，教学工作勉强开展，由原校长郑秉珊主持校务工作，借几座民居大厅进行授课，以抵制日伪的奴化教育。下半年，伪县公署教育科筹备复课，以推行奴化教育。学校只在分校（育婴堂）开课，到校学生寥寥。1946年，学校在新塘西市梢重建校舍。1951年年初，改名为太仓县新塘中心小学。1957年，新塘乡撤销，并入茜泾，次年学校改名为太仓县新塘小学，成为辅导点完小。1966年，成立新塘公社，恢复为中心校。"文革"期间，学校分为两部分，下放到新红、新塘大队。

创始人之一李联珪

1990年新塘小学全体教师合影

1991届新塘小学师生合影

1970年下半年，原新塘小学两部分和新塘五七高中合并为新塘五七学校。1999年年底，新塘全镇小学并成1所，规模超过20班，有专任教师近60人，在校学生超过800人。2000年8月，成立新塘学校，为一所九年一贯制的农村学校，分设初中部、小学部和幼儿园。2008年9月，学校改名为太仓市浏河镇新塘小学。2010年，学校启动全面改建工程：新建教学楼、综合楼近5000平方米，对大门、道路、操场、广场、绿化、景观进行整体改建，并全面更新教育教学设施设备，总投入达2000余万元。

二、学校特色

新塘，历史悠久、人文荟萃，素有"书画之乡""绳毽之乡"的美誉。学校结合历史积淀、地域特色和发展定位，携手新塘毽绳厂，积极创新绳毽运动的内容与形式，以培育师生健康体格为基础，努力彰显清雅文化的活力。2011年10月，学校成立新禾联社，由中国楹联学会会员张祖旗老师上课指导。学校将楹联纳入课程、编写楹联校本教材，并开发配套教案。2012年起，学校出版校报《新禾》，开设《联墨飘香》专栏。2017年11月，学校被授予"中国楹联教育基地"。学校绳健特色课程蓬勃发展，2014年，"花样跳绳世界冠军点亮多彩校园"活动走进校园；2016年，跳绳社团荣获"苏州市十佳学生社团"称号；绳健项目连续三年荣获太仓市教育特色项目评比一等奖，在省级、国家级赛事中取得了丰硕的成果。

三、办学成就

截至2021年12月，学校占地面积30830平方米，建筑面积9604平方米；现有班级24个，学生1082人；现有教职员工52人。学校先后被授予"江苏省健康促进学校""江苏省平安校园""江苏省绿色学校"等荣誉称号。学校创始人李联珪于1908年应聘为南洋公学（今上海交通大学）国文科长、国文及修身教授。学校培养了许多优秀学生，其中有江苏省国画院画师郑秉珊、高级规划师陆紫薇、江苏省教育学会书法专业委员会副会长王浩等众多名人。迈入新时代，学校以"真诚致善"校训为引领，以求真崇善、团结进取的精神，继往开来，朝着新的目标拼搏前进，走向新的辉煌。

（陈菊明 文　周剑峰 供图）

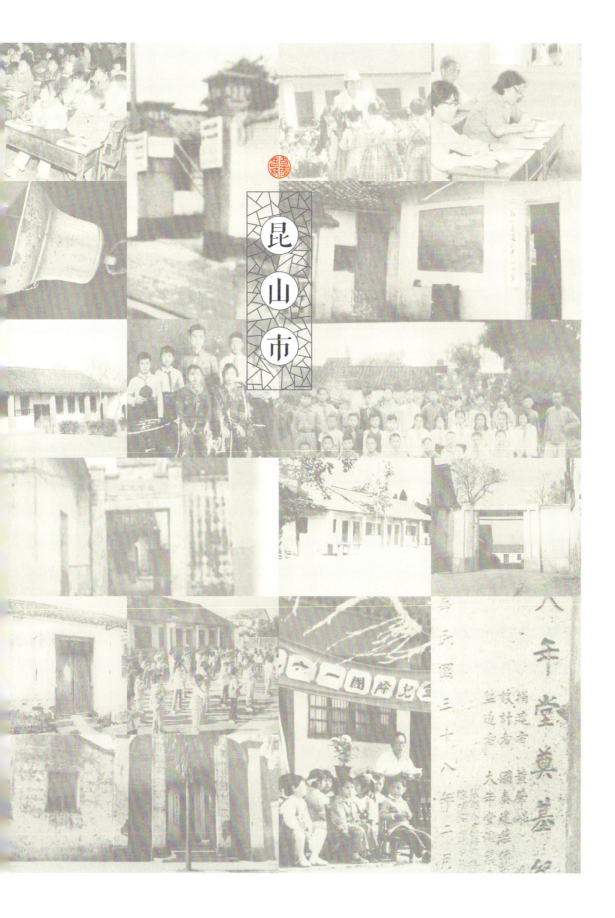

昆山市

昆山经济技术开发区实验小学

创建时间：1907年
校训/校风：笃行求真
学校地址：昆山市玉山镇黄河北路127号

一、历史沿革

清光绪三十三年（1907），昆新劝学所在玉山镇宾曦门外租借民房创办昆山县第一区宾曦初级小学，杜元益任校长；后改造废庙建为教室。1922年，改名为昆山县立第七国民学校。1930年，改名为昆山宾曦初级小学。1949年，改名为昆山东门初级小学。1955年，改名为昆山玉山镇东门初级小学。1958年，改名为昆山玉山镇东门小学。1969年，改名为昆山玉山镇东星小学。1978年，改名为昆山

2015年学校承办国际青少年手球夏令营

玉山镇东门小学。1989年，改名为昆山市玉山镇西河小学，隶属昆山市培本小学。1995年，改名为昆山市长江路小学，地址在昆山市珠江路317号。2000年，被评为江苏省实验小学。2001年，改名为昆山经济技术开发区实验小学。2012年8月，学校迁至黄河北路127号。

二、学校特色

学校的办学特色，以手球教育最为鲜明。学校不断探索手球融入课堂之路，创建手球校本课程，提升手球运动普及率。2006年，学校组建苏州市首支小学生手球队。2010年起，一直蝉联苏州市小学生手球比赛男子组冠军。在苏浙沪、苏浙鲁手球邀请赛中多次获得冠军。2014年，学校手球队获克罗地亚"伊斯特拉杯"世界少年手球锦标赛2000至2002年龄组第三名。2015年秋，学校承办国际青少年手球夏令营。2018年5月，学校承办第五届江浙沪小学生手球锦标赛。学校向苏州体校等上级部门输送30多名手球运动员。学校组建游泳队后，一直蝉联昆山市教育局、苏州市体育局联合组织的中小学游泳比赛团体冠军。

三、办学成就

截至2021年12月，学校占地面积26082平方米，建筑面积20158平方米；现有教学班37个，学生1874人；现有教职工114人，其中专技教师111人。学校获得"江苏省实验小学""全国体育传统项目（手球）学校""江苏省现代教育技术示范学校""江苏省青少年科技四星级学校"等荣誉称号。学校将继续秉承"笃行求真"的校训，张扬"自信创新，尊重赏识"的校风，弘扬"爱满天下，知行合一"的教风，播扬"尚品乐学，善思笃行"的学风，努力使学校成为一所具有鲜明办学特色、显著办学效果的人民满意的知名学校。

（陈银荣 文 朱国明 供图）

昆山开发区晨曦小学

创建时间：1913 年
校训 / 校风：团结、勤奋、务实、创新
学校地址：昆山市经济技术开发区兵希太湖路 166 号

一、历史沿革

1913 年，蓬阆镇人林有能创办蓬阆乡第四初级国民学校，自任校长。1937 年 12 月，学校停办。1938 年年初，张国祥在狐仙堂办私塾，招收第四国民学校学生入塾读书，两年后停课。1946 年，学校复学，并改名为兵墟保国民小学。1950 年 2 月，改名为丁许村小学。1952 年 2 月，改名为丁许村中心小学校。1956 年 8 月，改名为兵希中心小学校。1958 年，改名为兵东小学。1962 年 3 月，改名为兵希中

20 世纪 70 年代师生六一儿童节合影

20 世纪 80 年代师生合影

心校。1996 年 8 月，兵希镇其他小学全部并入中心校。2003 年 10 月，学校迁至太湖路 166 号新校区，并改名为昆山开发区晨曦小学。

二、学校特色

学校坚持"以球促德，以球增智，以球健体，以球审美"传统，培植和发掘学校手球特色资源，培养学生的手球精神，丰富学校手球文化，开发学生身体运动智能，形成学校自身的办学特色与独特的教学环境。2010 年，学校成立手球队。2011 年 11 月，学校被苏州市体育局命名为"苏州市手球学校"，后被命名为"全国青少年手球运动传统学校"。2012 年 12 月，学校的昆山市威临壮青少年体育俱乐部被命名为"江苏省青少年奥林匹克体育俱乐部"。2013 年，学校被苏州市体育局命名为"苏州市青少年体育工作先进集体"。2014 年，学校被授予"苏州市青少年阳光体育联赛最佳手球学校"。2019 年，两次在全国比赛中获得三冠两季的最佳成绩。2020 年、2021 年，学校分别获苏州市手球比赛第一名、第二名。

三、办学成就

截至 2021 年 12 月，学校占地面积 39935 平方米，建筑面积 19724 平方米；现有班级 61 个，学生 3176 人；现有教职工 220 人，其中专技教师 164 人。学校获得"江苏省绿色学校""苏州市教育现代化学校""苏州市体育特色项目学校"等荣誉称号。学校将继续以"为每一个孩子的全面发展与终身发展奠基"为办学理念，以"日新晨曦"为学校文化主题，召唤全体师生、家长齐心协力、团结奋斗，让学校每天都有新朝气、新成长、新进步。

（魏丽红 文　盛华 供图）

昆山市蓬朗中心小学校

创建时间：1906年
校训/校风：厚德、博学
学校地址：昆山市经济技术开发区蓬朗天文路388号

一、历史沿革

清光绪三十二年（1906），里人李文才发起，周星伯等人相助，筹集米、猪、茶捐五百余千文，并"请拨福年庵（庙）田80余亩"为常年费用，在蓬阆镇南街金粟庵旧址建校舍14楹，创办蓬溪公立两等小学堂，李坤任校长，学制四年，3个班，学生30余名，教师4名。1912年，改名为蓬阆初等小学校，增设高小补习班。1923年，改名为蓬阆乡第一小学校。1926年，改名为蓬阆中心国民学校。1937年，学校停办。1938年春，复课。1954年，蓬阆一中心、蓬阆二中心合并为蓬阆中心校（设中、低级班）。1966年，改名为昆山县蓬朗中心小学校。2002年8月，建通完小和小连完小改为中心校分部，分部校址在蓬朗街道天文路388号。2003年8月，

1974年沈惟福副校长在开学典礼上讲话

1974年开学典礼

1984年至2005年蓬朗中心小学

蓬朗中心小学校本部也迁至蓬朗街道天文路388号，开设三至六年级。中心小学校原校址开设一至二年级。2005年至2006年学校扩建。

二、学校特色

学校形成以天文科普为龙头的特色教育。1988年，学校建成全国第一所农村天文台——幼鹿天文台。1989年，幼鹿天文台获得国际流星组织颁发的国内第二个国际永久编号IMO30003。2006年，学校天文台随着学校搬迁易址。2012年，被昆山市政府命名为"祖冲之天文台"；是年，国际永久编号为179593的小行星被命名为"蓬朗小学星"。学校与中科院南京紫金山天文台联合，在日月食观测、彗星观测、小行星及人造天体监测活动中取得一大批重要图文资料，流星雨观测数据多次被国际流星组织和国内天文台所采用，多次观测成果获全国成果评比一等奖。《基地·网络·细胞——论天文科普教育的新模式》等十多篇论文在省市级评比中获奖，或在省级杂志上发表；部分论文在海峡两岸天文教育研讨会上交流。学校多次承办省、市级科技竞赛，两次获得"江苏省青少年科技活动五星先进集体"。

三、办学成就

截至 2021 年 12 月，学校占地面积 33270 平方米，建筑面积 12900 平方米，绿化面积 12310 平方米，运动场地面积 10408 平方米；现有班级 39 个，学生 1869 人；现有教职工 142 人，其中专任教师 111 人。学校立足农村，勇于创新，探索适应新时期的办学之路，深化学校管理改革和教育改革，全面提高教育质量。1986 年 9 月，被国家教委授予"全国教育系统先进集体"称号。1986 年开始，7 次被评为"江苏省文明单位"。1993 年，被江苏省教委命名为"江苏省首批模范小学"。1998 年，创建为江苏省实验小学。学校获得"全国青少年科技活动先进集体""全国红旗大队""江苏省群众体育先进集体""江苏省教育科研先进集体"等荣誉称号。学校涌现出全国教育系统劳动模范 1 人，全国优秀教师 3 名，全国优秀青少年科技辅导员 1 名，以及省级劳动模范、特级教师、优秀教育工作者 8 人，培养中国少年科学院小院士 3 人，苏州市市长奖提名奖 1 人。学校遵循"厚德、博学"的校训，弘扬"团结、立业、务实、创新"的校风，践行"严谨、谦虚、爱生、创造"的教风，树立"爱国、勤奋、合作、创造"的学风，把握时代发展脉搏，以办学实践丰富育人之道，不断提升学校的办学品质，办好人民满意的教育。

（熊卫珍、顾天霞、曹遴凌 文　曹遴凌 供图）

昆山市玉山镇第一中心小学

创建时间：1915 年
校训 / 校风：求真创新
学校地址：昆山市玉山镇南街 108 号

一、历史沿革

1915 年，昆山县公署学务课王颂文、王景虞和潘鸣凤等接受江苏省教育会张謇、黄炎培建议，在县文庙东之南街积谷仓创办昆山县立乙种商业学校，赵儒章任校长，有教职员 4 人，学生 30 余人，校舍占地面积约 3333 平方米，有房屋 20 余间。1919 年，学校在西寺弄开办商业补习学校，有教职员工 3 人，招收 35 名高年级学生。1924 年，学校改名为昆山县立商业学校。1925 年，学校改高小

20 世纪 40 年代校门

20 世纪 50 年代教师合影

20 世纪 60 年代校园

三年为两年，应升入商科的三年级学生在学校附设初中班学习一年后转入昆山县立中学。1926年，学校改名为昆山县立第二高等小学校。1927年，改名为昆山县立近民中心小学。1929年，学校成为昆山学生数最多的高等小学校。1937年，学校被日军侵占，一度停课。复课后，先后改名为昆山县立模范小学、昆山县立学宫小学。1943年，复名为昆山县立近民中心小学。1949年5月下旬，改名为昆山县城区第三中心小学校。1955年2月，学校被定为县重点小学。1956年，改名为昆山县玉山镇第一中心小学。1958年，学校先后改名为马鞍山公社第一中心小学校、玉山人民公社第一中心小学校。1965年，复名为昆山县玉山镇第一中心小学校。1966年夏天起，先后改名为正阳学校、玉山大队第二学校。1972年，复名为昆山县玉山镇第一中心小学校。1978年8月，恢复中心校，学校下辖司徒街小学、小西门小学、集街小学和一中心幼儿园。1996年，集街小学撤销，成为学校分校。

二、学校特色

学校以艺术教育为特色，确立"以美冶德，以艺养性"的艺术教育理念，努力培养"全面+特长"的雅真少年，让每一位学生至少掌握1—2项艺术技能。1991年，学校恢复昆曲教学，成立昆山市首个"小昆班"，开创学校传承昆曲、复兴昆曲运动的先河。1992年，以语文课本《猎人海力布》改编的昆剧《海力布》在全国、江苏省儿童戏剧创作演出中连获大奖，并赴中南海演出。昆剧《牡丹亭·游园》《长生殿·小宴》《春香闹学》《十五贯》《西厢记》《扈家庄》等多个剧目获全国金奖，十多位小演员获中国戏剧家协会颁发的"小梅花金奖"。学校"小昆班"被江苏省文化厅命名为首批特色团队，多次随昆山市政府代表团赴日本、韩国和澳大利亚进行文化交流，中央电视台等10多家媒体播放"小昆班"演出的节目并做专题介绍。学生的舞蹈、戏曲、器乐、合唱等节目在省、市级评比中多次获奖。

三、办学成就

截至2021年12月，学校占地面积10996平方米，建筑面积7839平方米；现有班级33个，学生1731人；现有教职工94人，其中专技教师93人。学校获"江苏省实验小学""江苏省艺术教育特色学校""江苏省体育教育特色学校""江苏省实施素质教育先进学校""雏鹰行动全国红旗大队"等荣誉称号。庠序百年，杏坛留青，薪火相传，代有英才。学校培养的学生中有著名音乐家丁善德、中科院院士周同庆、计算机博士王安、联合国前副秘书长金永健、治水专家徐水根少将、著名版画家陆放、著名昆曲艺术家李鸿良、国家一级演奏家王建中、全国优秀教育工作者于洁等。学校师生坚守先贤传统，传承前辈精神，求真美雅创新，为把学校办成社会认可、家长放心、学生满意的新型学校而不懈努力。

（陈伯华 文　张文华 供图）

昆山市培本实验小学

创建时间：1905 年
校训 / 校风：大家培小，立本生道
学校地址：昆山市北后街下塘 40 号（东校区）
　　　　　昆山市震川西路 1000 号（西校区）

一、历史沿革

清光绪三十一年（1905），同盟会会员徐梦鹰在北栅湾一民舍（清朱柏庐玉山书院旧址）创办培本女校，有 1 个班，20 余名学生。1912 年，徐祖芬校长将学校改名为昆新县立女子高等小学堂，有 6 个班，学生 140 人。1920 年，学校附设蒙养园（即幼稚园），有 1 个班，幼儿 20 人，为昆山第一所学前教育园校。1929 年，学校改名为昆山县立培本小学校。昆山县县长方还为学校题碑："昆山县培本小学校"，石碑至今仍在学校。1949 年，学校改名昆山县玉山镇第二中心小学。1960 年，迁至集街小学。1968 年，改名为昆山县玉山镇新昆小学。1973 年，复名为昆山县玉山镇第二中心小学。1993 年，改名为昆山培本小学校。2000 年，学校成为江苏省实验小学。2002 年，改名为昆山市培本实验小学。2012 年，学校分为两区，东校区在北后街下塘 40 号，西校区

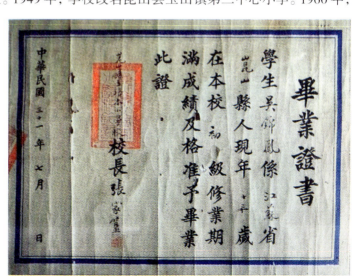

1942 年毕业证书

20世纪30年代校舍

创始校长徐梦鹰雕塑

方还题词"昆山县培本小学校"校名碑

在震川西路1000号,两个校区共有36个班级,1782名学生。2021年4月,组建培本实验小学教育集团,集团由昆山市高新区同心小学、司徒街小学、吴淞江学校(小学部)组成。

二、学校特色

学校在办学中秉承"培树人才教育为本"的办学理念,确立"大家培小,立本生道"的校训,逐步形成"本道"校园文化,践行"让每一个生命蓬勃生长"的培本使命,铸就学校的繁荣与发展。学校进行新书院育人模式的创新实践,逐步形成既有学校自身特色,又能普适推广的"本道"经验。学校推进"本道教育",着眼于回归儿童本位,探寻发展之道,为培养"具有家国情怀、本真灵动和国际视野的未来公民"而努力奋斗。学校以体育为办学特色,全面推进素质教育,积极开展阳光体育活动。学校还创办四、五、六年级三个体育班,坚持训练,为上一级单位培养输送了一大批体育人才。2019年,学校"基于儿童立场的本道课程的构建与实施的研究"入选江苏省基础教育内涵建设项目中的小学特色文化建设工程项目。2021年,学校申报的"新书院:一所百年小学育人模式创新的'本道经验"获得江苏省基础教育类教学成果一等奖。学校出版新书院系列育人实践成果《新书院本道课程七向探索》等14本专著；2021年，《人民教育》第15—16期专题刊发新书院育人成果，《中国教育报》《新华日报》《江苏教育研究》报道学校"本道经验"。

三、办学成就

截至2021年12月，学校占地面积61013平方米，建筑面积59547平方米，有计算机网络教室、科学实验室等专用教室52个，有300米标准跑道和面积1800平方米的体育馆；现有有班级93个，学生4734人；现有教职工237人，其中专任教师234人。学校获得"全国优秀体育传统项目学校""全国群众体育先进集体""全国少先队优秀集体""全国青少年校园足球特色学校""江苏省文明校园"等荣誉称号。学校培养的学生中有抗日名将徐祖贻、联合国前副秘书长金永健、华东师范大学博导邵瑞珍、中共中央党校博导周锡荣、表演艺术家游本昌、亚运会举重冠军施文、蝉联两届全运会柔道冠军徐志明、世青赛举重冠军黄文文等杰出校友。

（王燕文　金彬　供图）

昆山市玉山镇司徒街小学

创建时间：1913年
校训/校风：好习惯造就好未来
学校地址：昆山市玉山镇司徒街下塘64号

一、历史沿革

1913年，徐淑英在司徒街下塘创办迎熏小学，为第一任校长。1913至1938年，择司徒街下塘64号为校址，创立第五中心小学。1946年，教育秩序恢复正常，采取"管、教、养、卫"合一教育，郎文琪任校长，教员8人。1949年，改名为玉山镇第五中心小学，并管辖两所完小校和一所初小校，校长先后由葛寿元、陈汝骥、徐振华担任。1950年，学校开展土改教育，组织师生投入土地改革运动，同年冬，又投入抗美援朝、保家卫国运动。1953年，学校采用全国通用课本，逐步建立和健全学校规章制度。是年，学习"五段教学法"和"五级记分法"，废百分制。1958年，以"勤工俭学"为中心，边教学边带领学生投入支工、支农活动。1960年，学校加强"双基"教学，教学秩序逐渐正常。1965年，学校组织"农村社会

20世纪90年代校园

20世纪60年代校园

20世纪80年代学校举行体育活动

主义教育运动"的学习,加强学生思想品德教育。1966年,改名为玉山镇五星小学,由五星大队贫下中农代表进驻学校直接管理。1976年,改名为玉山镇司徒街小学。1988年至1995年7月,学校属昆山县玉山镇一中心小学管理。1995年8月,学校升格为独立建制中心小学,有附属幼儿园一所,曾管辖共青完小校。2012年,昆山市调整教育布局,优化教育资源,昆山市玉山镇司徒街小学实施完小校分离。

二、学校特色

学校以游泳课程为办学特色。2017年,学校被命名为"江苏省体育传统项目学校""昆山市游泳训练基地"。2018年,与昆山市少体校、昆山体育发展中心联合成立司徒街小学水球队、水中健身操队。学校向上级体校输送游泳特长生26名,校游泳队在苏州市中小学游泳锦标赛中四次获得团体第一。学校水球队在2018年第一届全国中小学业余水球比赛获得U12混合第2名、U15女子第3名、U15男子第4名,在2019年全国第二届青年运动会获得女子第5名、男子第6名。学校水中健身操队在第十一届全国水中健身操比赛中获小学组集体哑铃操第1名。

三、办学成就

截至2021年12月,学校占地面积8088平方米,建筑面积7837平方米;小学部现有班级28个,学生1412人,教职工73人,其中专技教师68人;附属幼儿园现有班级10个,学生369人,教职员工20人。学校获得"苏州市文明单位"等荣誉称号。学校坚持"面向全体,全面发展"这一素质教育的宗旨,继续遵循"好习惯造就好未来"的校训,弘扬"和谐、创新"的校风、"博爱、赏识"的教风和"勤勉、探知"的学风,为学生营造温馨和谐的学习和生活环境,努力提高教师综合素质,不断提升学校办学品质。

(吴永霞 文　陈佩华 供图)

昆山高新区西塘实验小学

创建时间：1905年
校训/校风：和而不同，美美与共
学校地址：昆山市玉山镇虹祺路2288号

一、历史沿革

清光绪三十一年（1905），昆山朱氏族人以朱家故宅的义仓（现西塘街柏庐高级中学位置）创办昆山小学堂，昆山公共图书馆创始人王颂文任学校主事，学校有两个教室和学生操场，开设修身、读经讲经、中国文学、算术、体操等科，另有选修课图画和手工课。1912年，学校改名为玉山市第一国民学校。1929年，改名为昆山县玉山镇西塘小学校。1937年，日军占领学校所在义仓，师生星散，一度停课。1940年，学校遭火灾损毁，借上塘街（今亭林路半山桥北）民房办学。1945年，回原址复课。1949年5月，改名为昆山县玉山镇第四中心小学。1956年，改名为昆山县玉山镇西塘街小学，隶属昆山县玉山镇第二中心小学（今昆山市培本实验小学）。1995年，学校恢复单独建制。2013年，启用城西虹祺路2288号新校区，并改名为昆山高新区西塘实验小学，实行一校两区管理。2016年，撤并西塘街老校区。2020年12月，作为核心校，与昆山市玉山镇振华实验小学、昆山高新区玉湖小学成立昆山高新区西

1966年学校乒乓球队合影

1981年西塘街小学五（2）班毕业生合影

庆祝六一儿童节

塘实验小学教育集团。

二、办学特色

学校从百年历史传承中提炼办学思想和文化主张，以培养学生核心素养为目标，实施"3+1"健康品格提升工程，"大健康"工作格局渐入佳境，"协同为和，深耕为美"的和美课堂模式逐步成形，"人文之美""思维之美""健康之美""艺术之美""实践之美"的和美课程框架体系构建完成。学校被命名为"全国书法教育示范学校""江苏省中小学书法特色学校""江苏省健康促进学校""苏州市特色体育项目学校""苏州市艺术教育特色学校"等。"尚法西塘"法治文化课程被列为苏州市小学特色文化建设项目。

三、办学成就

截至 2021 年 12 月,学校占地面积 32371 平方米,建筑面积 29146 平方米;现有班级 52 个,学生 2601 人;现有教职工 134 人。学校已转型发展为一所社会认可度较高的优质学校,在昆山市教育综合考评中连续获评优秀 A 等前六名。学校获"江苏省文明校园""江苏省智慧校园""苏州市文明校园""苏州市语言文字规范化示范学校"等荣誉称号。

(徐卫国 文 徐卫国 供图)

昆山市花桥徐公桥小学

创建时间：1910年
校训/校风：立德修身
学校地址：昆山市花桥镇光明路80号

一、历史沿革

清宣统二年（1910），蒋仲钧在徐公桥利用河东宅基私房创办徐公桥初级小学校。1943年，蔡延干、李春禄、吴道南等人，在徐公桥东侧徐公桥乡村改进会旧址创办私立震川初级中学，学制三年，樊翔任校长，蔡淳为教导主任。1947年，学校改名为公立震川中学分部（总部在安亭），7个班，285名学生，教职员工26人。中华人民共和国成立初期，震川中学由嘉定县教育局接管，徐公桥分部移交昆山县，分设徐公桥小学（完小校）和徐公桥初级中学（俗称"戴帽子中学"），两校在一个校区。"文革"结束前统一由花桥教革组管理。1976年"文革"结束后，徐公桥小学归花桥中心校管理，徐公桥中学由花桥中学管理。2015年8月，花桥镇徐公桥

大年堂奠基纪念碑

大年堂

小学归属花桥国际商务城花溪小学管辖。2018年8月,花桥镇徐公桥小学恢复独立建制,改名为昆山市花桥徐公桥小学。

二、学校特色

学校本着"为每一位学生的全面发展和终身发展奠基"的教育理念,坚持推进素质教育,积极倡导学生全面发展的办学理念,努力打造德育为先、科技创优的办学特色。学校以大年堂(省级文物保护单位)新时代文明实践基地为主阵地,挖掘丰富的德育资源,开展形式多样的党史学习教育。重视科技创新,通过昆山市科技周、中小学生航空航模比赛、科技创新大赛,普及科学知识,培养动手能力。2021年,学校成功承办昆山市红色文化主题科技模型比赛分站赛。

三、办学成就

截至2021年12月,学校占地面积38062平方米,建筑面积11953平方米,体育运动场面积6974平方米,绿化面积11135平方米;现有班级42个,学生2182人;现有教职工134人。学校以"立德修身"为校训,以培养德才兼备人才为宗旨,坚持以"立德"为教育之本,努力营造"求真、求是、守信、踏实"的校风。学校获得"江苏省智慧校园示范校""苏州市语言文字工作规范化达标学校""首批民族团结进步创建示范单位"等荣誉称号。

(唐玉婷 文 冯建青 供图)

昆山市张浦中心小学

创建时间：1905年
校训/校风：博学、健体
学校地址：昆山市张浦镇商鞅路688号

一、历史沿革

清光绪三十一年（1905）春，张浦乡乡董戴其瀚在张浦镇侯家浜广泽堂创办昆邑培基初等小学堂（公立），任首任堂长。1912至1924年，学校先后改名为张浦初等小学、张浦国民学校。1937年10月，日军霸占学校作营房，学校停课；翌年8月复课，半年后再次停课。1939年，学校迁至许家祠堂上课。1941年，迁至镇民陈迪生家中。1942年，学校正式复课。1946年春，开设幼稚班。1948年，

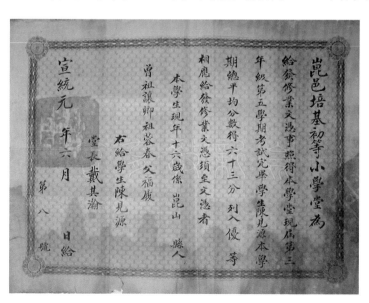

清宣统元年（1909）毕业证书

1925年校貌

20世纪50年代校门

张浦初级小学校改名为张浦国民中心小学校。1949年10月，学校设在后家浜5号。1951年，改名为昆山县张浦中心小学校。1958年，改名为张浦人民公社张浦中心校。1968年，改名为张浦小学。1969年，改名为张浦人民公社张浦五七小学。1979年8月，改名为张浦中心小学校。1989年，改名为昆山市张浦中心小学，联办初中划归张浦中学管辖。2008年9月，学校迁至商鞅路688号新校区。

二、学校特色

学校本着"为学生全面发展、终身发展奠定坚实基础"的办学理念，遵循"博学、健体"的校训，弘扬"文明、守纪、团结、奋进"的校风、"严谨、热情、求实、创新"的教风和"勤奋、好学、活泼、向上"的学风，不断提升办学品质。在办学中形成写字和柔道特色，开发校本课程，引导学生"读好书，写正字，做真人"。

学校成为"中国书法（写字）特色学校""江苏省硬笔书法实验基地"。2013年全校有335名学生获得江苏省硬笔书法3至7级书法水平考级证书。2015年，学校获得"中国书法教育实验学校"称号。

三、办学成就

截至2021年12月，学校占地面积40008平方米，建筑面积15322平方米，绿化面积14400平方米，有300米环形跑道、100米直跑道、塑胶排球场、篮球场和室内体育馆；现有班级50个，学生2400余人；现有教职工190人，其中专技教师127人。学校获得"江苏省绿色学校""江苏省平安校园""江苏省教育技术装备先进学校"等荣誉。"十二五"时期，学校柔道健儿参加苏州市小学生柔道竞技比赛获奖154人次，获团体冠军1次、亚军2次。

（徐雪泉 文　何琼 供图）

昆山市大市中心小学

创建时间：1906年
校训/校风：仁朴明德，健体强能
学校地址：昆山市张浦镇大市学新路88号

一、历史沿革

学校的前身是清光绪三十二年（1906）创办的大慈初等小学堂，地址在大市镇西首，原西云寺内，是一所公立初等小学，初创时有2个初班级，学童40余人，教员2人，首任校长朱鹤章，以后由戴洁恩、顾明玉、钱悌、戴念修、王丁、顾原培、任士英等人继任。1916年，改名为大慈国民小学校。1937年，时任校长钱悌以教师身份作掩护，从事地下抗日救亡活动。1946年前，校长为顾原培，后由任士英担任（至1955年离任）。1912年—1949年，历年均设两个班级，学生20—50

1987年校舍

人，教员1—4人。1949年5月大市解放，大慈国民小学得以新生，1950年被命名为大慈完小校，建立正常的教育教学秩序，在上级主管部门支持下，将西云寺庙宇改建新校舍，班级扩至3个，教员4人，学生70余人。1949年5月至1962年，归属张浦辅导区；1962年大慈人民公社成立，大慈完小校改名为大慈中心校；1966年改名为大市中心校。1966年"文革"开始后，改名为大市大新小学，设立教革组，并附设二年制初中班。1979年撤销教革组，大新小学又恢复为大市中心小学。1987年，学校有8个班级，学生300余人，学校占地面积7347平方米，建筑面积1893平方米，另有一个校办印刷厂。1998年，新建一幢教学楼，面积达1298平方米，并填河浜，扩大操场面积。2015年秋，大市中心校易地新建，迁至大市街道学新路88号。

1998年学生足球比赛

二、学校特色

学校以中华民族优秀传统"仁"文化为核心，作为学生人生启蒙的必修课程。科技教育是学校特色，学校积极开展科技兴趣小组活动，培养学生科技创新精神和动手实践能力。2005年以来，在江苏省青少年电子技师现场创新比赛、苏州市电子技师比赛、昆山市科技实践操作比赛和航模比赛中，获得团体特等奖、团体一等奖、个人特等奖、个人一等奖等佳绩。

三、办学成就

截至2021年12月，学校占地面积39335平方米，建筑面积20464平方米；现有37个班级，学生1682人；现有专任教师94人。学校严谨治校，科学管理，厚实内涵，强化特色，取得了长足发展和令人瞩目的成绩。1999年，通过苏州市教育现代化达标验收。2002年，通过江苏省基本教育现代化学校达标验收。2004年，通过苏州市教育信息化实验学校与苏州市常规管理先进学校的验收。2007年，通过苏州市教育现代化学校的达标验收。学校获得"昆山市文明单位"等荣誉称号。

（倪桂荣 文　姚桂芳 供图）

昆山市张浦震阳实验学校

创建时间：1906年
校训/校风：和合向上
学校地址：昆山市张浦镇圣陶路600号

一、历史沿革

清光绪三十二年（1906），甪直绅士朱气养在甪直东市下塘街塔弄内（东邻今南港村和姚家浜自然村）创办昆山县甪直小学，俗称塔前小学。1915年，学校改名为甪直昆境区区立第一国民学校（当时甪直分为昆境区和吴境区两部分）。

20世纪初塔前小学校貌

1987年9月迁入的南港新南路28号新校区

上海商务印书馆编审沈秉兼为学校谱写校歌。1949年5月，改名为昆山县甪直中心小学。1952年9月，昆山县甪直中心小学划归吴县，其南港学校部分划归张浦中心校。1954年，南港学校划归茜墩中心小学统辖。1956年，南港学校划归淀西中心校统辖。是年9月，创办南港乡姚家浜中心小学。1958年秋，南港学校划归张浦公社管辖。1962年3月，姚家浜中心校改名为南港中心校。1968年6月，南港中心校改名为星光小学，并附设初中一个班。1979年，复名为南港中心校。是年9月，迁至姚家浜村东大桥南处新校区。1983年9月，学校附设幼儿园。1987年9月，迁至南港镇新南路28号新校区。2000年9月，学校归属昆山市张浦镇管理。2006年9月，学校迁至望江路173号（原南港中学）。2008年秋，附设中心幼儿园迁至新光路1号新园。2020年4月，学校改名为昆山市张浦震阳实验学校，并改制为九年一贯制，附设中心幼儿园改为独立建制。2020年11月至2021年1月，迁至张浦镇圣陶路600号新校区。

二、学校特色

学校推进特色课程建设，形成特色田园、经典阅读、校园莲湘、葫芦丝和书法等特色课程。学校秉持"每一缕都更亮，每一粒都向上"的办学宗旨，遵循"和合向上"校训，努力培养"有梦想、会学习，亲乡土、会生活，爱科学、会探究，能生存、会合作"的南港学子，向着"无界田园，耕读相长；和合震阳，九年一生"的办学愿景前进，努力构建师生喜爱、社会认同的乡村精品特色学校。

三、办学成就

截至 2021 年 12 月,学校占地面积 4.438 万平方米,建筑面积 2.36 万平方米;现有 24 个班级,学生 1082 人;现有教职工 108,其中正高级教师 1 人。学校获得"江苏省绿色学校""苏州市教育现代化学校"等荣誉称号。全国优秀教师、"感动中国"候选人、"全国关心下一代工作先进工作者"周火生老师 1953 年至 1961 年曾在学校工作。

(沙夕岗 文 王彩云 供图)

昆山市周庄中心小学

创建时间：1905 年
校训 / 校风：求真求美，博学博爱
学校地址：昆山市周庄镇淀南路 269 号

一、历史沿革

戊戌变法后，清政府废科举，兴学堂。清末举人陶惟坻应时而起，与其堂兄陶顺甫及里人沈仲眉、沈咏韶、张秩侯、柳已仲等人募集钱款，征用寺庵，于清光绪三十一年（1905），在南湖之滨创办元江两等小学堂。清光绪三十四年（1908），陶惟坻又在南栅创办贞丰女子两等小学堂，后与元江两等小学堂合并为公立贞丰两等小学堂。1912 年，"学堂"名称一律改为学校，公立贞丰两等小学堂改名为周庄乡立两等小学校。1916 年，学校初级部改为国民学校，改名为周庄乡区立高等小学校附设国民学校。1917 年，学校高级部收归县立，改名为吴县县立第八高等小学校。1923 年，初级、高级小学合并，改名为吴县公立第三小学。1927 年，改名为吴县公立周庄小学校。1937 年，学校被日军侵占。1941 年，近百名学生返回原校址上课，学校改名为镇南小学，后日军又驻屯学

创始人陶惟坻

20世纪20年代校长费公直为学生颁奖

1980年教职工合影

校,镇南小学被迫停办。1943年,学校复回原址上课,校名仍沿用吴县周庄小学校。1945年,周庄镇改名叶楚伧镇,学校改名为吴县楚伧镇中心国民学校。1948年,学校复名为吴县周庄镇中心国民学校。1952年,周庄镇划归昆山县,学校改名为昆山县周庄中心小学校。1958年,改名为周庄人民公社中心小学校。1966年,"文革"开始,学校停课,直到1967年5月才复课。1969年,周庄中学并入小学,学校改名为周庄红旗学校。1971年,周庄中学划出复归原址,学校恢复原校名周庄人民公社中心小学校。1980年,恢复原校名昆山县周庄中心小学校。1990年,在全福路上易地新建校舍,改名为昆山市周庄中心小学校。2000年,在淀南路上易地新建新校区。2001年,龙亭、双庙、高勇、云南四所乡村小学撤并至淀南路的昆山市周庄中心小学。

二、学校特色

学校挖掘本土文化资源，进行课程改革实践，构建"本土文化育人"的学校特色，开设"水乡文化教育"校本课程，在实践活动中加强学生品德修养，增长学生知识见闻，提升学生综合素养，培养学生健全优秀的人格。20世纪90年代，学校成立红领巾小导游兴趣小组，在社会实践中展现水乡娃的能力和风采。2015年，学校建造陶艺文化馆，开展陶艺教学，成立水乡娃陶艺社团，在各类各级比赛中有70多人次获奖，成为学校的特色社团。2020年，学校成功创建为"苏州市艺术特色学校"，在水乡少年宫的基础上，成立了柔力球、花样跳绳、国画、版画、合唱、昆曲、舞蹈、科技、航模、建模等20多个社团，践行素质教育理念，培养学生的核心素养。

古镇南湖边尚存的冯宅老校舍

三、办学成就

截至2021年12月，学校占地43333平方米，建筑面积15000平方米；现有班级28个，学生1385人；现有教职工98人。学校获得"江苏省智慧校园示范学校""江苏省绿化标准达标单位"等荣誉称号。学校培养的学生中有冶金高级工程师陈知平、航天航空部专家徐杰、国家一级导演田夫、气象高级工程师阮水根和皇甫雪官、国家二级作家张寄寒等名人。

（顾林芬 文　顾林芬 供图）

昆山市周市华城美地小学

创建时间：1908年
校训/校风：立德立才
学校地址：昆山市周市镇鑫茂路1208号

一、历史沿革

清光绪三十四年（1908），李瀛秀借用陆杨街道河东岸龚姓一间民房创办陆家桥初级小学，有1个班，63名学生，李瀛秀任教师。1912年春，在河西陆杨街道桃李路建校，学校改名为昆山县陆家桥第三国民小学校（俗称洋学堂）。新中国成立以后，在党和人民政府的关怀下，学校成立由7人组成的校委会，并由人民政府支持经费，将学校修缮一新。马鸿伦老师负责复校工作，学校改名为陆桥小学。1962年，改名为陆桥中心小学校。1981年9月，陆桥公社改名为陆杨公社，学校遂改名为陆杨中心小学校。随着社办企业的发展，再加上公社对小学教育事业的重视，教室得以扩建，并创办了中心校附属幼儿园。1986年7月，因学制变革，在校园西部建造三层教学楼一幢。随着教育形势的不断发展和教育现代化的不断提高，辅导区学校撤并，学生活动场地和校舍已不能满足需要。1992年、1996年、1997年先后新建运动场、多功能教育楼、食堂。随着学

1986年建成的教学楼

1983年广播操比赛

校不断发展，学校再次易地新建，选址在长江路与鑫茂路交接处北侧，于2007年1月破土动工，2008年6月竣工，8月整体搬迁。学校改名为昆山市周市华城美地小学。2013年9月，学校又动工新建了两幢教学楼，于2014年9月启用，百年老校重新焕发出勃勃生机。

二、学校特色

学校以艺体教育为突破口，以棒垒球、足球、书法教学为抓手，建立调整优化学科课程、改革强化活动课程、开发利用隐性课程的"三课结合"课程体系，精心打造校园文化品位，获评"全国软式棒垒球最佳实验基地""全国软式棒垒球实验学校""苏州市特色体育项目学校""全国青少年校园足球特色学校"等荣誉称号。学校开展书法教育，努力将"写好字"与"做好人"巧妙、紧密地相互联系、渗透。学校先后被命名为"全国书法教育实验学校""全国书法教育示范学校""中国书法（写字）特色学校""江苏省书法教育先进学校""江苏省硬笔书法实验基地"。

三、办学成就

截至2021年12月，学校占地面积27664平方米，建筑面积13518平方米；现有班级37个，学生1830人；现有教职工144人，其中专任教师97人。学校获得"江苏省智慧校园""苏州市创客实验学校""苏州市昆曲教育传承基地"等荣誉称号。学校以"立德立才"为校训，以培养德才兼备人才为宗旨，营造"志存高远，脚踏实地"的校风、"为人师表，诲人不倦"的教风和"快乐学习，健康成长"的学风，努力为每一位学生的全面发展和终身发展奠基，努力办好让人民满意的教育。

（沐雯婷 文　查仲明 供图）

昆山市陆家中心小学校

创建时间：1907 年
校训 / 校风：习惯成就品质
学 校 地 址：昆山市陆家镇陈浜路 50 号（东校区）
　　　　　　昆山市陆家镇富荣路 2 号（西校区）

一、历史沿革

清光绪三十三年（1907），张汉良在陆家镇北宅创办学校，有 20 多名学生，办学形式为有所改良的私塾。1912 年，学校迁至镇南叶家坟，定名为菉葭国民小学，后校舍逐渐扩至当时的南观音堂。1926 年，改名为菉葭小学。1944 年，学生增至 300 人左右，教职工 20 人。1952 年，位于镇北天主教堂内的达义小学并入学校，设为小学高级部，学校本部设为小学初级部。1963 年，学校迁至天主堂。1968 年，学校迁至陆家中学。1970 年，学校迁至现陆家敬老院中。1978 年，恢复中心校。1988 年，在陈家浜桥东侧建造中心校附设幼儿园。1991 年，在陈家浜路 50 号新

20 世纪初学校校门

创办人张汉良

20世纪60年代学生体育活动

建中心校，占地面积23333平方米，建筑面积8213平方米，后又易地新建中心校附设幼儿园——好孩子幼儿园。1995年、1996年、1998年又分别完善了中心校教学楼第二、三期工程及综合楼改扩建。2000年，西校区在富荣路2号落成，占地面积31778平方米，建筑面积16022平方米。

二、学校特色

学校以"习惯成就品质"为校训，确立"以德为首，以人为本，培养学生良好的做人习惯和学习习惯"的办学理念，以"健雅"特色文化为引领，大力推行以一个球、一场曲、一条龙、一组乐、一辆车、一门技"六个一"活动为主线的特色教育，带动体育、艺术、科技、书画特色等全面发展。力求在每个学生身上都打上"健"与"雅"的烙印，培养学生的创新精神和实践能力，提高学生的品德修养和审美情趣。学校女排队10次获得苏州市冠军，男排队4次获得苏州市冠军，并获得2017年至2019年江苏省体育传统项目学校小学生排球夏令营比赛第一名。

三、办学成就

截至2021年12月，学校两个校区占地总面积55111平方米，建筑面积24235平方米；现有班级71个，学生3573人；现有教师209人。学校获"江苏省实验小学""江苏省智慧校园""江苏省健康促进学校"等荣誉称号，培养的学生中有中国导弹设计师陈震官、民营企业家宋郑还、亚运会柔道冠军徐志明等优秀校友。

（朱黎芳 文 孙兴龙 供图）

昆山市巴城中心小学校

创建时间：1905 年
校训/校风：日有所进
学校地址：昆山市巴城镇年丰路 226 号

一、历史沿革

清光绪三十一年（1905），里人黄公槐在同盟会会员徐梦鹰帮助下，以附税和蟹捐做经费，在集镇城隍庙斗姆阁火神殿创办巴城公立初等小学堂，顾国珍任校长，有 1 个班，20 余名学生。1912 年，借育婴堂增办女校，朱宝玉任校长。1918 年，男女两校合并，改名为巴城初等小学校，校长徐伯澄（字福清）。1925 年，增开高年级班，改名为昆山县巴城小学校，校长顾履信。1930 年，张国权担任校长，增建大教室、办公室，举办建校 25 周年校庆活动，谱写校歌。1937 年，学校

1980 年学生毕业合影

一度中辍，朱募丹、徐振亚借巷路程家厅和河西街畅厅开办补习班。1946年，周祖珍（字天休）任校长，学校改名为昆山县巴城中心国民学校，并在学校西侧建围墙，使学校成为一个独立整体。1949年6月，学校由县人民政府教育科接管，改名为昆山县巴城中心小学校。1951年，成立教育基层工会，首任工会主席胡仁豪，校内建立中国少年儿童队，贯彻"五爱"教育，并于1953年6月改名为中国少年先锋队。1958年，中心校各年级发展成双轨。1973年，学校搞开门办学。1979年，恢复中心校建制。1985年，教育管理体制改革后，小学实行乡管，学校办学设施得到进一步的改善。1989年9月，改名为昆山市巴城中心小学校。2002年9月，巴城辅导区（乡区）农村小学校全部撤并至巴城中心小学校。2009年，学校原地重建。2015年，学校易地新建，办学规模扩至8轨。

2018年承办第三届中国竹笛音乐节

二、学校特色

学校秉承"文化传承与教育创新"的办学理念，走"竹印巴小"文化特色教育之路，在全面开展"才艺普惠工程"基础上，成立了以竹笛、太极拳、书法为主要特色项目的乡村少年宫社团40余个，着力发展体艺"3+3"艺术特色课程。以社团建设为突破口，努力建设生机勃勃、团结乐群的竹印社团，把学校建设成富有"日有所进"竹印文化元素的精神家园。学校被授予江苏省竹笛教学基地，是中国竹笛特色教育学校联盟副主席单位。自1991年起，学校举办了8届小学生艺术节活动。2009年起，每年举办"校园读书节"和"校园文化节"。

三、办学成就

截至2021年12月，学校占地面积44100平方米，建筑面积29950平方米，绿化面积11479平方米；现有班级48个，学生2417人；现有教职员工152人。学校获"中国书法（写字）特色学校""全国书法教学实验基地""江苏省生态环境教育成员校""江苏省健康促进学校"等荣誉称号。从学校走出了赵福球、蒋木青、潘元喜、陆坤维、钱国忠、洪仲秋、周梅芬、盛纪宝、毛石玉、欧婉芬、陆坤荣等20多名工程师和教授。

（王丽萍 文　王丽萍 供图）

昆山市石牌中心小学校

创建时间：1905 年
校训 / 校风：博雅尚美
学校地址：昆山市巴城镇石牌玉石路 248 号

一、历史沿革

清光绪三十一年（1905），在三官堂创办三益公学。清宣统三年（1911），学校改名为石牌初等小学。1924 年，学校迁至乡绅徐焕章捐款建造的 3 间教室。1933 年，学校增设高年级班。1938 年至 1940 年，学校停办；1941 年复学，3 年后又停办；1945 年再复学。1946 年，学校改名为石牌中心国民学校。1949 年，改名为三塘乡中心校。1950 年，改名为昆山县石牌中心小学校。1964 年，定为重点小学。1969 年，改名为红旗小学。1979 年 2 月，复名为昆山县石牌中心小学校。

1975 年红旗小学学生毕业合影

1996年，在玉石路248号建造三栋教学楼。2021年，重建习美楼，内设昆曲剧场，新增美术、书法等12间专用教室。

二、学校特色

学校以戏曲教学为特色。20世纪90年代，学校筹建石牌中心校春蕾戏曲艺术团，后改名为昆山市小梅花戏曲艺术团。2008年，学校被授予全国

1984年学校小篮球队获奖合影

小梅花昆山培训基地；同年，学校成为上海戏剧学院附属戏曲学校昆山生源基地。2021年，学校成为教育部中华优秀传统文化（昆曲）传承北京大学基地的扶植培育基地。小梅花戏曲艺术团累计培训学员1000多人，有21人分获中国少儿戏曲小梅花金花奖与"十佳"称号，36人考入专业戏曲院校。

三、办学成就

截至2021年12月，学校占地面积32000平方米，建筑面积16975平方米，绿化面积9920平方米；现有班级38个，学生1915人；现有教职工144人，其中专技教师102人。学校获得"江苏省特色文化团队""苏州市文化特色学校""苏州市十佳优秀社团"等荣誉称号。学校将继续遵行"博雅尚美"的校训，弘扬"厚德、博学"的校风，以发扬中华优秀传统文化为己任，不断提升学校的办学品质。

（毛利平 文　王惠康 供图）

昆山市千灯中心小学校

创建时间：1905年
校训/校风：成人之美
学校地址：昆山市千灯镇尚书路68号

一、历史沿革

清光绪三十一年（1905），里人李传鉴、顾积和等人集资在城隍庙（集灵堂）创办千墩初等小学堂，设立2个班，教师3名，学生40余人。1915年，翻建1幢校舍，面积212平方米；后又分设茜墩镇男子初等小学堂和女子初等小学堂。1919年，在茜墩创办昆山县第三高等小学，建筑面积700多平方米，设立4个教室、图书室和实验室等。翌年2月，三校合并为茜墩镇完全小学。1930年，学校改名为茜墩中心国民小学校。1937年，校舍被日军飞机炸毁，学校改名为今市小学。1945年，

1981年学生毕业合影

20 世纪 80 年代教学楼

学校复名为茜墩中心国民小学校。1949年5月，改名为昆山县茜墩中心校。1958年，改名为茜墩人民公社中心小学校。1966年4月，改名为千灯人民公社中心小学校；是年6月，改名为千灯红卫小学。1969年，改名为千灯胜利小学。1989年，学校改名为昆山市千灯中心小学校。1997年9月，迁至新校址。2015年8月，位于南浦路与人和路交叉地的南校区竣工。

二、学校特色

受古镇传统文化和顾炎武精神的熏陶，学校保持着独特的文化底蕴和乡村气息，坚持"以质量求生存，以特色求发展""在传承中发展创新"，形成"以昆曲、科技创新、体育教育见长，学生素质多元发展"的办学特色。

三、办学成就

截至2021年12月，学校占地面积86667平方米，建筑面积4万平方米，其中北校区建筑面积1.7万多平方米，南校区建筑面积2.3万平方米；现有班级40个，学生4256人；现有教职工263人。学校通过江苏省实验小学评估验收，获得"全国新教育示范学校""全国艺术教育先进单位""全国校园文化先进单位""江苏省艺术教育特色学校""江苏省科学教育特色学校"等荣誉称号，并连续六年在昆山市中小学教育质量综合考评中获得优秀奖，综合考评得分位居昆山市前列。新华网、光明网、《中国教育报》《中国教师报》《江苏教育报》等媒体对学校多次进行专题报道；新教育实验成果代表中国在世界教育创新峰会上专题播放。学校有全国戏曲小梅花28朵、小院士13人。在国际发明展览会上获6金、16银、8铜，在江苏省创新大赛及小发明家比赛中多次获得一等奖和金奖。

（钱永刚 文　钱永刚 供图）

昆山市石浦中心小学校

创 建 时 间：1904年
校训 / 校风：思贤求真
学 校 地 址：昆山市千灯镇石浦卫丰路60号

一、历史沿革

学校的前身为清光绪三十年（1904）创建的淞南初等学堂，唐棣华任学监。清宣统三年（1911），改名为昆山县石浦乡第一初等小学堂，设立4个复式班，后发展为4个单式班。1913年，改名为石浦第一国民学校。1927年，改名为石浦初级小学校。1937年至1938年，学校办学中辍。1939年复校。1943年，增设五、六年级。1945年，改名为石浦乡国民小学校。1951年，改名为昆山县茜墩区石浦中心校。1953年，学校进入整顿发展阶段。1958年，学校管理体制进行改革，人事权由公社掌握，学校规模进一步得到发展。1962年，改名为昆山县石浦公社石

1997年校貌

1935年吴菊泉捐赠的铜钟

1948年毕业证书

浦中心校。1968年，成立石浦公社教革组，改名为石浦大队石浦小学。1980年，石浦公社教革组被撤销，学校改名为昆山县石浦中心小学校。1978年至1987年，学校多次翻建校舍，并建造幼儿园教学楼(现文墨楼)，协同管辖14所村办小学和16所村办幼儿园。1989年，撤县建市，学校被正式命名为昆山市石浦中心小学校。1996年，在原红星大队申家台村新建歇马完小校，占地面积24801平方米，校舍面积1570平方米，绿化面积5400平方米。1998年易地新建石浦中心小学校幼儿园，占地面积10939平方米，校舍面积1168平方米，绿化面积2651平方米。开设小、中、大班各两个班。2003年，学校拆除中心校校办厂、教师宿舍楼，扩大校园教学区面积3200平方米。2004年，石浦中心幼儿园独立办学，同年全面改造学校的水电、排水设施，建造新教学大楼前的小广场，完善校园绿化。2012年，因办学规模扩大，学校启动三期工程。2013年，学校三期工程竣工，建成文翰楼、文墨楼、文武楼，新建校门、门卫房，共计新增建筑面积10707平方米。

二、学校特色

学校是昆山建校最早的百年老校之一，这里曾走出了昆山历史上第一位状元——卫泾。学校以"思贤求真"为校训，以培养"合格+特长"的阳光儿童为办学目标，逐步形成特色品牌文化——"状元学府"，开设卫泾民乐学院、毛澄航模学院、必成武术学院、希周书法学院等社团，引导广大师生从历史上状元成长、成才、成功的非凡历程中寻找人才成长的规律，传承地方优秀文化，发展学生核心素养，构建具有鲜明时代特色的"状元文化"。

三、办学成就

截至2021年12月，学校占地面积27877平方米，建筑面积18142平方米；现有42个教学班，学生2073人；现有教师112人。学校曾获"江苏省体育特色学校""江苏省智慧校园""苏州市小学特色文化建设项目学校"等荣誉称号。学校连续12年在昆山市教育综合考评中获得优秀。

（于发源 文　张彬 供图）

昆山市淀山湖中心小学校

创建时间：1905年
校训/校风：立德、正基
学校地址：昆山市淀山湖镇南苑路288号

一、历史沿革

学校的前身是正基学堂。清光绪三十一年（1905）八月，邑人汪之鑢等4人在杨湘泾善堂庙后埭3间房屋创办正基学堂，以庙田、义塾田租息作为开办经费，李林思任校长，有2个教学班，40余名学生，4名教师。后又创办金溪两等学堂、神童小学和碛磜养正小学。1912年，正基学堂改名为杨湘泾初等小学。1915年，改名为杨湘泾国民学校。1932年，改名为杨湘泾中心小学。1937年，杨湘泾被日军占领，学校被迫停课。1939年，学校复课。1945年9月，抗日战争胜利，学校

1974年杨湘泾小学毕业生合影

20世纪50年代杨湘泾小学升旗仪式　　正基学堂校门

改名为杨湘泾中心国民学校。1949年5月，杨湘泾解放，同年9月，杨湘泾小学复学。新中国成立后，杨湘泾小学的第一任校长是李维贡。1951年，学校改名为昆山县淀东区杨湘泾中心小学校。1958年10月，改名为昆山县淀东中心校。1985年8月，学校迁至新校区（双娄江）。1995年，在淀兴路612号新建占地32720平方米的新校舍。2013年9月，学校迁至南苑路288号，并改名为昆山市淀山湖中心小学校。2020年，南苑路新校区（二期）扩建工程开始施工。

二、学校特色

学校全面实施素质教育，追求规范化、精细化管理。遵循"立德、正基"的校训，逐步形成"求实、持恒"的校风、"崇德、守志"的教风和"善学、敏行"的学风。2007年，学校开展轮滑"普及+提高"教育，连续14年获苏州市小学生速度轮滑赛团体总分第一名。2010年，成立湘蕾少儿戏曲班，学员在历届中国少儿戏曲小梅花荟萃活动中摘得16朵"小梅花金奖"，6名学员获得全国"十佳"称号，集体节目《白蛇传·盗草》获"创新类小梅花集体节目"，戏曲班向苏浙沪各地专业戏曲学校输送18名学员，其中一批学员被上海沪剧院青年团、浙江省演艺集团和江苏省昆剧团招录。2018年，学校成立湘蕾少儿管乐团，普及高雅艺术。

三、办学成就

截至2021年12月，学校占地面积54680平方米，建筑面积28300平方米；现有班级48个，学生2381人；现有教职工181人，其中专任教师114人。学校获"中国轮滑运动示范学校""江苏省智慧校园""江苏省平安校园"等荣誉称号。学校培养的学生中有2018年度国家最高科学技术奖获得者钱七虎院士。学校将继续遵循"立德、正基"的校训，不断提升办学水平，为乡村教育发展继续贡献力量。

（陈星学 文　顾军 供图）

昆山市周市中心小学校

创建时间：1906年
校训/校风：崇文、尚德、博学、践行
学校地址：昆山市周市镇和惠路1号

一、历史沿革

清光绪三十二年（1906）五月，当地有识之士出资在周墅镇河北街庙弄堂底的竹隐庵创办周墅公校，聘请吴殿云任校长。翌年，改名为周墅小学堂。1945年抗战胜利后，推行国民教育，复校后，改名为保国民学校，由张铨担任校长。1948年2月，改名为周墅乡中心国民学校。1950年政府接管学校后，随即废除国

1979年学生上课

1985年庆祝六一儿童节文艺汇演

1986年辅导区教研活动

民教育制，周墅初小扩大为周墅中心校，建立中心校辅导区，学校始有逐年发展。1966年，改名为周市中心小学校。1982年，推倒破旧不堪的老校舍，翻建起一幢3层教学大楼和一幢2层办公楼。1987年，又新建一幢两层教学楼，大大改善了教学条件。1990年，迁至周市镇东尉州路8号。1996年5月起，为了加快实现教育现代化建设步伐，政府决定加大投入建新校舍。2007年9月，校区扩展到和惠路1号。2008年，周市中心小学校扩建完成，校门设置在和惠路1号。

二、学校特色

学校坚持"放飞快乐童年，奠基幸福人生"的办学理念，以"打造童味原汁的快乐校园"课题为引领，注重学生的特长发展，构建学校特色品牌，推动学校内涵发展。学校以素质教育为中心，以科技教学为突破口，建设学校科技教学特色，为学生全面发展奠定坚实基础。2012年12月，朱容嘉、王元韩同学参加中国科学院"小院士"比赛并获得"小院士"称号。2015年4月，潘瑞妍同学和外校两名学生组队代表昆山市科协参加美国机器人世界锦标赛获得小学组金奖。2016年4月，赵俊杰同学在机器人世界锦标赛获得VEX IQ项目"惊奇奖"和VEX项目"伟大奖"。学校被评为"中国少年科学院科普教育示范基地""江苏省机器人教学示范基地"等。学校开发农耕课程，开展农耕活动，实施劳动教育、品格教育与农耕课程的有机结合。开展"荷花节""蚕豆节""南瓜节""萝卜节"等一系列农耕课程。"唤醒乡土记忆：小学生'耕读体验'支持体系构建的研究"被立为江苏省"十四五"规划课题。

三、办学成就

截至2021年12月，学校占地面积32826平方米，建筑面积15572平方米，体育运动场地面积13595平方米，绿化面积12058平方米；现有班级37个，学生1771人；现有专任教师94人。学校获"全国机器人教学示范学校""全国门球传统学校""全国青少年校园篮球特色学校"等荣誉称号。

（潘洁 文　周琦 供图）

昆山市锦溪中心小学校

创建时间：1905年
校训/校风：乐、健、行
学校地址：昆山市锦溪镇锦富路421号

一、历史沿革

清光绪三十一年（1905），乡绅朱祖方、陈定祥、陈定熏在陈墓镇昆邑庙（今锦溪镇古莲池）创办吴昆公立两等小学堂。1912年，王惠衡在陈墓西街桥东塊创办陈墓乡正蒙初等小学校。1915年，吴县陈墓镇在商会内创办吴县陈墓初等小学校。1916年，乡绅钱梓楚、丁毓青在资福庵创办吴县陈墓初级小学校。1917年，吴昆公立两等小学堂则专设高小，成为三年制高等小学校；陈墓乡正蒙初等小学校与陈墓国民女子小学校合并为昆山县陈墓第一国民小学校，校址设在南坟堂；吴县陈墓初等小学校更名为吴县陈墓第一国民小学校。1928年前后，

1951年毕业生合影

1960年昆山县淀西中心小学校舍

1970年昆山县淀西中心小学校门

吴昆两校先后扩建国民女子小学校及高等小学校，分别命名为吴县陈墓国民中心小学校和昆山县陈墓国民中心小学校。1937年，学校停办。1940年，吴昆两校先后恢复。1949年，学校分设吴县甪直区陈墓中心校和昆山县淀西区陈墓中心校。1952年9月，吴县陈墓划归为昆山县，昆小改为"一中心"，吴小改为"二中心"。1955年，两所中心校合并，分设"一院""二院"，本部设在"二院"。1958年，改名为昆山县淀西中心小学校。1964年8月，学校分为陈墓、淀西两所中心校（两个辅导区）。1985年，两校再次合并为昆山县陈墓中心小学校，原淀西小学为校本部，陈墓小学为校分部。1993年4月，改名为昆山市锦溪中心小学校。2011年9月，学校迁至锦溪镇锦富路421号。

二、学校特色

1993年4月，学校建立全国第一个业余无线电收听台，呼号BY4-3-1001。1994年10月，升格为锦溪小学红领巾业余电台，呼号BY4SJX。学校获得"昆山市科技先进学校""苏州市十佳体育特色项目学校""江苏省业余无线电定向通信运动先进单位"等荣誉称号，无线电通信、测向队先后获全国、江苏省、苏州市比赛团体奖60多项，个人奖500多项。学校以业余电台为依托，逐渐发展成集无线电通信、无线电测向系列活动于一体的无线电科技教育特色学校。

三、办学成就

截至2011年12月，学校占地面积62666平方米，建筑面积18000平方米；现有教学班40个，学生1944人；现有教职工100人，其中专任教师98人。学校以"乐、健、行"为校训，以"使学生快乐地学习，让教师幸福地从教"为办学理念，弘扬"文明、勤奋、团结、进取"的校风，促进师生共同发展，全面提升学校办学品质。学校获得"江苏省平安校园""苏州市德育先进学校""昆山市文明单位"等荣誉称号。

（沈芳文 陆旭婷 供图）

苏州百年老校

（下）

苏州百年老校协会 ◎编

苏州大学出版社
Soochow University Press

图书在版编目（CIP）数据

苏州百年老校. 下 / 苏州百年老校协会编. -- 苏州：苏州大学出版社, 2022.11
ISBN 978-7-5672-4096-4

Ⅰ.①苏… Ⅱ.①苏… Ⅲ.①地方教育－教育史－苏州 Ⅳ.①G527.533

中国版本图书馆CIP数据核字(2022)第213583号

书　　名：	苏州百年老校（下） Suzhou Bainian Laoxiao（Xia）
编　　者：	苏州百年老校协会
特约编辑：	倪浩文
责任编辑：	杨　华
装帧设计：	吴　钰

出版发行	苏州大学出版社（Soochow University Press）
社　　址	苏州市十梓街1号
印　　装	苏州市深广印刷有限公司
网　　址	www.sudapress.com
邮　　箱	sdcbs@suda.edu.cn
邮购热线：	0512-67480030
销售热线：	0512-67481020

开　　本：	787 mm×1092 mm　1/16
印　　张：	38.75
字　　数：	782千
版　　次：	2022年11月第1版
印　　次：	2022年11月第1次印刷
书　　号：	ISBN 978-7-5672-4096-4
定　　价：	298.00元（共两册）

吴江区

吴江中学

创建时间：1912年
校训/校风：朴、实
学校地址：吴江区松陵高新路2888号

一、历史沿革

吴江中学肇端于1912年，其时乡贤费揽澄、薛凤昌于吴江县城西门外鲈乡亭畔创办旧制中学校——江震高等小学堂，同年改名为吴江县立中学，薛凤昌任首任校长。1914年7月，费揽澄继任。创建之初，费揽澄就确立了"自强、自立、自治"的办学方针，明确课程标准，设定课程目标，建章立制，完善管理。1915年，改招秋季始业新生，建筑南教室3所。1916年，第一届四年制学生毕业，并于暑假中添建洋楼12幢及操场，1917年，添设理化实验室，1918年，添设图书馆。1921年8月，三四年级实行分科制，设普通科和商科。1923年8月，将四年制中学改办为三年制初级中学，改名为吴江县立初级中学。1926年8月，旧制中学第十一届学生毕业，旧制结束，新制第一届学生毕业。1927年8月，添办高中。1928年7月，停办高中。同年8月，初中改双轨制，男女兼收，拓宽校址，

首任校长薛凤昌

薛凤昌和学生们

1914年吴江中学校貌

改造校门，新建办公室及女生宿舍8幢。1931年8月，增设三年制简易师范科一班，计25人。1933年8月，续建女子部新楼5幢。1934年7月，师范科学生毕业，仍改为初中单轨。1937年7月，初中第十二届学生毕业，抗日战争全面爆发。县城沦陷，学校停办，全部校舍遭敌伪蹂躏，拆毁无遗。

　　建校初期，学校名师荟萃，著书立说，种类繁多，诸如薛凤昌《文体论》《邃汉斋谜话》至今仍有影响。同时，学校还编辑《初阳》《鲈乡杂志》等刊物。1939年，停办进德补习班，恢复中学，学校迁至雷尊殿城中小学校址。1945年，抗日战争胜利。同年11月，暂假前城中小学校址整理复课，并设初高中一、二、三年级各一班。1946年秋季，倪明、刘玉等老师进入学校，推动班级自治活动，成立歌咏队、篮球队，开展文娱体育活动。1947年2月，奉令县简易师范科附设本校勘定书院街杨氏宗祠为科址。其间设一年制简易师范科两班，吴江本部完成初中双轨、高中单轨共九学级。而作为学校的红色印记，1946年后，吴江中学成为中共苏州工委系统领导的地下党组织活动点，1948年9月，吴江中学中共党员学生成立党支部。

　　1949年新中国成立后，学校改名为吴江县中学。同年8月，新中国成立后的第一批高中生毕业。1950年3月，学校建立校务委员会和学生执委会。1951年10月，学校基层工会成立。1952年秋季开学初，震泽中学高中部学生并入该校，该校简易师范并入吴江师范学校。1953年秋季，由于学生人数激增，班级增多，在阁老亭旧址新建红楼一幢，高中部迁入。1959年年初，学校在浮玉洲修建平房两排，计14个教室（42间），开辟校外运动场，初中部迁往该处。1962年秋，吴江县中学迁至吴江乡村师范原址。1966年5月，"文革"开始，学校一度改名为井冈山五七中学，学校停课。1967年10月，全校各班复课。1976年10月，学校回归正常教学轨道，恢复原名吴江县中学。1992年，吴江撤县设市，学校遂改名为吴江市中学。1997年被江苏省教委批准为江苏省重点中学。2001年，学校完成初高中分离，初中部师生转入吴江市实验初中，学校本部成为独立设置12轨全日制公办高级中学。2006年1月，吴江市中学晋升为江苏省四星级普通高中。2012年4月，百年校庆之际，吴江市中学改名为吴江中学。2013年10月，学校搬迁至苏州湾东太湖畔。

二、学校特色

学校在办学过程中继承传统，着力打造以"水木校园，儒意江中"为特色的文化氛围。整体易址太湖之滨苏州湾后，新校充分体现粉墙黛瓦、江南印象，明确地表达了水乡特有的东方情思，在水木校园中哺育情怀。学校垂虹旧址坐拥吴江文庙，有大成殿、崇圣祠等历史遗存，有北宋学宫遗址，溯源千年，县学遗韵和文庙的儒意成为江中独特、厚重的人文底色，在儒意江中成长参天。"人文素养拓展课程基地"项目获批为省级课程基地建设项目，借力深厚的历史文化底蕴、儒意校园的氛围营造和人文素养拓展课程基地建设，培养兴趣，发现特长，因材施教，推动学生的多元化发展。胡子盈在美国音乐学院联盟招考中脱颖而出，成功被5所著名音乐学院同时录取；曹心毅在"苏教国际杯"江苏省作文大赛中获得特等奖，倪颖、汝辛夷、胡彧等获得一等奖；刘清

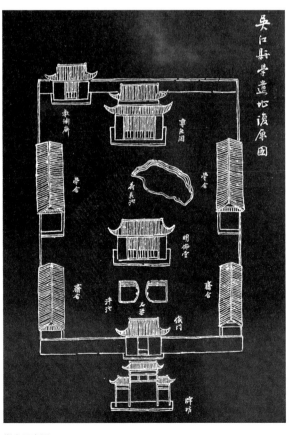

学宫示意图

舟考入清华大学美术学院，高圣沂则摘得吴江区高考理科第一名，任熠飞高二时被中国科学技术大学"创新试点班"录取，国家一级运动员王怡青被上海交通大学体育学院录取，2021年马诗艺夺取了吴江区高考文科第一名，进入复旦大学。

三、办学成就

截至2021年12月，学校占地面积18.4万平方米，建筑面积10万平方米；现在校学生3300人；现有教职员工328人，其中特级教师2名，苏州市学术、学科带头人12名。学校先后被评为"江苏省四星级普通高中素质教育省级督导优秀等级学校""江苏省平安校园""江苏省健康促进学校""江苏省诗教先进单位""江苏省空军招飞工作先进单位"等。溯源于北宋大中祥符五年（1012）所建吴江学宫遗址的吴江中学，秉承千年县学精神，风雨砥砺，薪火相传，桃李满园。天文学家李鉴澄、中科院院士沈善炯、生物化学与分子生物学家沈同、抗日烈士倪淑英、水稻育种与栽培专家邹江石、教育科研专家顾泠沅、女作家范小青等是校友中的杰出代表。

（李林圃 文　朱芸、吴伟钢 供图）

吴江区横扇学校

创建时间：1909年
校训/校风：养正、求真
学校地址：吴江区横扇北举路123号

一、历史沿革

学校的前身为吴江区横扇小学，创办于清宣统元年（1909），初名为横扇养正学堂，租借镇港北贤泰弄内陈云启家的厅堂作为校舍，有教员3人，年级3个，教室1间，学生23人，由乡学务委员赵荣甲管理。1926年，赵升元出任校长，在镇港南石墩桥东侧征地建造了可以满足开办完小的校舍，占地2700平方米，成为当时比较规范的洋学堂。1928年，开设6个班级，学生250人，教师10名。1945年，

横扇小学旧址

20世纪90年代学生做广播体操

1990年横扇学校新校区校貌

学校改名为横扇保国民小学。1949年新中国成立后，学校改名为横扇中心小学，有6个班级，学生260余人，教师15人。1970年秋季开设"戴帽子"初中班，招收新生102人，学生来自全乡各地，同年9月，在校园内新建校舍两幢，建筑面积410平方米。1978年秋，在校园西侧又征地扩建校舍，建筑面积288平方米。1982年9月，中小学分开管理，拆除部分旧教室，新建367平方米教学楼一幢，学校的办学条件逐步得到改善。全校有6个班级，学生350人，教师18人。1986年7月，《九年制义务教育法》颁布，教育实行以县为主，分级管理体制，镇施教区学龄儿童入学率、巩固率、普及率、毕业率均达到98%以上。1990年秋，乡政府为进一步改善办学条件，由地方财政投资100余万元，筹建新的中心小学，校址选在沧洲村3组，占地9300平方米，建筑面积1929平方米，一幢三层教学楼，一幢两层办公楼、足球场、篮球场各一片，成为当时全市范围内为数不多的标准级乡镇中心小学。其时，撤并镇区周边的4所村小，全校共开设13班，学生647人，教师32人。2005年年初，镇政府投资300万元，在校园北面又新建四层教学楼（兼办公楼）一幢，建筑面积 2831 平方米，新塑校标一座。2006 年 8 月，改建足球场，新建 200 米塑胶跑道和体育馆。2007 年 5 月，顺利通过苏州市教育现代化学校验收。2009 年 9 月 28 日，学校举行百年校庆典礼，得到政府、社会的高度关注。2011 年，根据吴江教育局的要求，学校进行特色转型的思考，确定"养正教育"为学校办学特色。2012 年，横扇并入太湖新城后，政府高度重视，投资 1200 多万元，将南教学楼原地翻建，一幢具有现代气息的综合楼于 2013 年 9 月投入使用。学校规模不断扩大，教学设施得以改善。2018 年 7 月，横扇小学和横扇中学合并，改名为吴江区横扇学校。

二、学校特色

学校于 20 世纪 90 年代探索体育特色小篮球项目的建设，女子篮球队在吴江市级比赛中先后 7 次获第一名，曾 5 次代表吴江市参加苏州市小学生女子篮球比赛，获得冠军两次、亚军一次、季军一次的好成绩。在江苏省第七届小学生篮球夏令营中获团体总分第六名。学校培养出了 20 多名篮球三级运动员，1 名世界青奥赛冠军。"十三五"期间，学校以"养正教育"为特色，进行了一系列建设，努力把横扇学子培养成品行好、能学习、能运动、能实践、能创新的现代农村少年，演绎"养正"真正的意义。

三、办学成就

截至 2021 年 12 月，学校占地面积 24782 平方米，建筑面积 12575 平方米；现有班级 40 个，学生 1835 人；现有教职工 138 人，其中专任教师 114 人。学校获"江苏省体育传统项目学校""全国青少年校园足球特色学校""江苏省绿色学校"等荣誉。学校培养了一大批的优秀学生，其中有王家斌、金国雄、秦荣生等众多享受国务院政府特殊津贴的专家。进入新时代，学校将继续遵循"养正、求真"的校训，弘扬"尚德、乐学、健体、博雅"的校风，把握时代发展的脉搏，引领一代代教师和学生走向成功！

（黄惠荣 文　任吉君 供图）

吴江区同里中学

创建时间：1747年（旧学）
　　　　　1902年（新学）
校训/校风：仁美
学校地址：吴江区同里镇同里湖路189号

一、历史沿革

学校的前身可追溯到清乾隆十二年（1747）由吴江知县陈创建造的同川书院，地址在今吴江区同里镇富观街富观桥北堍。清光绪二十八年（1902），国学大师、教育家、诗人金松岑改书院为同川学堂，开吴江新式教育先河。同川学堂，分高、初两部分。高级部即同川自治学社，由金松岑主持校政，并建立中国教育会同里支部，从属上海中国教育会。清光绪三十三年（1907），改名为同川两等公学。历任的知名校长有金培真、钱叔度、徐麟。同川公学，自创办至20世纪30年代，在江南颇负时誉。据《吴江县立第二高等小学校二十周年成立纪念录》记载，从1908年到1920年，共有13届毕业生156人。1942年，地方教育界前辈薛凤昌邀集薛天游、陈旭旦、严玉成等筹建私立同文中学，薛凤昌任校长。1943年11月，薛凤昌被日本便衣逮至吴江宪兵队，严刑逼供，不屈被害。1944年，学

同川学堂创始人金松岑

1905年同川自治学社师生合影

2021年同里中学老校址的天放楼（左）和红楼（右）

校改名为县立吴江中学第二院。1947年，由杨天骥出面发起，范烟桥等创建私立仁美中学。1956年，由私立改为公办，同时学校改名为同里初级中学，育青民办中学并入。1969年，学校改名为同里中学。1992年10月，时任全国人民代表大会常务委员会副委员长的费孝通为学校题词："崇德、明志、好学、力行。"1997年8月，同里第二中学并入同里中学。2009年4月，增设"吴江市同里旅游职业中学"校牌。2014年8月，屯村中学并入同里中学，学校搬入新校址（苏州市吴江区同里镇同里湖路189号）。

二、学校特色

学校以优秀文化内涵为基础，秉承一代大师金松岑推崇的"仁爱"愿景，吸收社会学家费孝通"各美其美，美人之美，美美与共，天下大同"的处世理念，确立以"至仁、立美"为办学理念和文化特色。在学校管理中，强调"一个中心"即发展，包括学校发展、教师发展、学生发展，学校工作均要围绕该中心来推进；关注"两个重点"，即课堂和质量。学校确立以"仁"和"美"为核心的文化体系，着力打造具有"仁美"品质的师生团队和生态高效的学生课堂，进一步完善"仁美"课程体系的构建，以"聚焦课堂，聚焦学生"为主题，遵循"春风化雨，关注差异"的有效教育策略。学校不断弘扬"仁美"思想，传承同川文化，将学校建设成为具有历史厚重感、现代智慧型和鲜明国际化特征的优质学校。

学校依托古镇历史文化，挖掘地方资源，充分发挥吴江区爱国主义教育基地金松岑纪念馆、同里陈去病故居等实践教育基地的资源优势，编写体现"仁美"特色的《仁美文化》《文化同里》《践行仁美》等校本教材。把校本课程实施与社团活动、德育主题教育活动、社会实践活动有机整合起来，开展系列化的实践体验活动，提高学生思想觉悟和实践能力，促进学生对我国历史文化的热爱，激发学生的爱国热情，逐步实现立德树人的教育目标。

三、办学成就

截至 2021 年 12 月，学校占地面积 64933 平方米，建筑面积 33750 平方米；现有班级 27 个，学生 1106 人；现有教职工 150 人，其中专技教师 112 人。学校先后获"世界遗产青少年教育基地""江苏省教育学会系统初中教育研究先进集体""江苏省书法特色学校""江苏省平安校园""江苏省健康促进学校"等荣誉称号。百年同中，人才辈出。其中既有南社创始人柳亚子，也有杨天骥、王绍鏊、金国宝、范烟桥等大师名家，还有冯新德、沈善炯等两院院士。此外，还有一大批具有较强国际竞争能力的拔尖创新人才。

（王宝权 文　滕兆宾 供图）

吴江区金家坝学校

创 建 时 间：1913 年
校训／校风：厚德明志
学 校 地 址：吴江区金家坝金鼎东路 91 号

一、历史沿革

学校创办于 1913 年，前身为北厍第三国民学校，由金家坝商人陈鼎山全额出资在金家坝村创办，隶属北厍学区；主持教学工作的是来自同里的袁谭宇老师，学校有 1 个教学班，学生 10 余人，校舍暂借金家坝村村民凌茂祥家的民房。1915 至 1916 年，学生增至 30 余人，编 2 个班，教员 3 人，租用金家坝村村民褚亦明家民房为校舍。1917 年至 1936 年，在金家坝村南桥西堍建 6 间平屋校舍，编初小两个班，学生 30 至 40 人，3 名教员。1937 年至 1945 年，学校时停时开，教学极

1971 年县中学田径运动会金家坝代表队合影

金家坝中学 1977 届高中毕业生合影

1972 年金家坝篮球队合影

不正常，班级和师生数减少。1946年至1950年，编完小2班40余人，教员3人。1951年至1955年，学校改名为金家坝中心小学，隶属芦墟教育辅导区，下辖库新乡下属村小学。1956年至1957年，学校下辖蚬南乡下属村小学。1957年至1958年，学校改名为金家坝辅导校，隶属龙泾乡中心。1958年至1962年，学校隶属北库公社中心小学，完小4班，学生60至70人，教员5人。1962年，金家坝公社组建后，成立金家坝公社中心小学，下辖公社的辖区村校，教师8名，学生100多人，编为5个班。1964年，在金家坝集镇北桥东堍，新建两排平房校舍。1970年，改名为红旗五七学校，并增设初中两个班。1978年，恢复金家坝乡中心小学，扩建平房13间。1987年，重选新校址，于现校区先建8间平房，同时建围墙等。1990年，为实施九年制义务教育标准工程，镇政府投资57万元，征地9467平方米，建造三层教学楼30间1079平方米、200米跑道及操场，1991年9月启用。1997年，学校建第二幢教学楼1263平方米。1998年，建综合楼632平方米。学校规模逐年扩大，1998年9月已发展到26个班，学生1350人，教师64人，安装闭路电视系统，各方面教育设施趋于现代化。2000年，政府投入150万元建造艺术综合楼。2007年，为创建苏州市教育现代化小学，投入近900万元进行学校场地和道路的改造，学校占地面积27873平方米。2013年9月，新增教学楼一幢。2015年2月，学校食堂投入使用。2015年4月，又一幢新教学楼投入使用。2018年8月，金家坝小学和金家坝中学合并，成立九年一贯制的金家坝学校。

二、学校特色

1991年，金家坝中心小学搬迁到现址，自此致力于写字教学研究。30多年来，学校以写字教学特色为学校发展的突破口，循着书法历史发展的足迹，甲金篆隶、碑楷行草，不懈追求。重练字更重练人，传承特色更注重创新，基于现实更勇于探索。学校既凭借制度的磨砺，也依托活动的推进，以新课程实施为契机，开发应用校本教材《翰墨缘》《快乐跟我学》，注重环境育人。校门口的校牌"金家坝中心小学"出自著名书法家武中奇笔迹。作为一所写字特色学校，学校打造的是"时时闻墨香，处处是书迹"的书香校园，学校也因此获"中国书法（写字）特色学校"等荣誉称号。

三、办学成就

截至2021年12月，学校占地57600平方米，建筑面积17096平方米；现有班级39个，学生1607人；现有教职工159人。学校先后获得"江苏省陶行知研究会实验学校""江苏省陶行知教育思想研究先进集体"等荣誉称号。《苏州日报》《新民晚报》等媒体对学校的写字特色和德育教育等均予以报道。学校融合原有的文化传承，确立"厚德明志"的校训、"立本求真，追求卓越"的教学理念、"让学校成为师生共同成长的家园"的办学愿景、"笃学求真"的校风、"博学求精"的教风和"好学求真"的学风，不断提升办学品质。

（屠利雅文 朱祥 供图）

吴江区八都学校

创 建 时 间：1912年
校训 / 校风：求真
学 校 地 址：吴江区震泽镇八都木祥路14号

一、历史沿革

学校是由原吴江区八都小学和吴江区八都中学合并而成的一所九年一贯制学校。1912年，在八都木横浜私塾创建该校，学生40人，塾师邱寿杨。1940年9月，在八都木横浜私塾基础上创建八都乡中心国民学校，校址在八都乡木横浜，学生81人，教师4人。1950年9月，八都区域学校取消"国民学校"字样，以自然村命名。1952年9月，村级小学通过撤并、调整、扩建，学校布局趋于合理，建村级小学17所，21个班级，学生671人，教师21人。教师经县教育部门举办的速成班培训后充实到公办学校任教。1959年至1961年国民经济困难时期，公社部分

1994年素质教育督导组来校指导工作

1996年左右的八都镇中心小学校徽　　　　　1991年学校三届二次教代会

小学停办，学校流生近四分之一，教学秩序不够正常，教育质量下降。1966年学校教学秩序受到影响。1986年9月，吴江全域实施《中华人民共和国义务教育法》。村级小学减少复式班，各村校的高年级学生并入八都中心小学或附近的辅导校就读。1996年，桃花庄小学并入八都中心小学。之后，建丰、南联、北长、港口、永联、曹村、前港、陶安渠、勤星、南港、勤联、长家湾、贯桥、联星、龙降桥、花木、枫林等村小学，先后并入八都中心小学。至2003年，八都区域小学生入学全部并到八都中心小学，后学校改名为吴江市八都镇中心小学。2012年吴江撤市设区，学校改名为苏州市吴江区八都小学。2018年7月，吴江区八都小学和吴江区八都中学合并为九年一贯制学校，并改名为吴江区八都学校。

二、学校特色

学校在办学实践中逐渐形成"和雅"这一核心办学理念。以此，学校建立"以人为本，平等对话，民主参与，和谐共建"的管理机制，上下齐心，共谋发展，学校着力打造"儒雅"教师队伍、"文雅"学生群体和"高雅"科研氛围。学校以培养"谦和文雅"的学生为目标，注重学生行为规范养成教育。2015年，学校"和雅"特色文化建设成果在吴江区现场展示，多才多艺、谦和文雅的学生形象赢得了好评。

三、办学成就

截至2021年12月，学校占地面积58863平方米，建筑面积19721平方米；现有38个班级，学生1458人；现有教职工157人。学校获得"吴江区关心下一代工作先进集体（2014—2018）""2018—2020年度苏州市文明校园"等荣誉称号。中国慈善联合会副会长、中国智慧城市联盟名誉会长、苏州市通鼎集团董事长沈小平为学校杰出校友。

（吴斌峰 文　吴斌峰 供图）

吴江区江村实验学校

创建时间：1913 年
校训/校风：明德、笃学
学校地址：吴江区七都镇庙港南太湖大道 1239 号

一、历史沿革

学校的前身为创建于 1913 年 3 月的当地小学，由清代秀才沈珩伯捐资在庙港永定寺内创办了两个班，初名为五都乡第二小学（国立），有教师 5 人，经费 280 元，沈珩伯任首任校长，并为学校谱写校歌，确立"明德、笃学"为校训。1920 年，学校初具规模，有班级 4 个，课程开设齐全，还增设了小足球活动课，并改名为五都乡庙港小学。之后，袁友慈（女）为校长，后期因经费不足，缩减为两个班级。1945 年抗战胜利后，借民房 4 间开班，招收学生近 90 人，校名为庙港国民小学。

江村实验学校最早的校址——庙港永定寺素描图

抗日战争后的校舍

1948年年初，将永定寺残房翻建，改名为庙东村小学，有班级4个，学生约100人。1950年8月，人民政府接管学校，校名沿用庙东村小学。1950—1957年，各自然村相继办班、办校，学校辖区扩大，划为东西两片，东起马港（现属横扇社区），南达横路桥，西至西溪庙港，改名为庙港公社中心小学，并建立中心校辅导制，下辖三所辅导校。1958年庙港人民公社成立，庙东村小学也改名为庙港公社中心小学。为普及小学教育，村小猛增至22所。1962年年初，耕读班在全公社开办。1963年8月，耕读班转入全日制，村小增加到31所。1964年8月，中心校本部校舍扩建增班，全公社有30多名公办教师，70多名民办教师，学龄儿童入学率近80%。1978年，学校改名为庙港乡中心小学。1982年，随着中心校施教区扩大，生源猛增，在镇北征地300平方米，建起10间两层教学楼。1992年7月，庙港撤乡建镇，学校改名为庙港镇中心小学，全镇学龄儿童入学率达到100%。1998年年初，由镇政府筹资，多方拨款，在镇西征地3580平方米，易地新建校舍，于1999年8月完工，撤并14所村小，全校23个班，学生近千名。2002年，学校第二期工程竣工，建有办公楼、图书馆、体育馆和各种专用教室。2003年12月，学校成功创建为江苏省实验小学，并改名为庙港实验小学。2008年，撤并最后一所村小，实现了一镇一校的预期目标。2019年4月，与庙港中学合并，成立九年一贯制吴江区江村实验学校。

二、学校特色

学校始终坚持培养以德为先、德才兼备的江村娃为目标，以"打造自主教育办学个性"为主旨，充分挖掘教育教学资源，发挥学校传统优势，提升办学品位。学校积极发展特色教育，实践"悦纳经典——师生共读项目""综合实践活动——走进太湖文化""舞动青春·放飞梦想——啦啦操项目""科技教育——自主创新发明"四位一体的特色建设，并取得丰硕的成果。"走进太湖文化"综合实践活动，已形成两大系列、四大板块、近20个主题；开发编写了《蟹趣》《湖风》《茶道》等8个主题的校本教材，编印《足迹点点》《我成长 我快乐》学生研究性学习成果集，"太湖蚕桑文化综合实践活动方案"获得江苏

搬迁前的庙港中心小学

省优秀科技实践活动评比一等奖；学校的科技创新作品中，有1人获市长奖，4人获提名奖，1项国际级铜奖，1项国家一等奖；啦啦操社团建设项目，多次在全国啦啦操联赛、锦标赛中夺冠，2018年被授予"全国啦啦操星级俱乐部"等荣誉称号。

三、办学成就

截至2021年12月，学校（两校区）占地面积62531平方米，建筑面积23803平方米；现有班级47个，学生1865人；现有教职工136人。学校先后获得"江苏省绿色学校""江苏省健康促进学校""江苏省陶行知实验学校""江苏省教育科研先进学校"等荣誉称号。学校以其沉稳的历史积淀和悠远的人文特色，为民族、为国家培养了一批批人才和时代精英，如"孙氏四杰"（孙世实、孙麦龄、孙棉龄、孙陶亨），享受国务院政府特殊津贴的博士生导师施行觉，全国劳动模范、港珠澳大桥副总工程师尹海卿，光学工程研究所副所长的徐海松，江苏省特级教师张学青，等等。迈入新时代，学校正以更积极饱满的姿态，迎接新的机遇和挑战，努力推进乡村实验学校的可持续发展，将百年老校推上新台阶。

（倪晶 文　倪晶 供图）

江苏省吴江实验小学

创建时间：1904年
校训/校风：爱德求真
学校地址：吴江区松陵开平路1666号

一、历史沿革

清光绪三十年（1904），吴江松陵有识之士王焱（又名王振之）变卖家产，与好友费揽澄、高继臣等，在松陵西门积谷仓内创办私立爱德女校，此为吴江实验小学之始。

清宣统三年（1911），设立于松陵雷尊殿的吴江县立第一初等小学，将雷尊殿部分房舍改建扩大为校舍。1923年，改名为城中小学，此为吴江实验小学创始

1947年毕业生合影

20世纪70年代学校宣传队表演

20世纪80年代老校门

之初的又一分支。

1923年，爱德女校改名为城西小学。1937年，改名为三多桥小学。同年，抗战全面爆发，松陵沦陷，学校停课，城中小学校舍受损，遂并入三多桥小学上课，自此两个分支合为一校，并改名为县立实验小学。

1945年抗战胜利后，学校改名为城西小学；1946年，改名为松陵镇中心国民学校；1949年，改名为城厢区首席中心小学；1951年，改名为松陵镇三多桥中心小学；1954年，改名为下塘街小学。其时学校15个班，620多名学生，教职工25人。随着学生数不断增多，1964年秋后，学校迁回雷尊殿原址，改名为松陵镇中心小学。1969年，学校进驻工宣队、贫宣队时，改名为松陵镇工农五七学校。1972年，改名为松陵镇第一小学、松陵镇中心小学。1981年，学校被评定为江苏省首批实验小学，学校遂改名为吴江县松陵镇实验小学，1984年，改名为吴江县实验小学。1992年，吴江撤县建市，遂改名为吴江市实验小学。

1993年秋，吴江市政府决定将吴江市实验小学与1989年新办的吴江市师范附小合并，学校规模进一步扩大，两个校区占地面积达21500多平方米，校舍面积达7828平方米，有30个教学班，1600多名学生，111名教职工。吴江建市后，城区人口迅速增长，学校已不能满足社会需求。因此，市政府决定在市郊新建鲈乡小学。1997年秋，吴江市实验小学在教育局主持下，分流近三分之一师生至鲈乡小学。为进一步推进教育现代化，开发优质教育资源，学校自筹资金近3000万，于2003年秋建立吴江爱德双语实验小学，双语学校占地面积29300平方米，建筑面积21000余平方米，设计规模为12个幼儿班、24个小学班。至此，学校有本部（小学部）、分部（幼儿园）、爱德双语分校三部分，占地总面积50000余平方米；有56个小学班，学生2479人，有21个幼儿班，幼儿721人；在编教职工219名，退休教职工56名。2009年，学校在开平路1666号，建立一所全日制公办小学——吴江市实验小学太湖校区，占地面积60000平方米，有58个教学班，学生2669人，教职员工161人。2012年，吴江撤市设区，学校遂改名为江苏省吴江实验小学。2016年9月，学校在太湖新城开平路2800号，建立苏州湾实验小学。2017年9月，吴江区教育局发文，成立吴江实验小学教育集团。2018年9月，集团又在庞杨路2555号，建立东太湖实验小学。2019年9月，长安实验小学加入集团。目前，吴江实验小学教育集团有6个校区，包括城中校区、爱德校区、太湖校区、苏州湾实验小学、东太湖实验小学、长安实验小学。

二、学校特色

学校坚持以科研为先导，积极开展教育科学实验，形成了科技和双语的办学特色。"八五"期间，开展"STS"四个关心素质教育实验；"九五"期间，开展小学生科学素质培养模式的研究；"十五"期间，开展小学生科学素养最优发展策略研究；"十一五"期间，开展小学生科学素养拓展与深化研究；

1985年学校庆祝第一个教师节

"十二五"期间，开展国家课程校本化教师专业发展的实践研究；"十三五"期间，开展表现性评价在小学课程教学中的应用研究；"十四五"期间，开展指向积极生长者培育的课程育人实践范式建构研究。1981年，学校被评定为江苏省首批省级实验小学；1993年，初步形成科技教育特色；1999年，被评为江苏省青少年科技教育特色学校；2003年，被评为江苏省青少年电子技师认定活动先进单位；2004年，荣获江苏省第三届青少年电子技师软件仿真电路制作比赛小学组团体一等奖。2010年至今，多人荣获江苏省科技创新大赛一等奖等。2017年以来，集团立足"把学校建设成为智力生活和精神世界不断丰富之地"的理念，为各校区梳理自己的文化脉络。这就是：东太湖实小的"蓬勃生长欢乐颂"，苏州湾实小的"一个长故事的地方"，城中校区的"人人拥有金钥匙"，爱德校区的"爱的乐园，德的摇篮"，太湖校区的"创造值得回味的童年"，以及长安实小的"智慧长安，童心花苑"。各具特色的文化教育给集团注入了强大的生命力，创造了指向共同核心价值而又各具特色、相互映照的集团文化景观。

三、办学成就

截至2021年12月，学校（集团）占地面积217366平方米，建筑面积162879平方米；现有班级250个，学生11431人；现有教职工699人，其中专技教师662人。学校先后荣获"全国科普创新示范学校""全国红旗大队""江苏省文明单位""江苏省模范学校""江苏省实施素质教育先进学校""江苏省青少年科技教育特色学校"等荣誉称号。程开甲院士、顾泠沅教授曾为吴江实验小学题词。学校培养了数以千计的优秀学生，其中有社会学家费孝通、书法家钱崇威、画家唐蕴玉、生物学教授沈同、全国政协常委顾云飞、革命烈士倪淑英和乒乓球教练陈宝庆等众多名人。目前，吴江实验小学教育集团抓住长三角一体化的发展契机，继续遵循"爱德求真"校训，向着"把学校建设成为智力生活和精神世界不断丰富之地"的新时代愿景，以积极生长者成就积极生长者，不断提升学校的办学水平。

（李建华 文　朱蒙 供图）

吴江区松陵小学

创建时间：1911 年
校训/校风：自强、自学、自治
学校地址：吴江区松陵镇中山南路 2158 号

一、历史沿革

学校始名盛库小学，始建于清宣统三年（1911），乡贤费揽澄利用三元宫建材，在城南盛家库新桥西北堍空地建立盛库初等小学。1912 年春，首次招生；是年下半年，学校改名为吴江市立第二初等小学。1926 年春，江苏省立第一师范农村分校议设附属小学，乃由地方人士协商，学校收归省办，并改名为苏州中学乡村师范科附属（实验）小学。1937 年 11 月，日军入侵，乡师一度停办，附小复名为盛

1936 年学生毕业合影

1965年松陵镇中心小学学生毕业合影

库小学。1940年,改名为江苏省教育学院吴江乡村师范科附属小学。抗战胜利后,于1946年2月改名为江苏省立吴江乡村师范附属小学。1949年5月吴江解放后,由人民政府接管,校名沿用江苏省立吴江乡村师范附属小学,1950年,改名为苏南吴江乡村师范附属小学。是年6月25日,学校成立吴江县第一个少年儿童队组织。1952年,苏南人民行政公署拨款建造平房5间,其余均为解放前校舍,东至大同米行,南至新桥河,西至义兴蚕种场,北至城墙,共5933平方米,校园占地面积4733平方米。1954年,学校改名为江苏省吴江师范附属小学。1967年至1968年,学校改名为松陵镇东方红五七小学,1972年,改名为松陵镇第二小学。1983年11月,学校改名为吴江县教师进修学校附属小学。1985年10月,改名为松陵镇中心小学,恢复六年制教育。1986年8月至1992年8月,学校另辖松陵镇北门街小学。1992年11月,原松陵镇第二中心小学下属的江新、吴模、团结、庞阳、白龙桥、长安、高新、梅里、石里共9所村小划归松陵镇中心小学管辖。2002年11月,吴江市委、市政府将松陵镇中心小学扩建工程列为2003年吴江市重点工程,将学校西面的蚕种场划给学校,并动迁附近居民60户。2004年8月,新校建成并交付使用。2012年9月,学校定名为吴江区松陵小学。

二、学校特色

学校秉承"自强、自学、自治"的百年校训,从"自"入手,从学生主体着眼,以此为教育之源;以"强""学""治"(身心、知识和管理)入心,为教育之本。百年历史文化积淀,构筑起"以自强为内涵的德育,以自学为特征的课堂,以自治为重点的管理"的育人体系。近年来,学校从"以人为本,着力发展"的理念,到"课本""生本""师本""校本"的实践,办学思想逐渐形成体系,并通过不断探索创新,凝练出"务本共生教育"的办学特色。"强基固本,务本求实"

的务本教育，是致力于促进人的全面自由发展的教育，是抓住根本、注重基础、关注基本的教育，旨在办成"孩子向往，教师幸福，社会满意"的学校。在"务本共生教育"理念引领下，学校校园诗词教育、民间艺术教学、文明礼仪教育等逐渐成为学校的办学亮点，《中国青年报》等媒体报道过学校"领袖学堂"项目，该项目获评"江苏省少先队文化建设品牌项目"。

三、办学成就

截至 2021 年 12 月，学校占地面积 14698 平方米，建筑面积 9189 平方米；现有班级 48 个，学生 1908 人；现有教职员工 148 人。校园粉墙黛瓦，绿树成荫，环境古朴优美，紧邻垂虹遗址，与垂虹桥、华严塔遥遥相望，是一所古典风格与现代气息融合的江南水乡特色学校。学校取得显著的办学成果，先后获得"中华诗教先进单位""全国青少年文明礼仪教育示范基地学校""江苏省文明单位""江苏省和谐校园""江苏省健康促进学校"等荣誉称号。

（陈三林 文　戴雪峰 供图）

吴江区北门小学

创建时间：1898年（旧学）
　　　　　1912年（新学）
校训/校风：诚朴
学校地址：吴江区松陵油车路136号

一、历史沿革

学校的前身为私立亮叔学塾。清光绪二十四年（1898），先儒黄亮叔捐田300亩及松陵镇北塘街（现中山路）住宅一幢，创办亮叔学塾，专供清寒子弟求学。1912年春，改名为私立亮叔初等小学校，校长为钱崇威，4个学级一个教室，生徒34人，教员2人，学校全年办学经费318银元。1912年秋，改名为吴江私立第一初等小学校。1915年8月，改名为私立亮叔国民学校。1932年，由吴江县教育局收归管理，并改名为亮叔初等小学校。1937年，抗战全面爆发，学校一所房屋被毁，一度停课。抗日战争胜利后，学校先后改名为松陵镇第七保国民学校、松陵镇中山路国民学校。

1949年新中国成立后，校名沿称松陵镇中山路国民学校。1955年，改名为吴江县中山街初级小学。1964年8月，学校迁至现址，改名为吴江县松陵镇北门街小学。1967年，改名为松陵镇韶山五七小学。1969年，改名为松陵镇向阳街小学。1972年，改名为松陵镇第三小学。1977年，改为七年

20世纪80年代校门

20 世纪 50 年代初期校徽　　　　　　　20 世纪 50 年代中期校徽

制学校（小学 5 年，初中 2 年）。1979 年，七年制学校分为松陵镇第二中学和松陵镇第三小学，小学部留在原址。1984 年，学校改名为松陵镇北门街小学。1990 年 8 月，松陵镇第二中心小学搬迁至松陵镇北门街小学，两校合并，校名沿用松陵镇第二中心小学，下辖 26 所村小。2012 年，吴江撤市设区，学校遂于 2013 年 3 月改名为吴江区北门小学。

二、学校特色

学校在"艺术育德，潜移默化；艺术育智，健全人格；艺术育健，全面发展；艺术激情，张扬个性"的思想指导下，根据生源特点，以构建"民间舞蹈"校本课程为切入口和着力点，加强艺术教育，培养学生的审美能力和健全人格。从 2011 年 12 月起，开设秧歌、腰鼓、扁鼓、连厢、盆烛舞、扁担舞等 20 多门民间舞蹈校本课程。多年的坚持，艺术之花在校园绽放。2016 年 6 月，学校独立承办全国百姓广场舞展演民间舞蹈专场"雏燕展翅"，"非遗"舞蹈《盆烛舞》于 2016 年 7 月登上央视舞台。学校获评为"苏州市艺术教育特色学校""首批苏州市艺术教育（舞蹈）项目学校""吴江区非物质文化遗产保护示范基地"等。

三、办学成就

截至 2021 年 12 月，学校现有班级 18 个，学生 828 人；现有在职教师 63 名，退休教师 64 名。另有附属幼儿园（吴江区北门幼儿园），班级 9 个，学生 300 人；教师 20 名。学校秉承"诚朴"的校训，继承和发扬优秀传统文化，以"家"为精神意象，彰显尊重生命、和谐成长的育人理念，培养了众多优秀学生，如国家队乒乓球运动员、教练员陈宝庆，著名指挥家、作曲家、南京师范大学教授朱明观，等等。学校先后被评为"全国青少年校园足球特色学校""江苏省健康促进学校""江苏省平安校园""江苏省青少年科技教育先进学校""江苏省语言文字规范化示范学校""首批江苏省书香校园建设示范点"等。

（李小星 文　陆子量 供图）

吴江区八坼小学

创建时间：1903年
校训/校风：尚美
学校地址：吴江区八坼学校路69号

一、历史沿革

学校的前身是八坼初等小学堂，即八坼男校。清光绪二十九年（1903），由赵省身、顾墨畦在八坼南港（现中心街）创办。1912年，改名为八坼乡立第一初等小学校；1916年，改名为区立八坼第一国民学校。1928年，八坼女校并入八坼第一国民学校。1929年，在原初级小学基础之上增设高级班。1938年，改名为初级小学，1939年，又恢复为完全小学。1946年，学校改名为八坼镇中心国民学校。1949年新中国成立后，学校成立土改教育委员会、生产节约委员会、教师在职学习委员会，建立校务会议、教导会议和各科研究会，并设立总务、教导、辅导三部。学校辅导部管理西港、黄家港、三图圩和青苗港4所农村国民学校。1950年秋，学校改名为八坼南港中心小学。1958年，学校改名

20世纪90年代校园

1981年五（2）班学生毕业合影

1996年学校召开创建艺术特色教育研讨会

为八坼公社中心小学，管辖全公社农村小学。1966年，学校曾一度停课，于1967年2月复课。1968年，学校改名为东方红小学，由公社教育革命领导小组管理全公社小学。1978年，学校复名为八坼公社中心小学，下辖农村小学50所。1983年，改名为八坼乡中心小学。1988年，改名为八坼镇中心小学。1992年，八坼镇政府投资420万元，在现八坼社区学校路69号易地新建校舍。1996年至1997年，八坼镇政府投资104万元增建教学楼；1998年至1999年，又投资177万元完善教学与生活配套设施。2000年，学校改名为松陵镇第三中心小学，下辖8所村小，2005年撤并6所村小，2007年9月所属的村小全部撤并完成。2012年年底，学校改名为吴江区八坼小学，松陵镇政府投资5000万元在原址重建，2014年8月，重建工程全部完工。

二、学校特色

学校形成了以"尚美"为内涵的艺术教育特色。1996年11月，学校承办国家教委全国"九五"教科规划课题"苏南农村小学艺术教育现代化模式研究"开题会议，由此开始探索艺术教育特色办学。2001年至2005年，开展农村小学艺术校本课程开发的研究。2006年，提出"尚美"校训，2011年起，构建"尚美"文化内涵。经过10多年的发展，学校形成"班班有特色，个个会创造"的艺术教育实践路径。2020年9月，探索基于县级"非遗"项目校内传承的创新模式。2011年11月，为全国首届基础教育论坛暨全国基础教育协作体交流会举办特色现场展示活动。

三、办学成就

截至2021年12月，学校占地面积25100平方米，建筑面积16660平方米，教育装备达江苏省Ⅰ类标准；现有班级31个，学生1267人；现有教职工108名，其中专技教师74人。学校先后获"全国艺术教育实验学校""全国社会公认特色育人成功学校""全国体育实验学校""江苏省绿色学校"等荣誉称号。学校培养出了一大批优秀学生，其中有复旦大学教授赵汉威、我国放射化学奠基人杨承宗、清华大学教授殷志强等科学家。学校将继续秉持"尚美"的校训，突出"文化育人，美化人生"的育人理念，不断探索"各美其美，让学校成为师生共同成长的乐园"的教育实践路径。

（朱高峰 文　顾雪珍 供图）

吴江区同里实验小学

创建时间：1902年
校训/校风：诚勤朴爱
学校地址：吴江区同里镇崇本路9号

一、历史沿革

学校的前身是同川学堂和丽则女学。

清光绪二十八年（1902）三月十八日，金松岑创办同川学堂，校址在同里镇章家浜。同川学堂为吴江新式学校之始。清光绪三十三年（1907）正月，同川学堂改名为同川两等公学，分初、高两部分。高级部即同川自治学社，由金松岑主持校政，并建立中国教育会同里支部，从属上海中国教育会，开设的课程与上海爱国学社相同。学校建校10周年纪念碑由蔡元培撰文、章太炎篆额。1913年，学制改变，高级部和初级部分开，高级部改为吴江县立第二高等小学校，初级部改为市立第一初等小学。1919年，时任江苏省教育厅厅长江恒源视察学校，授予"江苏省模范小学"奖牌，并书"乐育英才"匾额。1927年至1934年，同川小学改名为同里小学。后又曾改名为章家浜小学。1964年秋，改名为富观街小学。1966年，富观街小学改名为同里镇第二

丽则女学创始人任传薪

柳亚子与同川自治学社学员合影

丽则女子师范学校校训、校歌

小学。

丽则女学由退思园第二代主人任传薪于清光绪三十二年（1906）二月建校，初创时以园内的堂、厅为教室。1915年，高小部（5至6年级）改名为吴江县立第一女子高等小学，初小部（1至4年级）仍为私立。1915年5月，袁世凯与日本政府签订卖国的"二十一条"。丽则女学师生为此召开声讨大会，写血书抗议，并自筹款项，建碑明耻。"五九国耻纪念之碑"现仍竖立在丽则女学中，成为青少年爱国主义教育的生动教材。1916年，时任国民政府教育总长傅增湘到校参加庆典，并题写"诚勤朴爱"四个大字。此四字刻于大楼墙体正中，现仍为同里实验小学的校训。1927年，丽则女学改名为同里女子学校。1930年，改名为南濠弄小学直至中华人民共和国成立。1958年，南濠弄小学改名为东溪街小学。1964年，改名为同里镇中心小学。

1978年，同里镇中心小学与同里镇第二小学合并，定名为同里镇中心小学，校址设在原南濠弄小学。1997年8月，市镇两级政府决定将同里镇第二中心小学撤销并入同里镇中心小学，校址迁移至同里镇新育路。同里镇第二中心小学，始建于1957年，原为同里乡中心小学，下辖4所农村辅导学校和18所农村小学。撤并后的同里镇中心小学规模迅速扩大，学校办学水平迅速提高，2004年8月，学校易地重建，校址搬迁至同里镇崇本路9号。2006年，学校获"江苏省实验小学"称号。

二、学校特色

学校依托深厚的同里古镇文化和独特的校史文化，确立以"同川文化"育人的办学特色，坚守"习惯立德"，挖掘校训"诚勤朴爱"的厚重育人内涵，开展践行校训主题体验活动，创生"同川君""丽则卿"形象娃，使之成为学生践行校训的内生精神需求与立德之本。

1936年保国民学校首届毕业生合影

学校坚持以合作学习为导向，深化教育教学改革，自2013年起，与华东师范大学课程与教学研究所建立合作关系，以课题为依托深入开展研究。合作学习课堂坚持以儿童作为教育教学的出发点，面向全体儿童，提倡生教生、生管生、生帮生、生评生，实现学生自主学习，使课堂更加愉悦、灵动、高效。

学校注重学生素质的全面发展，撷取同里古镇文化和社区资源之精粹，开发校本课程，发展学生个性。学校将锡剧融入艺术课程，学生表演的节目获2013年江苏省少儿戏曲大赛优秀奖；学校自2012年起聘请苏州民间工艺家计建明开设剪纸课程，传承"非遗"，成绩斐然，先后获评苏州市十佳社团、苏州市第三届中小学生艺术节学生艺术实践工作坊评选一等奖、苏州市剪纸课程基地。借力古镇传统文化资源，诸如"追梦小天元"的"陈毅爱心围棋教室""古镇小导游""宣卷""苏扇"等一批本土传统文化课程应运而生。

三、办学成就

截至2021年12月，学校占地面积36935平方米，建筑面积17129平方米；现有班级40个，学生1774人；现有教职工136人。学校先后获得"全国农村艺术教育实验学校""全国青少年文明礼仪教育示范基地""江苏省实验小学""苏州市教育现代化小学""苏州市艺术特色学校"等荣誉称号。曾在学校任职的知名教师有金松岑、任传薪、钱基博（钱锺书之父）、范烟桥、薛凤昌、金培真、王曼瑜（全国优秀教师）等。学校培养了众多优秀学生，其中有爱国民主人士柳亚子、中国民主促进会创始人之一的王绍鏊、学者杨天骥、现代统计学奠基人金国宝、《文汇报》创始人严宝礼、桑蚕专家费达生、文学家范烟桥、革命烈士费巩、中科院院士冯新德和沈善炯、语言学家刘丹青、骨科专家金大弟、运动健将金娜和梁懿等知名人士。

（闵荣生 文　闵荣生 供图）

吴江区芦墟实验小学

创建时间：1905年
校训/校风：向善向上
学校地址：吴江区黎里镇汾湖园路302号

一、历史沿革

学校初创于清光绪三十一年（1905），由乡绅陆欧安等人在三官堂（今分湖公园）开办，名为陶冶学堂。学校开办4年后因经费不足，被迫停办。1912年5月，学校在安厅弄（今九曲弄）重新开办，并改名为芦墟乡立陶冶初高等小学校。同年秋天，学校迁回三官堂。1913年，改名为芦墟乡立第一小学校。1916年4月，改名为区立芦墟第一国民学校。1929年，学校改名为县立芦墟小学，并设有幼稚班。1937年11月，日军入侵，学校停课。抗日战争胜利后，县立芦墟小学宣

1945年7月10日校友联欢会合影

1948年7月教职工合影

告复校。1946年，改名为芦墟镇中心国民学校。20世纪50年代中后期，政府拨款翻造芦墟镇中心小学部分校舍，添置教学设备，建操场、篮球场。1985年9月起，学校恢复小学六年制。1987年，县教育局和镇政府共同投资22万元，在九曲弄建造三层教学楼，1988年落成使用。同年8月，幼儿园与镇中心小学分开，同时芦墟东南街小学并入镇中心小学。1989年，地处芦墟芦东村的芦墟乡中心小学和芦墟镇中心小学合并，定名为芦墟镇中心小学。至此，芦墟镇近20所农村小学统一由芦墟镇中心小学管理，学校的规模进一步扩大。1992年开始实施九年制义务教育课程标准，县、镇两级政府在分湖滩征地建造芦墟镇中心小学新校舍，首期投资80万元。两幢教学办公楼和配套的辅助房于1993年4月完工，5月3日新校舍启用。随后几年间，学校又扩建了两幢教学楼，扩大了教学区，各方面设施趋于现代化。2005年9月，芦墟镇中心小学被评为"江苏省实验小学"，学校改名为芦墟实验小学。

二、学校特色

学校以"生态教育"为办学特色，确立"多元共生，生生不息"的办学理念，并全面、深入地贯彻于学校教育生活的每一个方面。

早在20世纪90年代初，学校以校内的分湖百草园为基地，开展科技探索活动，多个学生研究项目获全国等级奖，为学校以环境教育为特色奠定了基础。1996年，学校把环境教育作为特色建设来抓，着力于环境营造、学科渗透、环保实践、社区家校联动，逐渐形成"环境教育，环境中的教育"的办学特色。

2003年8月，学校承先贤之志，以"构建教育生态化平台，促进学校可持续发展"为办学理念，以"营造和谐的教育生态环境，关注鲜活的个性生命特性，开掘学校可持续发展空间"为办学目标，使学校的办学品位不断提升。2015年，学校以"生态"为内涵，以爬山虎为精神意象，积极倡导"向善向上"进取风尚，并以此作为校训，着力于以下四个方面的建设：营造宜学习、宜活动、宜生活的"三宜"校园；构建便于自由呼吸、遵循自然节律、促进自主生长、成就生命自觉的"四自"课程；发展悦己、悦人、悦事的"三悦"教师；成就有朝气、有志气、有灵气的阳光少年。

三、办学成就

截至2021年12月，学校占地面积16109平方米，建筑面积8339平方米；现有班级24个，学生1117人；现有教职工92人。学校获"江苏省农村儿童文化园""全国绿色学校""全国中小学思想道德建设先进集体"等荣誉称号；师生自编、自导、自演的生态教育宣传片《装甲剑客》获第十五届全国中小学校园影视教学二等奖。学校培养了众多优秀学生，其中有上海市教育科学研究院副院长顾泠元、上海市园林科学研究所教授级高级工程师王泰哲、中国民间文艺协会会员张舫澜等文艺工作者，也有考取清华大学的郑天一和北京大学的沈宁等优秀学子。学校将继续践行生态教育，以"向善向上"为校训，把握时代发展的脉搏，努力培养有朝气、有志气、有灵气的芦小学子，办人民满意的学校。

（张雪忠 文　沈群英 供图）

吴江区莘塔小学

创建时间：1910年
校训/校风：诚爱
学校地址：吴江区黎里镇莘塔新传路383号

一、历史沿革

学校于清宣统二年（1910）由莘塔凌馨声出资创办，初名为莘溪公学。1913年1月，学校核准设立吴江县莘塔第一国民学校，同年7月立案，校址在莘塔小圩上，借用城隍庙为校舍。1916年，建楼一幢为教室。1925年，学校发起声援沪上五卅运动，联合莘塔各界，在学校操场集会，发动募捐，会后举行市民大游行。抗日战争时期，校长凌秋生（地下党员）带领师生抵制日伪奴化教育。1937年，学校

1916年吴江县莘塔第一国民学校

1990年新闻记者与学校足球队比赛

1994年美国、加拿大代表团访问学校

毁于日军炮火之中，校址移至屠坟山。1942年，校址复移小圩上，仍借用城隍庙为教室，改名为莘塔镇中心国民学校。1948年10月，由地方绅士凌元培经手建教室2间。1949年秋，学校辖西岑、白荡湾、南传、北汾港等8所国民学校。1951年，学校改名为莘塔小圩上中心小学。1954年，改名为莘塔小学。1958年8月，改名为莘塔公社中心小学，辖莘塔乡、芦墟乡所有村小。"文革"开始，学校成立莘塔教育革命领导小组（简称教革组），设在小学，小学隶属教革组。1976年8月，学校改名为莘塔七年制学校，含初一班1个，幼儿班1个。1977年，学校辖41所村小。1978年8月，学校复名为莘塔公社中心小学，教革组取消。次年，恢复中心小学建制，取消初中班。1984年，学校改名为莘塔乡中心小学。1986年9月，中心小学分部建成，校址在原莘新蔬菜地（现新传路383号），莘南、南传、南灶等村小撤销，学校规模大增，小学开始实行六年制。1990年，学校行政移至分部，分部始称中心小学，设三至六年级，原中心校（小圩上）称分部，设幼儿园、一年级、二年级。1992年9月，分部撤销迁至本部（现校址）。1994年，学校改名为莘塔镇中心小学。2001年,莘塔镇并入芦墟镇。翌年,学校改名为芦墟镇第二中心小学。2004年,学校新建教学楼一幢,建成塑胶操场、足球场、行知广场、行知三园、行知三廊等区域。2005年9月,学校完成施教区所有村小撤并工作。2007年9月,改名吴江市莘塔小学。2012年,吴江市撤市设区,学校遂改名为吴江区莘塔小学。

二、学校特色

学校研究和践行陶行知教育思想,积极构建"行知"特色的尚真文化。1994年,学校开始学陶、师陶研究。2002年,学校被评为江苏省首批陶行知研究会实验学校。2004年,学校成为苏州市陶行知研究会小学教育专业委员会会址落户学校。是年9月,承办中国陶行知研究会全国研讨会,中国陶行知研究会会长方明莅临会场并题词"爱满天下"。2008年11月,学校承办江苏省陶研会实验学校建设经验现场会。同年,江苏省陶行知研究会将学校作为省红色种子,推荐为中国陶行知研究会实验学校。学校秉承陶行知"健康第一"的理念,发展足球特色教育教学。1988年成立男子足球队。1990年冬,首都18家新闻媒体记者团来校采访学校足球特色发展。2000年,成为吴江区第一所同时拥有男女足球队的学校。2015年,学校被评为"全国青少年校园足球特色学校",2019年获"江苏省足球后备人才示范学校"。

三、办学成就

截至2021年12月,学校占地面积20828平方米,建筑面积9461平方米;现有教学班25个,学生1221人;现有教职员工85人。学校获"全国优秀陶研学校""全国国防教育特色学校"等荣誉称号。1996年以来,学校6次被评为"江苏省学陶先进集体"。2009年,学校被评为"中国陶行知研究会实验学校"。学校培养众多优秀学子,其中有康力电梯董事长王友林、欧洲科学院外籍院士、华东理工大学教授张金龙,奥运会参赛选手、全运会冠军陆斌,全运会冠军何维,等等。学校输送的体育人才中,进入国家队的有4人,进入省队的有8人,进入市队的有14人。学校将继续以"尚真笃学"作为办学理念,弘扬"诚爱"校训,培养真知、善品、美行的现代人,寻找"真"教育的时代之光。

(庞丽燕 文 吴永福 供图)

吴江区北厍小学

创建时间：1904 年
校训／校风：崇文致远
学校地址：吴江区黎里镇北厍镇南街 100 号

一、历史沿革

学校坐落于苏浙沪交会处，是一所典型的水乡式农村小学。明清时期，北厍长期推行私塾教育，直至清末民初，始有新学兴起。清光绪三十年（1904），北厍开办民立明秀女校。次年，建立北厍乡立第一初等小学，以拊虚圩三官堂庙宇修为校舍。1916 年，转为县立第六高等小学。1945 年秋，改名为北厍镇中心国民学校。中华人民共和国成立后，党和政府重视教育，小学教育得到了较快发展。

1987 年前的校门

1951年，小学迁至镇上柳家墙门，1959年，又迁至镇东城隍庙内（即现址：苏州市吴江区北厍镇南街100号），后新建平房13间。1966年下半年，学校停课，1967年开始复课。1968年，取消中心校，改名为北厍东方五七学校。1978年9月，恢复中心校，改名为北厍公社中心小学。1983年，学校改名为北厍乡中心小学。1987年，北厍撤乡设镇，学校改名为北厍镇中心小学。1996—2004年，完成所有

清光绪年间学校登记表　　20世纪80年代学校庆祝六一儿童节

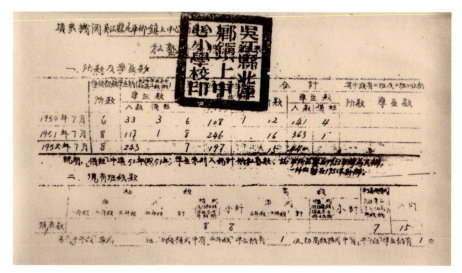

新中国成立初学校登记表

村校撤并。2010年,学校改名为吴江市北厍小学。2013年,学校改名为吴江区北厍小学。2010年后,汾湖高新技术经济开发区先后3次投资,对教学楼进行翻新改造,使百年老校成为具有现代气息、园林风格的新校,绽放出全新光彩。

二、学校特色

为了让学生在书中与高尚交流,与智慧碰撞,从小打下厚重的人文素养,2012年,学校将原来的大阅读教育成功转型为"润泽教育"。学校以"润育潜质,泽惠人生"为办学理念,以"崇文致远"为校训,形成"立德为本,育人为本,快乐学习,和谐发展"的校风、"立君子品,做有德人,读万卷书,行万里路"的学风。学校将特色建设与校园文化、综合实践、校本课程、课堂转型、德育工作等有机结合,从理念、行为、视觉三大要素出发,精心编印"五阅"系列校本教材,让学生在阅读童书、阅读国学、阅读社会、阅读生活、阅读自我的过程中得到身心的全方位润泽。

三、办学成就

截至2021年12月,学校占地面积21381平方米,建筑面积10066平方米;现有班级36个,学生1617人;现有教职工128人,其中专技教师82人。历经百年,学校蜕变成全国百家书香校园之一,并获"全国语文教师专业化发展工程基地学校""全国青少年校园足球特色学校""江苏省陶行知实验学校""江苏省绿色学校"等荣誉称号。学校培养了众多优秀学生,如南京信息工程大学教授、博士生导师陆春松等。迈进新时代,学校将继续遵循"润育潜质,泽惠人生"的办学理念,砥砺前行。

(刘月英 文 徐鹏飞 供图)

吴江区黎里小学

创建时间：1903年
校训/校风：求我、养正
学校地址：吴江区黎里镇人民东路8号

一、历史沿革

学校的前身为百年前创办的养正学堂和求我蒙塾。清光绪二十九年（1903），倪氏三姐弟（倪寿芝和弟弟倪迪民、倪与三）以私宅三楹为讲堂，创建黎里镇第一所私立小学——求我蒙塾。次年，改名为民立小学。1912年，学校迁址市公所旧址（夏家桥），改为公立。1914年，民立小学与同镇后起的明懿女校合并，称吴江第四区女子学校（后称夏家桥小学），倪寿芝仍任校长，由于学生数量激增，遂新建一幢六楼六底的新教室。

1915年，柳亚子、毛啸岑等人募捐筹建第四高等小学，校址在黎里镇庙桥弄底，

创办人之一倪寿芝

柳亚子

求我蒙塾（民立小学）旧址

1925年第四高等小学师生合影

建楼房一幢18间，有学生62人。1921年暑假前，该校与1912年创办的树人高等学校合并，称为吴江县第四小学（后称庙桥弄小学）。

1946年至1947年，黎里镇区有3所小学，分别为夏家桥小学、庙桥弄小学和有原小学，其中有原小学不久停办。学校课程有国语、算术、历史、地理、自然、手工、美术、唱歌等，课外活动有技能、弈棋、演讲、表演、球类和田径等体育活动。庙桥弄小学还设有图书馆，置有"万有文库"1040册，藏书为全县之首。

1949年，庙桥弄小学（后称南新街小学）被确定为黎里镇中心小学，下辖夏家桥小学（后称新街小学）。1978年，吴江县恢复中心校管理体制，建新街小学改为黎里镇中心小学，下辖南新街小学。当时镇中心小学有20个小学班，4个幼儿班，1130名学生，其中南新街小学10个小学班，2个幼儿班，516名学生。1989年，学校（含南新街小学）有18个小学班，6个幼儿班，1107名学生，53

名教职工。

1994年8月，黎里镇两所中心校合并为黎里镇中心小学，校本部仍设在建新街小学（夏家桥），学校下辖南新街小学及农村17所小学。全学区共有87个小学班，38个幼儿班，3826名学生，173名教职工，其中镇区24个小学班，8个幼儿班，1429名学生，73名教职工。1997年，黎里镇中心小学迁址西新街藻西浜，校区总面积10522平方米，建筑面积5829平方米；有24个教学班，学生1336名，教职工102名，施教区范围为市镇户口及镇郊农村户口的学生。2000年9月，根据镇区施教区的变更，重新恢复建新街小学，学生数2574人。2008年，学校搬迁到黎里镇人民东路8号，学生数1287人。2012年，学校改名为吴江区黎里小学。

二、学校特色

学校全面打造"阳光教育"特色文化，积极创树"仁爱、智慧、健康、上进"的学校精神，将特色建设与校园文化、课堂教育、校本课程、德育活动等有机结合。2018年，抓住校园改建的契机，将地域文化的精髓植入学校教育，使地域文化与学校文化有机融合，孕育"阳

潮音庵旧址

光教育"新的生长点，成功立项了省级重点资助课题"基于古镇资源的小学研学课程建构研究"。学校从儿童自主发展需要出发，开发校本化的课程体系，打造以学生为主体的阳光课堂，努力建设有文化根源的生态区，有精神引领的教育场，有生命活力的创生园，建成一所适合师生发展的"很黎里、很儿童、很阳光"的黎里小学。

三、办学成就

截至2021年12月，学校占地面积26000平方米，建筑面积18375平方米；现有班级34个，学生1602人；现有教师88人。学校以严谨务实的办学风格，培育了国际大法官倪徵㠛、巾帼英雄张应春、国际文化名人柳无忌、医学家陈应谦、国画家马伯乐、工程院院士张志愿等优秀学子。近年来，学校脚踏实地抓质量，开拓进取谋发展，取得了显著的办学成绩，获得"全国青少年校园足球特色学校""江苏省少儿门球运动特色学校""江苏省诗歌教育先进单位""江苏省智慧校园""江苏省绿色学校"等荣誉称号。

（潘明华 文　陆秋 供图）

吴江区平望实验小学

创建时间：1912 年
校训/校风：诚、勤、朴
学校地址：吴江区平望镇学才路 59 号

一、历史沿革

学校创建于 1912 年 2 月，前身是西塘街第四小学，位于殊胜寺积谷仓（今殊胜寺 22 号）。初创时系单班复式，校长 1 人，教员 2 人，学生 30 余人。因女生居多，1914 年 9 月改组女学，定名为平溪乡立第一女子初等小学，黄鲁若为校长，有谷仓改建的校舍 6 间。次年再次改建，校舍增至 21 间，学校占地 1318 平方米。1916 年冬，改名为吴江县第八区区立平一女子国民学校。1918 年秋，陈元钊接任校长并撰写《平女校五周年纪念刊》。1924 年，改名为殊胜寺小学，招收男女学生 200 余人。1937 年，全面抗战爆发，学校停办。次年 5 月复校，改名为平望小学，

1920 年区立平一女子国民学校第五届毕业生合影

校训

20世纪70年代平望中心小学庆祝六一儿童节

学生30余人。1939年后,学生渐增。1942年,学校改名为吴江县立平望中心小学。1945年抗战胜利,学校改名为吴江县平望镇中心国民小学。1946年,学校募款修葺校舍。1950年1月,学校改名为吴江县平望镇殊胜寺小学,小学11班,幼儿2班,学生505人,教师24人。1953年8月,改名为吴江县平望镇西塘街小学。1957年,行政区扩并,确定为盛泽区中心小学。1959年,学校改名为吴江县平望公社中心小学。1966年,改名为吴江县平望镇中心小学。1976年,翻建教学楼1幢,学校占地3870平方米。1979年,吴江县恢复中心小学体制。1985年,学校办起吴江文教五金电器厂。1987年,在操场西侧翻建教学楼1幢。1992年,吴江撤县建市,学校遂改名为吴江市平望镇中心小学。1993年9月,学校与平望镇第二中心小学合并,在平望镇通运西路40号组建新的平望镇中心小学,新校占地面积13650平方米,建筑面积5089平方米,管辖西塘街小学、河西街小学及全镇29所村校。学校本部有个14班级,学生721人,教师53人。原址的中心小学改名为西塘街小学,原第二中心小学改名为平西村小学。2004年12月，学校改名为吴江市平望实验小学。2005年3月，吴江市政府在学才路59号兴建新校。2006年9月，撤并全镇所有辖校，迁入新校。2012年9月，吴江撤市设区，学校遂改名为吴江区平望实验小学。

二、学校特色

学校以教学科研为先导，先后参与"九五"国家级课题"苏南农村小学艺术教育现代化模式的研究"，承担省级课题"当代小学适性教育实践研究"。学校以"追求适合学生发展的教育"为核心办学理念，整合优化"艺术、足球、交通、诗教、灯谜、心育"六大特色教育，逐渐形成创适性教育的特色之路。学校形成以"苹果"为核心文化元素的"苹果娃"荣誉激励进阶评价体系。"苹果"源自"平望"之"平"的谐音。

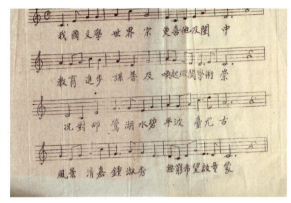

老校歌

学校把苹果元素设计在校徽中，创拟于校本课程中，运用于学生评价中；校园被昵称为"苹果园"，学生被爱称为"苹果娃"，每一位学生都能找到适合自己发展的途径，成就最好的自己。学校的教育特色不断彰显，艺术、体育、诗教和灯谜等优势项目发展强劲，学生的综合素质不断提高。

三、办学成就

截至2021年12月，学校占地面积49995平方米，建筑面积26579平方米；现有班级61个，学生2754人；现有教职工171人，其中专技教师168人。学校先后获得"全国艺术教育特色单位""全国诗教先进单位""国家级青少年体育俱乐部学校""江苏省科技教育先进学校""江苏省心理教育特色学校"等荣誉称号。学校为中国美术学院、江苏省舜天足球俱乐部、苏州评弹学校、南京戏曲学校等输送了二十余名专业人才。雄关漫道真如铁，而今迈步从头越。学校将继续坚持"追求适合学生发展的教育"核心办学理念，秉承"诚、勤、朴"的校训，努力促使学生为最好的自己，做奔跑的追梦人。

（张怡 文　张怡 供图）

吴江区梅堰实验小学

创 建 时 间：1909 年
校训 / 校风：养正
学 校 地 址：吴江区平望梅堰镇北路 2 号

一、历史沿革

学校的前身是一所养正学堂。清宣统元年（1909），里人卫康侯在镇南荻塘河上塘西市租借民房创办养正学堂。1913 年，改为公立，名为吴江县梅堰乡第一初等小学校，严坤生为第一任校长。1931 年，学校开始招收高级班，并改名为吴江县立梅堰小学，卫书城任校长。1937 年，抗日战争全面爆发，校舍大多被毁，学校停办。抗战胜利后，地方人士于 1947 年集资重修校舍，改名为吴江县梅堰乡中心国民学校。1949 年 5 月，人民政府接管，改名为吴江县梅堰乡中心小学。1958 年 9 月，学校改名为梅堰公社中心小学。1966 年 10 月，改名为梅堰公社工农学校。1968 年，贫下中农管理学校，学校由八一大队管理。1970 年，学校开始招收高中班。1978 年 8 月，学校复名梅堰公社中心小学。1987 年，学校选定镇北龙南村 11 组（原八一大队）地块，计划建造新校舍；1989 年 5 月，

1930—1937 年吴江县立梅堰小学校长卫书城

20世纪30年代洋学堂

1978年二层教学楼

新校舍破土动工；1990年9月，迁入新校舍上课，学校改名为吴江县梅堰镇中心小学。1996年，学校被评为"江苏省模范学校"，并成功创建为省实验小学，从而成为吴江市第一批省实验小学。学校遂改名为吴江市梅堰实验小学。2012年6月，学校原地改建；2015年9月投入使用。

二、学校特色

科技教育是梅堰实验小学的一张名片。早在20世纪90年代，学校就成为江苏省科技教育先进单位。学校始终坚持科技立校，努力营造科技特色文化氛围，先后建设创新工作室、机器人活动中心、3D打印室、耕乐园、水文化科普馆、交通情景室等场馆，设计完成追梦雕塑、小小气象站、日晷、四季园等科普景点，引领学生爱科学、学科学、用科学。学校每年聚焦两大科技活动：5月科普月活动和12月科技节活动。活动围绕主题"科技与生活"层层推进，先后开展光、交通、稻米、水与生活、小创客等系列活动。师生参与各显其能，宣讲科技知识，创作科技画作，指导科技小论文，参与科普剧的表演，参与"金点子"小发明创造。学校连续11年被评为"江苏省五星科技先进集体"。近5年来，学校获科技类国家级奖7次、省级奖20多次，学生科技类获奖累计达300多人次，共获得100多个小发明、小创造奖项。

三、办学成就

截至2021年12月，学校占地面积25294平方米，建筑面积14070平方米；现有班级31个，学生1396人；现有教职工126人，其中专技教师88人。学校先后获得"江苏省模范学校""江苏省实验小学""国家级绿色学校""江苏省青少年科技特色学校""江苏省健康促进学校"等荣誉称号。学校秉承科技教育特色传统，以"办一所优质的特色鲜明的农村小学"为宗旨，以"养正树人，启智育人，立美达人"为办学目标，以"养正"为校训，以"梅花"为精神意象，砥砺奋进，不断追求和提升学校的办学品质。

（吴志强 文　崔驰宇 供图）

吴江区盛泽实验小学

创建时间：1743 年，松陵学舍（旧学）
　　　　　1907 年，明德小学（新学）
校训/校风：知人知己
学校地址：吴江区盛泽镇西二环路白龙桥东侧 3588 号

一、历史沿革

学校初创于清乾隆八年（1743），命名为松陵学舍，俗称盛湖西书院，位于盛泽镇观音弄。清光绪三十三年（1907），简书勋在此基础上创办吴江县第三明德小学，时为一所初等小学。清宣统三年（1911），学校改名为吴江盛泽市立第二初等小学。1927 年，改名为吴江县盛泽镇观音弄初级小学。1935 年，学校升为县立，改名为吴江县立观音弄初级小学。1946 年，改名为吴江县盛泽镇中心国民

1982 年学校运动会

1987年学校大会

1987年小学生田径运动会冠军合影

学校。1952年4月后，先后改名为吴江县盛泽镇观音弄中心小学、盛泽镇荡口街中心小学、盛泽镇胜利小学等。1978年4月，学校改名为盛泽镇中心小学。1989年2月，改名为吴江县第二实验小学。2000年，学校通过省评估验收，升格为江苏省实验小学。同年秋，原盛泽乡中心小学（桥北小学）划建为学校北校区。2001年，学校改名为吴江市盛泽实验小学。同年秋，学校创办吴江舜湖学校作为学校一所公办民助的特色分校。2006年2月，吴江舜湖学校新校舍在盛泽镇西二环路白龙桥畔落成。2009年，原坛丘中心小学下属的城南小学归并至盛泽实验小学，并成为盛泽实验小学的南校区。2010年9月，吴江舜湖学校退民为公，改作盛泽实验小学总部。2017年至2018年，盛泽实验小学南、北两校区分别改为独立建制的吴绫实验小学、程开甲小学。2018年11月，经吴江区人民政府批准，成立盛泽实验小学教育集团，下属5个独立建制学校：盛泽实验小学、程开甲小学、吴绫实验小学、盛泽小学、绸都小学。

二、学校特色

1990年，学校在华东师范大学杜殿坤教授等专家学者的指导下，开展"以丝绸文化为背景，提高小城镇儿童素质的综合实验"课题研究，开启"素质教育的丝绸之路"。进入21世纪，学校率先启动素质教育旗帜下的智慧教育实验，提出"培养秀外慧中的儿童，成就令人尊敬的教师，创造让人智慧的教育，建设令人向往的学校"的教育愿景。学校以"健、真、慧"为主旨，构建"生活与健康、伙伴与交往、发现与探索"的三维智慧课程体系；以"伙伴德育"为主线，在生活化的岗位实践中增进学生的责任意识、实践能力与伙伴关系；以"深度学习"为主题，推进"儿童阅读、儿童表达、儿童思维、儿童哲学"项目研究，提升学生核心素养；以"组块教学"为基本范式，通过"板块课程、联结学习、统整实践"三大领域研究，创造具有地域特色的"苏式课堂"；以"一课三磨"校本教研为依托，创建教师专业发展平台和系统化的研修机制，培养出了6位江苏省特级教师、17位苏州市学科带头人。学校形成"以科研为先导，以教学为中心，以管理为保证"的管理模式，成功地走出一条科研兴校的路子，成为全省有一定知名度的学校。学校的"小学语文组块教学"获评国家教育教学成果二等奖、江苏省教育教学成果特等奖；"小学生伙伴德育"获评江苏省教育教学成果二等奖和江苏省教育研究成果二等奖。

三、办学成就

截至2021年12月，学校占地77823平方米，建筑面积40212平方米；现有97个教学班级，学生4468人；现有教师268人。学校先后获评"江苏省教师发展示范基地学校""江苏省思政教育特色学校""江苏省教育科研先进集体""江苏省健康促进学校""江苏省文明校园"等荣誉称号。学校培养了一支师德高尚、素质优良的高水平教师队伍，塑造了一代代秀外慧中的阳光儿童，学校综合治理能力不断增强，2019年学校光荣获评"全国教育系统先进集体"。

（李萍萍 文　秦李鸣 供图）

吴江区盛泽小学

创 建 时 间：1903年（太平街小学）
校训/校风：追求卓越
学 校 地 址：吴江区盛泽镇东径路169号

一、历史沿革

学校的前身有两所学校——太平街小学和盛泽乡中心小学。

太平街小学始建于清光绪二十九年（1903），由盛泽乡绅郑慈谷与举人张嘉桐、俊彦洪鹗三人在太平桥堍的原盛湖东书院院址上创办，命名为盛湖公学，郑慈谷自任校董。清宣统三年（1911），改称吴江县第三高等小学校。1917年，学校与盛湖女校交换校址，迁址思古浜（先蚕祠西侧），又先后改称吴江县盛泽小学校、思古浜小学。后来与盛湖女校合并，收归县立，重新迁回太平桥堍，相继改名为第一女校、盛泽女校。抗战胜利后，改名为太平桥小学。1949年，新中国成立后，改名为太平街小学。

盛泽乡中心小学的前身为清宣统二年（1910）兴建于盛泽北王村的新民小学、早字圩的励志小学等。1945年7月，

盛湖公学创办人之一郑慈谷

1961年盛泽公社小学教师合影

1982年吴江县盛泽公社中心小学

沈熊翔等捐建忠介乡中心国民学校，以忏堂庵为校舍，王光燧任校长。1947年，各村共设有20余所学校。1955年，改设其一为中心校，校址设在茅塔村，朱时铭任首任校长。"文革"期间，中心校被撤，后于1978年恢复中心校（盛泽乡中心小学），校址设在盛虹村（桥北荡），有教师15名，学生238名，下辖中心、兴桥、北王、红安、茅塔、胜天6个教学片。1989年1月，乡镇合并，盛泽乡中心小学改名为盛泽镇第二中心小学。

2000年2月，镇政府决定撤销盛泽镇第二中心小学，成立盛泽镇中心小学。盛泽实验小学所属的太平街小学、山塘街小学，并入盛泽镇中心小学，学校本部迁至新建小学（盛泽镇东径路169号），原盛泽镇第二中心小学改称为桥北小学。同年8月，学校与盛泽镇第二中学对调，整体搬迁至盛泽镇东方南路881号，桥北小学归属盛泽实验小学管理，溪南、红塔、双浜、兴桥、北王、镇东、鼎方、三村、胜天、目澜10所村小并入学校。2011年5月，学校本部迁回至盛泽镇东径路169号，形成"一校六区"的办学规模：总部（目澜）校区、升明校区，以及北王、鼎方、兴桥、三村镇郊四个校区。2013年，学校改名为吴江区盛泽小学。2018年8月，升明校区成为独立建制学校（绸都小学），鼎方校区和三村校区归属绸都小学。同年11月，学校加入盛泽实验小学教育集团，实行独立建制的集团化管理。

二、学校特色

学校在办学中形成"和合"文化办学特色。2012年，学校确立"和而不同，因合致成"的办学精神，形成"追求卓越"的校训。20世纪90年代，学校开始创设综合课程，包括生活数学课程、科技小发明课程、"he"美诵读课程、象棋课程、篮球课程、邮票设计课程等。到21世纪初，学校设置23门课程，建立45个社团，做到让每个学生都能够拥有一门自己喜欢的课程。近年来，有3人次获得江苏省中小学生金钥匙科技竞赛团体总决赛特等奖，数人获全国"个性化邮票青少年设计大赛"金奖，多次获得苏州市小学女篮比赛第一名。2019年，学校研究流动儿童课堂支持系统，整体提升了学生自主学习能力。2021年，学校被评为"江苏省首批幼小衔接结对试点园（校）"。"和合"文化，让教育形成合力，让学生阳光生长。

三、办学成就

截至2021年12月，学校占地面积31658平方米，建筑面积26061平方米；现有班级60个，学生2603人；现有教职工160人。学校曾获"国际生态学校""中国陶行知研究会实验学校""全国首批50家中小学棋类教学实验基地""全国青少年校园篮球特色学校""江苏省体育传统项目学校"等荣誉称号。学校培养了一批文化名人，如教育家郑慈谷、清华大学数学系创办人郑之蕃、中国科学院院士郑兰荪等。进入新时代，学校确立"树和合教育基地，为生命成长奠基"的愿景，积极践行"和融管理,和润德育,和乐课程,和智课堂,和朗评价"的学校文化，不断提升学校的办学品位。

（娄小明 文　沈孝忠 供图）

吴江区坛丘小学

创建时间：1913 年
校训/校风：博爱、求真
学校地址：吴江区盛泽镇坛丘新兴路 7 号

一、历史沿革

学校由坛丘俞湘奏于 1913 年创办，校舍在坛丘东岳庙后埭大悲客楼下，当时 1 个班，学生 20 多人。抗战初期学校称县立坛丘乡初级小学，蔡鼎钟任校长。后因日寇侵扰停办。抗战胜利后于 1946 年 2 月复办，校长仍为蔡鼎钟。1946 年 9 月，坛丘、南塘、龙泉三个乡并为善骏乡，学校改称善骏乡中心国民学校，施树泽任校长（未到任），蔡鼎钟代校长。1947 年 2 月，县里派庞振华任校长。1949 年 5 月，坛丘解放。1950 年，学校改名为坛丘乡坛丘村中心小学。1960 年，学校被评为吴江县先进单位。1969 年，学校改名为坛丘人民公社五七学校。1978 年 9 月，改名为坛丘乡中心小学，下辖 4 所辅导校，共 26 所村小。1992 年，义务教育验收达标，政府在新兴路兴建新校舍，1993 年 8 月落成，学校搬至新校。1995 年，学校确立"乒乓球"为办学特色。1996 年 8 月 18 日，

20 世纪 70 年代学校活动

1982年学校原下辖村小南心小学学生毕业合影

中国第一位女乒世界冠军邱钟慧来校指导乒乓球运动。2000年7月，坛丘与盛泽两镇合并，学校改名为盛泽镇第二中心小学。2001年起，撤并村小启动。2002年7月，西校区落成，经上级批准，创办公办民助体制改革实验部。2012年，正式启动"共融教育"。2013年2月，学校改名为吴江区坛丘小学。2019年6月，经盛泽镇人民政府批复，同意坛丘小学（幼儿园）改扩建工程项目。2020年1月，因配合学校改扩建工程，吴江区坛丘小学整体迁至盛泽实验初级中学合署办学。

二、学校特色

学校形成了共融教育和小乒乓球运动两大办学特色。20世纪90年代，学校基于辖区内乒乓球爱好者较多的优势，开始探索小乒乓球运动。截至2021年，学校连续17年获吴江区小学生乒乓球赛冠军，并在苏州市、江苏省的各项乒乓球赛事中取得不菲成绩，乒乓球运动已在苏州大市乃至江苏省小有名气。2019年，乒乓球队员周晓璐等受邀前往法国里昂市进行友好交流。学校被授予"苏州市体育传统项目学校""江苏省乒乓球特色学校"荣誉称号。2012年，学校根据校情适时提出了"共融教育"，旨在充分体现学校对中国传统文化——和谐、融合的追求。"共融教育"由学校乒乓球特色转化而来，取乒乓球圆融之意，旨在实现人际的融合、校内校外的融合、课程之间的融合、课堂各要素的融合等，其内涵十分丰富。

三、办学成就

截至2021年12月，现有班级30个，学生1368人；现有教师83人。学校先后获"江苏省体育传统项目学校""江苏省关心下一代工作优秀单位""苏州市教育现代化学校""苏州市常规管理示范学校"等荣誉称号。学校秉承"全面贯彻教育方针，全面实施素质教育"的办学理念和"民主理校，特色立校，科研兴校，优师强校"的治校方略，办学水平和教育质量稳步提高。学校以淳朴的教风和扎实的校风,培育了众多杰出校友,其中有世界化工领域新星李怀志教授、地震学研究专家钮凤林、海洋研究院张明华教授、气象学专家钮学新、高分子专家洪耀良、生物物理专家钮水林等杰出科技人才。

(张玉芳 文 冯伟祥 供图)

吴江区南麻小学

创建时间：1909 年
校训 / 校风：勤
学校地址：吴江区盛泽镇南麻社区建中路 1 号

一、历史沿革

学校创办于清宣统元年（1909），里人朱元直、王意年创办麻溪小学（南麻中心小学前身），因属首创，无现成校舍，暂借南麻长庆寺几间僧房作为教室。1916 年，学校改名为市立第二国民小学。1918 年，王意年买房建校，把校址从桥北迁往桥南。1923 年，麻溪小学属严墓区管理，为初等小学。1927 年，学校改名为市立第二国民小学，学生 35 人。1937 年，日寇入侵，学校停停开开，直至 1945 年抗日战争胜利才恢复正常上课，学校改称南麻中心国民学校。1949 年新中

南麻小学原址

南麻镇中心小学校门

国成立后,学校改名为南麻小学。1962年,南麻成立人民公社,南麻小学上升为南麻中心小学。1969年,学校改名为桥南小学。1978年,复名为南麻中心小学。1979年,新建楼房8间,以扩大校舍和改善教师住宿条件。1986年,小学由五年制改为六年制。为实现义务教育达标,乡党委、乡政府决定在桥南7、8组征地19940平方米新建中心小学。1990年4月,迁入新校。1992年7月,第二期工程破土动工,至年底竣工,前后两期工程总投入123.28万元。1993年下半年起,全镇农村小学的五、六年级学生陆续并入中心小学就读。2002年,全镇共有中心小学一所,学生1092人,村小3所。2003年,学校进一步加大村小撤并力度,撤并所有村小。2003年12月,吴江市行政区划调整,盛泽镇和南麻镇两镇合并,组成新的盛泽镇,南麻中心小学成为盛泽镇第4所小学。

二、学校特色

学校致力于书香校园建设,培养了一批批阅读兴趣浓厚、阅读习惯良好和阅读能力较强的南小学子,深受高一级学校和当地居民的好评。2003年,学校被评为吴江区AA级语文特色学校。"十一五"期间,作为江苏省陶行知实验学校,学校把书香校园建设作为内涵发展的主要途径之一,阅读已成为学校的品牌项目。每年的"小勤娃一起读"阅读节系列活动,将书香校园建设不断深化推进。"十二五""十三五"期间,学校以"希望教育"为特色内涵,以培育"对自己充满信心,对明天充满希望"的南小学生为办学追求。2012年,南麻恒力集团赞助80万元用于校园文化建设,整个校园呈"四园(孔园、至善园、廉园、陶园)、一亭(知青亭)、一廊(行知长廊)"格局。

三、办学成就

截至2021年12月,学校占地面积29373平方米,建筑面积7487平方米;现有班级32个,学生1407人;现有在编教师61人,备案制教师12人,代课教师15人。学校既注重外树形象,又注重内涵发展。先后获"中国小公民道德建设先进单位""中国青少年读写大赛优秀组织奖""江苏省健康促进学校""江苏省智慧校园"等荣誉称号。

(唐妹 文 何斐 供图)

吴江区七都小学

创建时间：1909年
校训/校风：我能行
学校地址：吴江区七都镇桩桥路218号

一、历史沿革

清宣统元年（1909），吴溇镇的董增生、马仁大创办私塾，设于吴溇积谷仓，该私塾即为七都小学前身。1913年，儒生盛世彦改积谷仓私塾为吴溇乡立第二初等小学，并任校长，地点仍在吴溇积谷仓，设1个班，26人。1920年，学校改名为吴江县公立第九小学，开设高小班，完全小学初具规模。1926年，学校在吴溇西街新辟校基，易地新建校舍，包括礼堂、教室、办公室、图书阅览室、儿童活动室、会客室、师生宿舍等（其中一幢三间是二层楼房，底楼推空为办公室，楼上为教师宿舍），被当时的百姓称为"洋学堂"。1927年，学校改名为吴江县吴溇乡中心国民学校，有班级3个，学生100余人，除招收本地学生外，还招收南浔寄宿生。1931年，改名为吴溇小学。1936年，改名为吴江县七都乡中心国民学校。1946年，改名为溇渎乡第四保国民学校，并成立辅导区，辅导乡内各保国民

1937年张掌珠校长（左二）与学校骨干教师合影

1981年学生合影

1926年新建的学堂

学校。1948年，改名为吴江县震泽区七都乡中心国民学校，学级编制为3个班，学生132人，教员5人，职工1人，并肩负辅导下属学校的任务。1949年，人民政府接管学校，改名为吴江县震泽区七都乡吴溇小学。1950年，改名为吴江县震泽区七都乡吴溇中心小学，辅导薛埠、旱巨圩、沈家湾、隐读村、丁家湾、方家桥、双荡兜、妙智寺、晟村、爱庄兜、陆家港、迓君里12所学校。1957年，改名为吴江县七都乡中心小学，辅导全乡29所小学。1958年，改名为吴江县七都公社中心小学，由中心校联动辅导校管理下属29所小学。1969年，学校下放到吴溇大队办学，由大队贫下中农管理委员会管理，改名为吴溇小学。1978年，恢复七都公社中心小学校名，重建学校辅导区。1983年，学校改名为吴江县七都乡中心小学。1987年，学校易地新建校舍，校址迁至吴溇妆桥路东街原农机厂所在地，建造844平方米的教学楼和综合楼。1992年，学校改名为吴江市七都镇中心小学，通过了九年制义务教育达标验收。2012年，学校改名为吴江区七都小学。

二、学校特色

学校地处太湖溇港腹地,溇港文化植入百年老校血脉。学校围绕溇港文化这一特色,提炼出溇港文化的精神特质——"融通灵动,力行致远",逐步形成了溇港韵校本课程系列、溇港美德少年评价体制、溇港特色校园文化建设等,开发了校本教材《溇港韵》(三册)、《溇港科技特色读本》。2008年,《吴溇港水污染问题探究》获中美合作江苏省小公民教育实践活动一等奖,2003年至2020年,学校每年在江苏省青少年科技创新大赛中获一、二等奖。近10年来,学校有7人次获江苏省中小学金钥匙科技竞赛特等奖,11人次获一等奖,13人次获二等奖。2020年,学校获吴江区"科技创新优秀组织单位"奖项。2021年,溇港文化科技特色课程基地建设项目成功验收,学校获批为苏州市中小学课程基地。

三、办学成就

截至2021年12月,现有班级48个,学生2048人;现有教职工168人。2017年至2019年,学校连续三年获全国语文规范化知识大赛优秀组织奖。2021年12月,学校被评为"苏州市文明校园"。

(叶建珍 文 王颖 供图)

吴江区震泽实验小学

创建时间：1907年
校训/校风：爱智崇德
学校地址：苏州市吴江区震泽镇镇南一路1688号

一、历史沿革

学校创建于清光绪三十三年（1907），初名为震泽淑群女子小学，校址在震泽镇池塘桥，创办人为周苕墅，负责人为朱金珍（周苕墅夫人），开创了震泽镇女子入学读书的先例。1915年，学校改名为县立女子高小。1931年，改名为震泽女子小学，随后男女生兼收，学校规模扩大，校舍扩建，新建一幢两层8间教室的教学楼、小礼堂和操场。1934年，学校命名为震泽池塘桥小学。1938年至1945年，学校规模缩减，只有200多名学生，教职工仅10名。1945年抗战胜利后，学校规模再扩大。与此同时，震泽镇还建有梅诗场小学、藕河街小学等其他小学。1949年新中国成立后，学校由人民政府接管，改名为震泽镇池塘桥小学，性质由私立改为公立，由文教科任命徐深为校长。1954年，学校改名为震泽镇中心小学，梅诗场小学和藕河街小学为两所辅导校。1960年至1977年，学校附设2个幼儿班。学校曾改名为太平街小学、震泽镇第二小学。1977年，学校复名为震泽镇中心小学。1979年，藕河街小学合并到梅诗场小学，由原来的两所辅导校合并成一所。1988年春，震泽乡、镇两所中心小学合并为一所中心小学，下属东、南、西、北四个辅导片，辅导校分别设在勤幸、双阳、里泽和外倚村。1989年至1995年，学校布局再次调整，先后撤并庙浜、徐家浜、众安桥、周家扇等村小。中心小学本部为中高年级部，梅诗场小学为低年级分部。1992年上半年，农村幼儿班也归口由中心小学管理。至此，震泽全乡镇学前教育（除镇妇联管理的幼托中心）和小学教育全部由镇中心小学管理。1997年，在镇政府的高度重视下，全镇人民捐资

1999年"苏南农村小学大面积提高语文教学质量的策略研究"课题论证会在震泽实验小学举行

1999年中科院院士、"两弹一星"专家杨嘉墀回母校看望师生

助学，投资1100万，易地新建震泽镇中心小学，校址由原来的震泽镇池塘桥搬至震泽镇石瑾新村南，全校师生于1998年9月迁至新校舍。同时，又扩建了镇西联小和齐心小学，并在梅诗场小学原址新建了震泽镇幼儿园，于1999年上半年投入使用，原中心小学和梅诗场小学附属的幼儿班全部搬入新园，由中心小学统一管理。2001年，学校通过了江苏省实验小学考核验收，并被确定为江苏省教育科学"十五"规划重点课题实验学校、教育部农村艺术教育实验学校。2001年8月，经镇政府协调，实验小学附属幼儿园与镇幼托中心合并，成立震泽镇中心幼儿园，划归镇教管会管理。后学校多次布局调整，撤并所有村小。2011年5月，镇政府

投入 4000 万元新建震泽实验小学东校区，位于震泽镇双阳村，占地面积 34000 万平方米，建筑面积 12000 平方米，于 2012 年 9 月正式投入使用。2018 年 2 月，学校拆除原行政楼，改建 3500 平方米综合楼，配建各类专用教室，于 2019 年 9 月正式启用。2020 年 3 月，学校本部教学楼因不符合校舍抗震等级要求，原地拆除，政府投资 8000 万元新建教学楼，共有 15570 平方米，其中地上建筑面积为 11570 平方米，地下面积为 4000 平方米。

二、学校特色

学校确立"多元教育"的特色品牌，逐步形成语文、艺术、科技"三足鼎立"的特色教育格局。2001 年，学校被评为教育部农村艺术教育实验学校。2008 年、2009 年、2011 年、2012 年四年中，由学校学生参加的吴江市代表队在江苏省金钥匙团体赛中均获得特等奖。2015 年，学校紧紧依托地域优势，建设蚕丝文化特色课程，成功入围省级基础教育内涵建设项目。学校社团蚕丝创客工坊参加江苏省第七届中小学生艺术实践工作坊展演并获一等奖。

三、办学成就

截至 2021 年 12 月，学校占地面积 73702 平方米，建筑面积 36040 平方米；现有班级 63 个，学生 2978 人；现有教职工 220 人，其中专任教师 178 人。学校获得"全国青少年校园足球特色学校""江苏省平安校园""江苏省绿色学校""江苏省青少年科技教育先进学校"等荣誉称号。学校培养了诸多优秀人才，其中有中科院院士、"两弹一星功勋奖章"获得者杨嘉墀，民革中央原名誉副主席沈求我，等等。学校将继续遵循"爱智崇德"校训，努力实现"教师精彩""学生出彩""校园多姿多彩"的教育愿景。

（李桂英 文　潘真敏 供图）

吴江区铜罗小学

创建时间：1910 年
校训 / 校风：美人美己，美美与共
学校地址：吴江区桃源镇铜罗府前路 666 号

一、历史沿革

学校的前身是位于铜罗三官堂的一所私塾，清宣统二年（1910），由汪延瑛等人开办，也称为养正小学堂，教学启蒙课文及经书之类。其后因三官堂为严墓行政办事处所用，学校整体迁往原育婴堂几间平房内，组织形式也发生改变，定名为乙种商业学校，属地方办学性质；当时学校只收男生，仅两间教室，都是初级班，进行复式教学；学校办学条件十分简陋，经费来源主要是地方茶捐收入，没有设立校长，仅有校董数人主事。1917 年，学校收归公立，改名为吴江县第十国民初级小学，第一任校长是钮善。钮善上任后，大力经营，扩建校舍 28 间，教

1966 年铜罗公社耕读小学办学积极分子、优秀教师合影

1980年铜罗小学老校区首批教学楼

2008年铜罗小学老校区新建综合教学楼和塑胶跑道

室由2个增加到4个,创办幼儿班,男女兼收,教学条件也日渐改善。1928年12月,学校改名为吴江县第七公立小学,属完全小学性质。1931年,改名为吴江县立严墓小学。1937年2月,改名为吴江县立南街小学,全面抗战爆发前夕,全校职工13人(其中工友2人),学生来源除附近大量农村子弟外,也有其他学生,遍及整个严墓区(包括现在的坛丘、南麻、桃源、青云等公社)。1937年10月,日寇入侵铜罗,学校被迫停课;1938年6月,游击区吴江县政府在本区南乡成立,学校重新开课;1942年,日伪入侵严墓,学校被迫解体,烧剩的几间平房被伪区长拆除,建校30多年的南街小学荡然无存。1945年抗战胜利后,重建吴江县立严墓小学。1949年新中国成立后,学校改名为胜利街小学。1956年,改名为铜罗乡中心小学。1968年，合并为铜罗镇七年制学校。1978年9月，学校恢复为铜罗乡中心小学。2012年，吴江撤市设区，学校遂于2013年2月改名为吴江区铜罗小学。2018年9月，学校完成易地新建工作，府前路666号的新校区投入使用。

二、学校特色

学校是一所典型的苏南农村学校，以艺术教育见长。1992年，学校聘请浙江省嘉兴市洛东乡中心小学沈永政老师开办试验性的美术暑期班，学校从此走上了以儿童画、农民画教学为主的美术特色之路。自20世纪90年代起，学校就开始对美育进行有效探索，在美术教学上成果丰硕。1999年，学校承担全国农村艺术教育工作现场展示；2000年，国家级艺术课题在吴江结题，并做现场展示；2003年，学校获教育部"农村艺术教育实验学校"称号。美术特级教师沈永政老师领衔的艺术团队及沈老师辅导的学生作品在省市乃至全国各类比赛中获奖。同时，学校以搬迁新校为契机，以杰出校友、中科院院士汪集旸为学术引领的榜样，着力推进"汪集旸少年科学院"项目，在保留原有艺术特色的基础上，凝心聚力打造科技特色。近年来，江苏省教育频道《教育周刊》对之做过专题报道。

2021年中科院院士、校友汪集旸指导学校科技教育

1999年11月铜罗小学承担全国农村艺术教育现场活动

三、办学成就

截至 2021 年 12 月，学校占地面积 24865 平方米，建筑面积 23526 平方米；现有班级 24 个，学生 1050 人；现有教职工 91 人，其中专技教师 72 人。学校先后获"全国农村艺术教育实验学校""江苏省青少年航空科普教育基地""江苏省健康单位""江苏省剪纸文艺传承基地"等荣誉称号。学校以艺术教育（美育）为突破口，受到教育部艺术司专家和领导的好评。学校培养了许多优秀学子，其中有中科院院士汪集旸、科学家许永林、女作家徐卓人、中科院成都有机化学研究所研究员施逸等众多名人；培养了姚泽安等 10 多位清华、北大的优秀学子。学校将继续遵循"美人美己，美美与共"的校训，弘扬"踏实为人，务实做事"的校风，敢梦、敢想、敢做、敢当，初心不忘，再攀高峰！

（严卫强 文 严卫强 供图）

江苏省木渎实验小学

创建时间：1904 年
校训/校风：立
学校地址：吴中区木渎镇南亭路 18 号

一、历史沿革

清光绪三十年（1904）七月，退隐回乡官员顾肇熙在木渎镇道堂浜创办木渎公立初等小学堂，顾彦聪、柳宗堂为正副堂长；经费来源除士绅特捐外，以石料石屑捐为大宗，年支经费 2480 元。清光绪三十二年（1906）仲春，江苏学政唐景崇来校巡查，授予"象勺腾华"匾额。清宣统元年（1909），接受木渎富商严氏赞助，在操场北部建造一幢两层西式洋楼，楼房有大阳台，装饰 4 根白色罗马柱筑，设 4 间教室、2 间办公室及 2 间宿舍，总面积 410 平方米。1912 年将香溪两等小

1951 年木渎区第一届小学联合体育运动会优胜运动员、工作人员合影

学堂并入，学校改名为木渎市立二等小学校。1914年，学校高等一部改为吴县县立第六高等小学校，初等一部改为木渎市立第一初等小学校。1924年，上述两校合并为吴县县立第一小学校。1931年，学校改名为木渎中心小学。1945年，改名为吴县木渎中心国民学校。1946年9月，学校附设幼稚园。1950年，学校复名为木渎中心小学。1953年，改名为苏州市木渎中心小学。1958年，改名为吴县木渎中心小学。1962年9月，学校划出一部成立吴县师范附小。1963年8月，吴县师范迁至外地，原划出的一部（吴县师范附小）重归木渎中心小学。是年，木渎中心小学被定为吴县重点小学。1966年起，学校先后改名为动力厂五七学校、红旗小学，在吴县师范学校原址创办东方红小学。1971年，学校复名为木渎中心小学。1978年，学校被定为首批要办好的省重点中小学之一。1981年，被定为江苏省实验小学。2000年，被命名为"江苏省模范学校"。2009年9月，迁至木渎镇胥江北岸南亭路18号新校区。2020年12月，成立木渎实验小学教育集团。

二、学校特色

学校得中国新学倡导者之一冯桂芬"师善"思想的一脉相传，一贯重视课堂教育和教学，倡导"唯善是从"，追求"止于至善"的教育臻境，名师辈出，其中有张郁文、蒲玉书和江苏省语文特级教师徐德郁等。学校以"立"为校训、"善以立德"为校风、"爱以立教"为教风、"思以立学"为学风，精心构建"立式课程"，努力实施"立式教育"，致力于培养"方正博雅，自信向学"的优秀学子。学校坚持以教育科研为先导，探索课堂教学改革。"八五"至"十五"期间，

1948年毕业证书

20 世纪 60 年代师生合影

1978 年冬季越野赛跑

学校进行"小学课堂教学低耗高效"系列教改实验;"十一五""十二五"期间,进行"小学课堂教学优效化的研究";"十三五"期间,进行"基于'立式教育'的课堂教学实践研究",逐步形成"低耗高效"和"优效化"的教育特色。

三、办学成就

截至 2021 年 12 月,学校占地面积 54036 平方米,建筑面积 27292 平方米,运动场地 15168 平方米,绿化用地面积 16481 平方米;小学部现有 52 个班级、学生 2576 人,幼儿园现有 17 个班级、学生 502 人;现有教职工 197 人。学校获得"全国中小学信息技术道德教育示范学校""全国红旗大队""江苏省模范学校""江苏省青少年科技先进学校""江苏省教育科研先进集体"等荣誉。培养了一批优秀学生,其中有昆虫学家严家显和柳支英、病理学家严家贵、画家杨宏才、文学博士顾敦柔、儿童文学作家和翻译家曹忠骏、电影导演姜启凤、纺织技术专家和翻译家叶奕樑、中国工艺美术大师和国家级非物质文化遗产苏绣技艺代表性传承人顾文霞、国家体操队总教练张惠琴等。

(张雪康文 赵卫民 供图)

吴中区香溪路实验小学

创建时间：1908 年
校训/校风：真是友，朴为美
学校地址：吴中区木渎镇香溪东路 8 号

一、历史沿革

清光绪三十四年（1908），乡绅钱仲梅租钱姓房屋创办木渎市立金山初等小学校，钱仲梅任董事长兼教师。1912 年，钱仲梅之子钱翱如继父职。1916 年，学校改名为木渎市立金山国民小学校。1921 年，学校迁至金山夏家浜钱姓屋内上课。1923 年，改名为木渎市立金山初级小学校。1927 年，改名为金山初级小学校。1928 年，改名为金山小学。1934 年，改名为金山初级小学，属木渎第五学区。1937 年 7 月，抗战全面爆发，苏南沦陷，日伪时期，学校仍为两个班级，但改属木渎第二学区。1945 年，抗战胜利后，改名为金山镇保国民学校。1947 年，改名为金山镇中心国民学校。1948 年，学校搬至南浜村金山乡乡公所内。1949 年 4 月，

20 世纪 40 年代后期教师合影

20 世纪 70 年代学生竞赛后合影

木渎解放，学校改名为吴县金山中心小学。1954年9月，改名为苏州市金山中心小学。1958年，改名为吴县金山中心小学。1986年3月，学校改名为吴县木渎中心小学，并迁至木渎镇东街69号。1989年8月，并入木渎实验小学。1990年，学校恢复独立办学。1995年9月，改名为吴县市木渎中心小学。2001年9月，改名为吴中区木渎中心小学。2006年8月，学校迁至木渎镇香溪东路8号。2007年11月，学校通过苏州市教育现代化学校验收。2022年3月，学校更名为吴中区香溪路实验小学。

20世纪80年代校园师生活动

二、学校特色

学校秉承"让每一个学生慧起来"的办学思想，积极实施"德育为首，质量为先，素质为要"的办学方略，围绕"活动育人，课程育人，全面育人"的育人理念，倾力打造STEM教育、珠心算等特色创新课程。

学校是中国STEM教育2029行动计划首批种子学校、江苏省STEM教育项目学校。物联网种植、3D打印、电子画笔、电脑编程、电动小车、科技创新等STEM系列课程的实施和推进，让学生获益匪浅，并在信息技术应用技能大赛、电脑绘画、电脑编程、金钥匙科技竞赛等各级各类比赛中，获得众多奖项。

学校是江苏省珠心算实验学校。学校积极推进珠心算课程的研究和实施，并取得了阶段性成果，学生的计算能力、逻辑思维能力得到培养和提高。在江苏省第二十五届珠心算能力比赛中，11名学生分获一、二、三等奖。近3年来，在吴中区珠心算能力竞赛中，学校有近200名学生获奖。

三、办学成就

截至2021年12月，学校占地面积31389平方米，建筑面积17970平方米；小学部现有41个班级、学生1993人，幼儿园现有16个班级、幼儿450人；全校现有教职员工163人，其中苏州市学科带头人4人，吴中区学科带头人24人。学校获得"全国青少年校园足球特色学校""全国青少年科技教育先进学校""江苏省智慧校园""江苏省五子棋特色学校"等荣誉称号。学校培养的学生中有计算机科学家俞舟、就读清华、北大的翁晓峰、袁琪和曹自强等。学校将继续弘扬"真是友，朴为爱"的校训、"胸怀朝阳而臻慧"的校风、"心存仁爱而启慧"的教风，致力营造"腹有诗书而敏慧"的学风，建设一所更有品位、更具文化内涵、更有发展潜力的区域名校。

（王二荣 文 王二荣 供图）

吴中区东山实验小学

创建时间：1818 年（旧学）
　　　　　1905 年（新学）
校训 / 校风：养正
学校地址：吴中区东山镇石鹤山路 16 号

一、历史沿革

清嘉庆二十三年（1818），太湖厅同知罗琦获得徐春帆、金承恩等人捐助后，在文昌宫两廊创办仰云书屋。翌年，招收东西山两地儿童入学。清咸丰十一年（1861），学校被战火焚毁。清同治十年（1871）十一月，太湖厅同知朱守和在文昌宫旧址重建学校，改校名为五湖书院。清光绪二十四年（1898），改为养正学堂。清光绪三十一年（1905），改为五湖两等官立小学，校舍扩展至 16 间，办有高级、

20 世纪 70 年代教学公开课

清代惜字碑

"五老"遗存图（"五老"：古银杏树、古紫藤树、古井、仰云亭、惜字碑）

初级两个班，学生40人，设置读经、算术、历史、地理、格致、图画、体操等十余门课程。1914年改名为东山乡立两级小学。抗日战争前后，改名为东山两级小学、文昌中心小学、前山镇中心国民学校等。1949年4月东山解放后，改名为东一中心小学。1952年，私立叶氏务本小学并入，学校改名为东山中心小学。1978年，学校列为吴县和苏州地区重点小学。1981年，与中心小学分离，改名为吴县东山实验小学，为江苏省首批实验小学。2002年，学校改名为吴中区东山实验小学。2003年6月，湖湾小学、岱松小学、卫东小学、渡桥小学、摆渡口小学和吴巷小学划归学校统一管理。2015年，完成全部撤并。是年9月，学校迁至渡桥村南石鹤山路新校区。

二、学校特色

学校借助吴金根劳模工作室、名师（名校长）工作室等平台，引领教师"学点理论，搞点实验，上点好课，写点文章"，构建优秀教师队伍，加大青年教师培养力度。学校涌现出叶惠民、吴金根、张洪鸣、高本大等特级教师及一大批优秀青年教师，被《江苏教育》誉为"东山现象"。全校有区级及以上学科、学术和班主任带头人36人，其中省特级教师1名，市级学科（学术）带头人7名，区级学科带头人29名。学校团队致力于研究百年教育之精华和智慧名校教育之新策，将国家课程做有效的校本转化。小学部开展"养正"德育、学科拓展、艺体特趣和茶道研发等四大课程，幼儿园研发并深度开展"适趣"课程；充分利用古镇丰富的历史人文资源开发校本课程，着力打造以"山水文化"为内涵的综合实践活动体系；进行"打开"教育，积极探索"先学、研学、拓学"的课堂教学。

三、办学成就

截至2021年12月，学校占地面积43300多平方米，建筑面积24500平方米；现有33个班，学生1438人；现有专任教师98人。学校获"全国红旗大队""全国青少年校园足球特色学校""江苏省模范学校""江苏省文明单位""江苏省苏派名校"等荣誉称号。培养的学生中有叶绪华、叶绪泰、苏惠渔等优秀学子。

（张玉军 文 张玉军 供图）

吴中区临湖第一中心小学

创建时间：1906年
校训/校风：廉洁有爱，育心树人
学校地址：吴中区临湖镇银藏路1808号

一、历史沿革

清光绪三十二年（1906）七月，金庆恒、陆元吉在渡村莳圩村普照庵（今前塘村后街）创办渡村初等小学堂，初创时有两班学生80余人，教师2人。1912年收归市有，改名为横泾市立第二初等小学校。1916年4月，改名为横泾市立第二国民小学校。1923年8月，改名为横泾市立第二初级小学校。1927年8月，改名为横泾市立渡村初级小学校，有学生121人。1928年8月，改名为渡村初级小学校。至1934年，有两个班，学生97人，教师3人。1937年全面抗战爆发后，公立学校停办，当时有4所私塾，其中一所从1940年至1941年由张忠秉借本校办私塾。1942年9月，复办徐墅乡立小学，3个班，学生100余人，教师5人。1946年，改名为庄莲镇中心国民学校。至1948年，有高级1个班，初级5个班，学生245人，民教部有两个班学生78人，合计为8个班，共323人。1949年4月27日，渡村解放，沿用旧名至1950年年底。1951年，改名为吴县渡村中心小学，添设留校班，一方面避免完小毕业生失学，另一方面将此班学生训练成为

1958年校貌

冬师。1968年8月,学校分为渡村建设大队小学、渡村建中大队小学、渡村友好大队小学。1978年,学校复名为吴县渡村中心小学。1992年,学校通过义务教育达标验收。1995年,改名为吴县市渡村中心小学。2001年,改名为吴中区渡村中心小学。2005年3月,学校迁至东塘桥新校区,灵湖小学、石舍小学、下堡小学、三塘小学4所村小并入中心小学。2006年9月,黄垆小学并入中心小学。2007年,改名为吴中区临湖第一中心小学。

二、学校特色

学校地处太湖之滨,素有种莲之风。在办学过程中,不断挖掘本土化教育资源,秉承"根植传统文化,以莲韵育师德,以莲韵育童心,以莲韵显特色"的办学理念,着眼学生终身发展,在夯实国家课程的同时,构建莲文化育人特色。依托课题,从苏州市"十一五"规划课题"德育本土化的思考与研究"到苏州市"十二五"规划课题"莲文化校本课程建设的研究",莲文化特色鲜明。近年,凭借中国中医科学院大学落户临湖的优势,依托莲文化,构建国医体系,成功申报苏州市"十四五"规划课题"农村小学中医药文化课程协同开发与实施的实践研究"。学校将依托课程基地的创建,引领高质量发展。

三、办学成就

截至2021年12月,学校占地面积33000平方米,建筑面积18026平方米;现有班级44个,学生2043人;现有教职工115人,其中专技教师112人。学校获得"江苏省体育特色学校""江苏省帆船运动特色学校""苏州市文明校园"等荣誉称号。

(毛亚军 文 孙荣福 供图)

吴中区临湖实验小学

创建时间：1906年
校训/校风：扬帆奋进，幸福成长
学校地址：吴中区临湖镇浦庄重才路558号

一、历史沿革

清光绪三十二年（1906）正月，俞成功和浦庄诸乡绅在浦庄镇东市三官堂（今浦庄东街1号）创办公立浦庄初等小学堂，有1个班级，1名教师，10多个学生。清宣统元年（1909），孔宪高接办，添建教室，增加1个班级，改为复式编制。清宣统三年（1911），改名为横泾市立第一初等小学校。1916年，改名为浦庄国民小学校。1923年8月，改名为浦庄初级小学校。1927年，改名为横泾市立浦庄初级小学校。1928年8月，改名为吴县浦庄初级小学校，有学生51人，其中升学17人，就商16人，其他18人。1930年，学校增加到3个班级。1934年，由第四学区所辖，有3个班，学生125人，教职员为4人。1936年3月，由第三学区所辖，校名仍为县立浦庄初级小学。1937年7月抗日战争全面爆发后，浦庄镇沦为敌占区，日伪时期，仍为3个班级。1947年9月，改名为浦庄镇中心国民学校。1951年，改名为吴县浦庄中心小学。1953年，改名为震泽县浦庄中心小学。1959年5月，复名为吴县浦庄中心小学。1964年11月，在浦庄塘河南，扩建两个新教室（6间）。1978年9月，再次恢复原校名吴县浦庄中心小学，恢复中心校长等职位，辅导区工作更加健全。1989年12月，学校达到普及九年制义务教育标准。1995年6月，改名为吴县市浦庄中心小学。2001年1月，改名为吴中区浦庄中心小学。2006年，原浦庄镇和渡村镇合并改名为临湖镇，次年学校改名为吴中区临湖第二中心小学。2014年9月，学校易地新建，迁至临湖镇浦庄重才路558号，改名为吴中区临湖实验小学。

教师合影

二、学校特色

学校坚持深耕艺术和科技教育的沃土，以艺术教育滋养素质教育，以科技教育夯实综合能力，形成以骨干教师为指引、以兴趣小组为方式、以活动竞赛为途径的教学模式，逐步推进学校的艺术教育和科技教育。学校成立艺术特色学校工作小组，配置19个科技、美术、音乐等特色教育专用教室，成立合唱队、舞蹈队、书法小组、儿童画小组、书画小组、纸艺小组等文艺社团，创建金钥匙小屋、幻想天地、科普文苑、巧手工作室4个科技创作社团，开展丰富的社团活动。学生在第23届全国中小学生（江苏地区）金钥匙科技竞赛团体决赛中获省团体二等奖，在第30届江苏省青少年科技创新大赛中获得二等奖。2017年至2021年，在江苏省金钥匙竞赛、江苏省创新大赛、苏州市建模和航模比赛中共有124人次获得奖项。

三、办学成就

截至2021年12月，学校占地面积42900平方米，建筑面积28953平方米；小学现有46个班，学生2025人，幼儿园现有15个班，学生417人；现有教师154人。学校获"江苏省金钥匙科技竞赛先进学校""苏州市文明校园""苏州市青少年科技教育特色学校""苏州市艺术教育特色学校"等荣誉称号。培养的学生中有医学教授陈炳官、农林经济管理专家徐志刚、化学工程博士周立国、血液病专家王月英等人。学校将遵循"扬帆奋进，幸福成长"的校训，弘扬"阳光活泼，团结进取"的学风，立足新时代教育的目标，赓续百年初心，担当育人使命，乘风破浪，奋勇前进！

（刘燕文 王学峰 供图）

吴中区横泾实验小学

创建时间：1906 年
校训/校风：集善
学校地址：吴中区横泾街道中兴路 88 号

一、历史沿革

清光绪三十二年（1906）三月，乡绅钱家麟、王锡辰、叶昌裕、陈根源各捐钱百千为倡，其他绅商亦酌予捐助，在横泾集镇下塘集善堂创办横溪公立小学堂，亦称公立横泾初等小学校，陈根源任校长。1913 年 2 月，学校增设高小班，并改名为横泾市立两等小学校。1916 年 4 月，改名为横泾高等小学校附设国民学校，设置 4 个年级，俱为复式编制。是年 12 月，改名为横泾高等小学校附设初级学校。

1950 年教师合影

1986年横泾中心小学30年教龄教师合影

1995年师生书画作品展

1924年8月,高、初级合并,改名为市立横泾小学校。1927年8月,改名为镇东小学校。1928年8月,改名为横溪小学。1949年,改名为横泾国民中心小学校,并迁至横泾集镇下塘陈宅。1951年,改名为吴县横泾中心小学。1952年,迁至上塘金家弄义金庙。1953年,改名为震泽县横泾中心小学,义金庙为横泾中心小学一院,延庆寺为横泾中心小学二院。1954年,定为震泽县重点中心小学。1955年,办"戴帽子"初中班。1959年,改名为吴县横泾中心小学。1969年3月,横泾中心小学一院改为横泾新民小学,二院改为横泾三星小学。1972年9月,复名为横泾中心小学。1978年,一院旧房划归横泾中学。1979年,在二院征田建教室宿舍,延庆寺二院旧房拆除,建前后两排平房,至此平房共三排。1988年9月,拆除北排平房,建造三层教学楼,1989年9月,教学楼正式启用,横泾中心小学12个班级学生全部在新教学楼上课。1990年，拆除南排平房，建学校大门、传达室和铁围墙。1998年至1999年，拆除中间排平房，向西征地扩建250米环形跑道操场，同时向北征地建造新教学楼，2000年8月，北面四层新教学楼正式启用。2017年9月，学校整体搬迁至横泾街道中兴路88号新校区；同年10月，改名为吴中区横泾实验小学。

二、学校特色

学校在"让每一个生命都自由舒展"的理念引领下，秉承"集善"校训，以特色引领师生共长，逐步形成培养"童真童慧好少年"的发展之路。21世纪初，伴随书香校园建设，学校开展以阅读为基础的童话育人活动，形成"读——以兴趣养成习惯，画——用色彩展示想象，演——把情感注入形象，创——用文字放飞梦想，融——从争章走向评价"的童话育人新模式。学校艺术教育传承创新，紧跟教育发展新节拍，编撰集国画、书法、篆刻、拓印、陶艺、劳技等传统文化于一体的苏扇综合课程体系，形成以苏扇为代表的传统文化教育亮点。2019年，苏扇艺术实践工作工坊参加全国第六届中小学艺术展演，获艺术工坊实践类一等奖。

三、办学成就

截至2021年12月，学校占地面积60030平方米，建筑面积42819平方米；现有班级64个，学生2613人；现有教职工260人。学校获"全国青少年集邮示范基地""全国青少年校园足球特色学校""江苏省艺术教育特色学校""江苏省生态学校""江苏省平安校园"等荣誉。学校培养了一批优秀学生，其中有外交官孔繁农、陆伯源、顾景奇，江苏省医学领军人才李建勇，等等。

（沈三英 文 吴燕婷 供图）

吴中区越溪实验小学

创建时间：1913 年
校训/校风：行健如虹
学校地址：吴中区越溪越城东路 1 号

一、历史沿革

1913 年 7 月，周瑞伯在越溪镇轮船码头处创办新学，校名为乡立第一学校。四合院式房子设置两个教室、一个办公室和一个教师宿舍，西面有一个小礼堂。1915 年，改名为区立湖一国民学校，校长许钟秀。1937 年 1 月前，改名为越溪初小，校长朱赓南。1937 年 8 月，增开一个混合班，班级从一年级到六年级。不久，学校因战事动荡停办。1949 年 9 月，学校属吴江县文教局管辖，校长刘昱，有两位教师，一个班学生。1950 年下半年，学校改名为吴县越溪中心小学。1954 年，

1955 年学校教师合影

1966年小学毕业生合影

1979年杨明德校长在学校运动会上讲话

改名为震泽县越溪中心小学，校长贝淑敏。1957年，学校扩建操场，并在操场北端建房12间，做4个教室。1958年12月，学校改名为吴县越溪中心小学。1971年，学校迁至溪江以东第七大队第六小队。1976年9月，创办初中班，成为七年一贯制学校。1978年，初中部划归越溪中学，复为五年制小学。1979年9月，学校迁至越溪中学（越溪中学迁至汪新）。1988年，学校迁至吴山街新越溪中学西侧新校区。2004年，迁至越城东路1号新校区。2006年，改名为吴中区越溪实验小学（江苏省越溪实验小学）。

二、学校特色

学校本着"传承吴越文化精华，丰富校园文化内涵"的宗旨，以"行健如虹"为校训，在保护和传承越溪古船拳方面进行探索研究，组织学生开展船拳文化节活动。以学校为保护单位的"越溪船拳"被国家体育总局评为中国体育非物质文化遗产保护与推广项目，船拳成功申报江苏省级非物质文化遗产。国家体育总局体育文化发展中心在学校建立江南船拳文化研究中心，教育部体卫艺司和江苏省教育厅领导莅临学校，考察船拳文化活动。学校成为教育部第一批全国中小学中华优秀文化艺术传承学校、苏州大学体育学院武术教学实习基地。中央电视台、"学习强国"、《中国教育报》等媒体报道了学校开展的传承活动。

三、办学成就

截至2021年12月，学校占地面积45155平方米，建筑面积28766平方米；现有教学班56个，学生2161人；现有教师167人。学校重塑教师"文化摆渡人"身份，建设新时期教师团队，"溪小学者工程"成果受到广泛关注。"小学语文体验教学的实践研究"入选江苏省基础教育前瞻性教学改革实验项目，被江苏省教育厅评为江苏省教学成果一等奖。学校获"全国中小学中华优秀文化艺术传承学校""江苏省教育工作先进集体"、教育部"'教育管理信息化标准'应用示范区先进学校""江苏省青少年科技教育先进集体""江苏省体育传统项目学校"等荣誉称号。

（蔡建新 文　蔡建新 供图）

吴中区藏书实验小学

创建时间：1905年
校训/校风：尚智
学校地址：吴中区木渎镇藏书下塘70号

一、历史沿革

清光绪三十一年（1905）七月，王澄、陈菊初集资在城隍庙内创办吴县善桥乡初等小学堂。1912年，改名为吴县善桥乡第一初等小学校，有教师2人，学生105人。1937年，学校停办。1941年，学校在善人桥镇下塘养蚕场复课；翌年，复迁入城隍庙。1943年至1944年，因日军建造飞机场，学校再度停课。1945年，学校复学，改名为吴县善玉镇第三保国民学校。1949年9月，学校改名为吴县善

20世纪60年代教室

1980年校门

1986年教学楼

桥中心国民学校。1951年,学校改名为吴县善桥中心小学。1954年,木渎中心辅导区灵岩小学划归善桥中心辅导区管辖。1958年9月,学校改名为吴县藏书中心小学。1959年2月,迁至善人桥镇下塘东首。1962年,迁至上塘街33号。1986年2月,迁至下塘藏书粮站南新校区,老校舍改作幼儿园。1984年年底,学校达到教育部颁布的普及初等教育"四率"标准。1989年12月,学校达到普及九年制义务教育标准。1995年6月,改名为吴县市藏书中心小学。2001年1月,学校改名为吴中区藏书中心小学。2002年10月,藏书镇通过江苏省教育现代化乡镇评估验收。2005年6月,学校被确认为江苏省实验小学。2006年5月,学校改名为吴中区藏书实验小学。同年9月,藏书实验小学划归木渎镇管辖,辅导区藏南小学划归胥口镇管辖。

二、学校特色

学校在办学过程中形成多方位、立体化的办学特色。20 世纪 90 年代，学校结合本地资源，探索孙子文化进校园和"五小"科技特色。进入 21 世纪后，学校提出以"立德树人，五育并举"为办学底色，以信息科技教育为突破口，在人工智能、物联网、3D 打印等领域引领学生创新式发展；以孙子文化进校园为抓手，构建智慧校园，培养智慧学生；以藏书读书为载体，积极开展全员阅读工程，营造书香校园氛围。学校每年开展体育节、艺术节、阅读节、科技节等节庆活动，在活动中育人，在育人中提升。学校确定"教育就是培养习惯"的办学思路，践行全面、立体的教学质量观，引导全校学生形成自律、自信、自力、自知、自胜的良好品质，以适应未来发展，奠定人生根基。

三、办学成就

截至 2021 年 12 月，学校占地面积 24876 平方米，建筑面积 10423 平方米；现有班级 43 个，学生 1976 人；现有教职工 160 人，其中专任教师 118 人。学校获"江苏省智慧校园""江苏省平安校园""江苏省第四批科学教育特色学校""江苏省绿色学校"等荣誉称号。

（吴安东 文　吴安东 供图）

吴中区胥口实验小学

创建时间：1914年
校训/校风：惟美惟新
学校地址：吴中区胥口镇时进路788号

一、历史沿革

学校的前身为1914年4月创办的木渎市立第十初等小学，租赁胥口下塘街民宅开班，有1名教师，20多名学生。1916年4月，改名为木渎市立第十国民小学。1923年8月，复名为木渎市立第十初级小学。1927年8月，改名为木渎市立胥口初级小学校。1928年4月，学校迁至上塘街民屋。1934年秋，迁至下塘街金庭寄旅（西山会馆一部分）。1940年，改名为胥口初级小学。1945年，改名为胥

20世纪60年代学生毕业合影

20世纪90年代东大街校门

口国民小学。1946年2月，改名为胥口六保国民小学。1948年2月，改名为吴县胥口中心小学。1954年，改名为苏州市胥口中心小学，校舍扩大至整个西山会馆。1958年9月，复名为吴县胥口中心小学。1966年，逐渐发展成8个班329位学生。1978年，承办吴县小学低年级识字教学研究会。1983年，苏州地区教师进修参观团来校参观。1990年12月，吴县人民政府来校验收九年制义务教育达标乡。1994年7月，学校迁至胥口镇东大街49号。1995年，改名为吴县市胥口中心小学。2001年，改名为吴中区胥口中心小学。2006年9月，学校迁至胥口镇时进路788号，藏书辅导区藏南小学并入。2007年10月，通过苏州市教育现代化小学验收。2013年9月，艺体馆（惟美楼）建成启用。2022年3月，学校更名为吴中区胥口实验小学。

二、学校特色

学校形成艺术办学特色，确立了芳香教育办学主题。依据胥口"全国书画之乡"的深厚文化底蕴，20世纪90年代胥口中心小学开始探索书画特色教学。江苏省教科所"九五"立项课题"书画教学对儿童心理素质影响的实验研究"成功申报并顺利结题。2000年9月23日，《胥口儿童书画集》和《雨后彩虹》举行首发式。2012年3月，胥口中心小学成立张维良竹笛艺术培训基地。目前，学校共有1000多名学生通过中国音乐学院竹笛演奏考级，两名学生考入中国音乐学院附中。2019年4月24日《中国教育报》报道学校的办学特色"文化立人逸芳香，惟美惟新铸栋梁"。

三、办学成就

截至2021年12月，学校占地面积49121平方米，建筑面积31158平方米；现有44个班，学生1894人；现有教职工153人，其中专任教师121人。培育了王金熙、徐纯原等著名校友。学校获"江苏省文明校园""江苏省艺术教育特色学校""江苏省美术教育科研基地""江苏省竹笛教学基地""江苏省科技教育先进学校"等荣誉称号。学校将继续遵循"惟美惟新"校训,弘扬"允放允芳"校风,坚持文化立校、课程润校、质量兴校、特色强校,持续书写"芳香教育"的璀璨与辉煌。

(程建斌 文 方莉 供图)

吴中区

吴中区光福实验小学

创建时间：1905 年
校训/校风：崇真尚美，修德泽人
学校地址：吴中区光福镇宝泉路 1 号

一、历史沿革

学校创建于清光绪三十一年（1905），前身是冯世徽、冯泽衍在光福镇下崦滩创办的公立西崦初等小学堂，学生少数人，以富家子弟居多，所用课本是《三字经》《百家姓》《千字文》、四书五经之类。清宣统三年（1911）改名为光福西崦小学，设一至六年级，实行初、高级四、二分制。1912 年，改名为光福乡第一初等学堂。1916 年 4 月，改名为国民初等小学。1923 年，改名为光福初级小学。1927 年 8 月，改名为光福西崦初等小学。1928 年，改名为吴县光福第一中心国民学校。新中国成立前，历任校长有邵立斋、府肇堂、凌紫沧、项植三、杨荣忠、

1952 年全体教师合影

20世纪70年代校门

20世纪80年代校园

杨先宸、范宗谷、黄奕浩、钱惠君、朱恩溥等。新中国成立后，学校开设语文、算术、音乐、美工、体育、珠算等课程，高年级还增设历史、地理、自然。1950年，改名为吴县光福中心小学。1966年至1976年期间，学校改名为光福五七学校。1995年6月，吴县撤县设市，学校遂改名为吴县市光福中心小学，同年，被批准附设培智学校，当时辅导区设有迁里、下绞、府巷、香雪、塘村等5所完小。2000年12月，吴县市撤市设区，学校改名为吴中区光福中心小学。2002年，光福镇人民政府投资易地新建校舍，学校于2004年9月整体搬迁至宝泉路1号。2009年9月，撤并辅导区5所完小，启用光福中心小学第二校区（2011年9月正式独立建制，改名为苏州香雪海小学）。2022年3月，学校更名为吴中区光福实验小学。

二、学校特色

学校依托地域文化资源开展素质教育，形成两大办学特色：一是开展"红色主题"德育活动。1993年，学校在驻地部队大力支持下创办吴县首个少年军校，定期开展军营生活体验课。依托苏州新四军太湖游击队纪念馆开展"三话"主题系列创作展演活动，对学生进行国防安全教育和爱国主义教育。二是"梅文化"主题综合实践活动。2006年2月，学校加入吴中区"三至九年级综合实践活动课程资源建设研究"项目，同年9月编辑出版《香雪海梅文化——小学生综合实践活动指导用书》校本教材，并开设研究性学习校本课程；2007年5月，学校《邓尉文化·古梅今韵》综合实践活动成果在苏州市第五次少代会现场展示；《走进香雪海梅花节》《神奇的梅浆桂花》《品读"病梅"》《创意梅花茶》等四项成果获苏州市综合实践活动学生研究性学习成果展评一等奖；2016年1月，《神奇的梅浆桂花》学生研究性学习成果在苏州市中小学综合实践活动课程实施推进会上作为全市小学段唯一代表进行现场展示。

三、办学成就

截至2021年12月，学校占地面积21978平方米，建筑面积6683平方米，绿化面积6792平方米；现有班级25个，学生1092人；现有教职工86人，其中专任教师79人。学校通过江苏省实验小学办学标准评估验收，成为首批苏州市教育现代化小学。舞蹈《担鲜藕》参加1992年中国苏州国际丝绸旅游节开幕式演出；萨克斯兴趣班获首届江苏省少儿才艺展示活动总决赛选器乐组一等奖。学校获"江苏省绿色学校""苏州市文明校园""苏州市德育先进学校"等荣誉称号。学校培养了一大批的优秀学生，其中有秦建春、许明、凌峰、黄志强、吴煜等博士，有医学专家范建玄、胡士荣、许武楚，微雕专家戈斌南，书法家葛顾，特级教师唐晓芳，等等。学校将继续秉承"崇真尚美，修德泽人"的校训，弘扬"立德、立才"的校风、"激趣、激疑"的教风和"善问、善解"的学风，努力培养和发展好每一位学生，不断提升学校教育质量和办学品质。

（顾晓恩 文 俞斌 供图）

吴中区西山中心小学

创建时间：1906年
校训/校风：崇实
学校地址：吴中区金庭镇东园公路96号

一、历史沿革

清光绪三十二年（1906），原大清银行买办罗焕章（西山人）慷慨捐资办学，短期内在西山地区创办了10所小学。该校为"求忠七校"。学校创办不久，被地方政府接收。1924年，求忠七校改名为东宅河小学。1947年，改名为东河练渎第一中心小学。1949年，改名为东河中心小学。1958年10月，改名为吴县金庭中心小学。2000年，西山镇人民政府为适应教育发展需要，决定易地新建一所4轨制学校。2002年6月1日，新学校竣工并举行揭牌仪式，9月1日，学校从金庭老街搬迁至东园公路96号。2002年10月，原西山镇3所中心行政（石公、堂里、

1960年学校辅导员和少先队员游览拙政园

2012年校园碑廊

20 世纪 80 年代教师护送学生上学

金庭）合一，成立吴中区西山中心小学。

二、学校特色

学校以吴地洞庭西山文化培育孩子，营造良好的教育氛围，编写校本教材《走进西山》《大度的故事》《德育山水间》《洞庭碧螺春》等10余册，其中校本教材《走进西山》获江苏省小学优秀校本课程案例评选二等奖。学校开展采茶制茶、走进古村落、保护古树名木、小导游等吴文化实践活动，让每一个孩子接受吴文化的熏染。苏州电视台对西小小导游、"碧螺春"综合实践活动做过专题报道；2009年12月14日，《语言文字报》专版报道了西山中心小学依托文化办学的特色发展经验。

三、办学成就

截至2021年12月，学校占地面积20466平方米，建筑面积6852平方米；现有班级35个，学生1319人；现有教职工110人。学校培养了奥运举重冠军陈艳青、国家运动健将陆红年等优秀学子。学校获"江苏省健康促进学校""苏州市文明单位""苏州市常规管理示范学校"等荣誉称号。"承吴文化千年精髓，育新世纪一代新人"是全校教职员工永恒的追求。

（柴勤声 文 柴勤声、金培德 供图）

吴中区长桥中心小学

创建时间：1911年
校训/校风：爱满怀，星满天
学校地址：吴中区蠡墅下塘50号

一、历史沿革

清宣统三年（1911），蠡墅镇乡贤郁振之在镇太平桥堍创办民众教育馆，时有1个班级，1名教师，学生近20名。学校后来迁至镇西观音庙，从此校址一直没变，只是不断往南扩充，直到现在的规模。1912年，学堂改为学校。1913年，改名为蠡墅乡立初等小学校。1916年，改名为蠡墅第一国民学校。1922年，改名为苏州市第四学区区立蠡墅第一国民学校。1923年，改名为蠡墅乡镇立中初级小学校，仍是一所只有一至四年级的初级小学。1928年，改名为吴县县立蠡墅小学。1931年始有五、六年级，全校共5个班，6名教师，已成为完全小学。1945年9月抗日战争胜利后，因校址濒临石湖而改名石湖中心国民学校，并设立教导处。1946年，改名为吴县蠡墅镇中心国民学校。1951年9月，改名为吴县蠡墅中心小学校，建立少先队组织，同年下半年建教育工会小

现存于学校中的古碑

20世纪70年代学校校门

1980届毕业生合影

组,当时学校设 5 个班,100 多名学生,有 8 位教师。1966 年,改名为吴县长桥红九学校,并成立革命委员会。1969 年,改名为吴县长桥中心小学。1975 年撤销革委会,建立文教组,组建独立的小学党支部。1978 年 5 月撤销文教组,恢复吴县长桥中心小学。1980 年,恢复工会组织。1984 年 6 月,建立教代会,学校设党支部、校长室、教导处、总务处等部门,以及工会、团支部、妇代会等组织,学校开始走上民主管理的新征途。1985 年,长桥中心小学辅导区下辖 19 所农村小学,其中 2 所完小(东风完小、新桥完小),17 所农村初小,分为东风、先锋、红庄、新华、四新、三桥等 6 大片;全辅导区共有 69 个班级、2153 名在校学生。后来根据教学布局调整,对农村小学进行撤并,至 2000 年,辅导区内农村小学全部完成撤并。因行政区划,1996 年,改名为吴县市长桥中心小学。2001 年,改名为吴中区长桥中心小学。

二、学校特色

学校以银杏文化为依托,倾力打造天文探索、智慧体育、创新科技、传统艺术四大特色课程。2013年,成立全国首个青少年科普院士工作站。同年,学校被确定为全国中小学棋类教学实验课题研究示范实验基地、江苏省中国象棋课程基地、全国象棋后备人才培训基地。2021年,挂牌成立中国象棋特级国际大师徐天红工作室。学校"满天星"科技创新团队在2018年至2019年全国青少年科技创新大赛中分获一、二等奖;2020年,获江苏省青少年科技竞赛一等奖,并获第五届苏州市摇篮奖、市长奖、耕耘奖、提名奖四大奖项;2021年,被评为"苏州市魅力科技团队"。近年来,学校注重"非遗"文化课程建设,衍纸、陶艺、盘金绣等传统艺术社团相继成为学校的特色亮点。

三、办学成就

截至2021年12月,学校占地面积48000平方米,建筑面积28586平方米;现有班级50个,学生2014人;现有教职工185人,其中专任教师135人。学校先后获得"江苏省科学教育综合示范学校""苏州市青少年科技教育特色学校""苏州市特色体育项目学校"等荣誉称号。2012年,国际天文联合会小行星命名委员会将编号为172315小行星命名为"长桥小学星"。学校培养了许多优秀学子,如董毓男同学成为苏州市首位全国象棋冠军。学校将继续遵循"爱满怀,星满天"的校训,弘扬"和顺、和悦、和美"的校风,秉承"和风杏雨,深耘静待"的文化理念,进一步积淀学校文化,丰富课程特色,推进教学改革,提升办学品位。

(沈丽英 文 胡彬 供图)

苏州叶圣陶实验小学

创建时间：1905年
校训/校风：善教善导，主动发展
学校地址：吴中区甪直镇德才路61号

一、历史沿革

清光绪三十一年（1905），甪直乡绅沈宽夫次子沈潽源改甫里书院为元和甫里公学，聘方还任校长，有学生三四十人，采用传统的书塾式教学方法。翌年，学堂改名为元和甫里小学，聘教师沈柏寒，改用新式教学，开设语文、算术、史地、图画、体操、修身等课程。1912年，学校改名为公立吴县甫里小学。1915年年初，在学校东北面辟地兴建二院，在四面厅东侧建造一幢二层教学楼，楼下为礼堂、

1917年春叶圣陶与其他教师合影

20 世纪 40 年代甫里小学二院学生做操

20 世纪 80 年代教学楼

音乐室，二楼为女生部，由许莲士女塾安排教师任教。1916年秋，学校改名为吴县县立第五高等小学（简称五高），聘王伯祥任教。1917年2月10日，叶圣陶等人受聘来五高执教语文、数学、体育。翌年春季，五高实施教育改革实验。1919年秋季，叶圣陶夫人胡墨林到女子部任教。1920年9月，五高改名为吴县甫里小学。1921年7月，叶圣陶辞去甫里小学教职到上海中国公学任教。1923年秋季开学前，吴县甫里小学与第一国民小学、府庙小学等3所小学合并为吴县甫里中心小学校，原吴县甫里小学、第一国民小学和府庙小学分别改称一院、二院和三院。1938年年初，日军强占部分校舍。9月初，学校改为私立吴县甫里小学，在三院开设高、中、低年级各一个班级。翌年初，以三院为校部，开设一至四年级的7个复式班。1941年9月，私立吴县甫里小学改名为吴县甫里小学。1945年秋季，学校改名为吴县甪直国民学校，1947年，改名为吴县甪直中心小学。1952年9月，东美桥南侧塔弄内的昆山县甪直小学并入甪直中心小学，称为四院。1953年年初，改名为吴县甪直中心小学，在镇上设四个院，附设一个幼儿园，并负责辅导农村小学。1955年年初，吴县甪直中心小学改名为吴县甪直小学。西洋里完小提升为西洋里中心小学，统管农村小学。1959年，吴县甪直小学复名为吴县甪直中心小学。1991年年初，叶圣陶汉白玉雕像在校园内落成，还以叶圣陶家属的1万元捐款设立叶圣陶奖学金；4月，民进中央在学校举办首届叶圣陶教育思想研究会；9月，学校被载入《中国名校》(小学卷)。1994年，中心小学本部迁至海藏路新校区，新校区占地面积17333平方米，校舍建筑面积5800平方米；新校区设四、五、六年级，二院老校区设一、二、三年级，四院撤销。2002年5月，学校改名为苏州叶圣陶实验小学；11月，叶圣陶长子叶至善为学校题写校名。2003年9月，启用德才路新校区；12月，学校通过江苏省实验小学评估验收。

二、学校特色

学校是叶圣陶教改实验起步之地，也是叶圣陶教育思想发源之地。叶圣陶特色鲜明的办学理念是——为学生幸福人生奠基。学校把传承实践叶圣陶教育思想作为立校之本和兴校之路，学校办学特色是传承实践，教为不教，像叶圣陶那样做老师，以身作则，善教善导，培养自主学习的阳光少年。教师引领学生动脑、动手、动嘴，主动探求，自主发展。教师将"教学至精，教育至爱，教为不教"目标铭刻在心，实践叶圣陶教育思想，培育时代新人。

三、办学成就

截至2021年12月，学校占地面积38970平方米，建筑面积21210平方米；现有班级79个，学生3898人；现有教职工279人，其中专技教师220人。学校获"江苏省平安校园""江苏省健康促进学校""江苏省体育特色学校"等荣誉称号。学校培养了大批优秀学生，其中有烈士陈继昌、院士兄弟殷震和殷之文、美国国家工程科学院院士戴振铎、画家朱育莲、儿科专家朱宗涵、跳高运动员王振和众多大学教授等。

（邹文珍、朱祖达 文 校办 供图）

吴中区郭巷实验小学

创 建 时 间：1913 年
校训 / 校风：读好书，树雄心，担大事
学 校 地 址：吴中区郭巷东街 1 号

一、历史沿革

1913 年，乡绅周志鹄在郭巷老街西首大经堂创办乡立第一初等小学校，设置 1 个班，有 20 多名学生。1916 年至 1937 年，学校先后改名为郭巷乡立第一国民小学校、郭巷初级小学校、郭巷乡立镇中初级小学校。1937 年学校停办，1940 年复办。1943 年，学校迁至老街东首地藏王庙（即现校址），改名为郭巷保国民小学校。1948 年又改名为郭巷国民小学校。1951 年 9 月，改名为吴县郭巷中心小学。1998 年至 2007 年，郭巷 21 个村级小学全部并入郭巷中心小学。1999 年，学校通

1955 年郭巷中心辅导区青年团员教师合影

1991年西校门

过江苏省教育现代化学校达标验收。办学规模不断扩大，校园面积从10000平方米、24000平方米、35333平方米、56000平方米扩大到现今58000平方米。2018年6月，学校改名为吴中区郭巷实验小学。

二、学校特色

学校的办学特色是"经典诵读，翰墨飘香；艺体并进，发展特长"。学校充分利用校园内的各种空间，以各种主题，打造丰富多彩的阅读空间；为不同年龄段学生编写校本化阅读教材，营造阅读氛围，让学生的阅读更具有针对性。《苏州日报》对学校"亲近国学，诵读经典"活动做过宣传报道，集体项目《君子之道》在苏州市第十三届中华经典美文朗读大赛中获一等奖，学校获吴中区全员阅读先进单位。

2013年，学校着手打造轮滑文化，组建轮滑队，成为苏州市轮滑协会团体会员。2016年，学校被命名为"全国青少年校园足球特色学校"。2018年，被命名为"苏州市艺术教育特色学校"。学校先后获得苏州市第二届小学生轮滑校际比赛冠军、苏州市"市长杯"总决赛小学女甲组技能一等奖等荣誉。42名轮滑队员获得世界级比赛参赛证书，参加轮滑马拉松世界杯比赛。

三、办学成就

截至2021年12月，学校占地面积58000平方米，建筑面积27000平方米；现有班级67个，学生2867人；现有教职工241人，其中专技教师183人。学校获得"全国校园文化先进单位""全国教育信息化示范基地""江苏省平安校园""江苏省健康促进学校"。学校培养的学生中有美国艾奥瓦州立大学教授董良、中国农业部农药鉴定师顾宝根、中国外交部参赞荣鹰等文化科技名人。学校正遵循"读好书，树雄心，担大事"的校训，弘扬"博爱、向学、乐群、立新"的教风，切实树立和积极实践"给学生最美好的童年，助人生最坚实的起步"的核心理念，描绘学校新的发展蓝图。

（朱银霖 文　郭惠东 供图）

吴中区

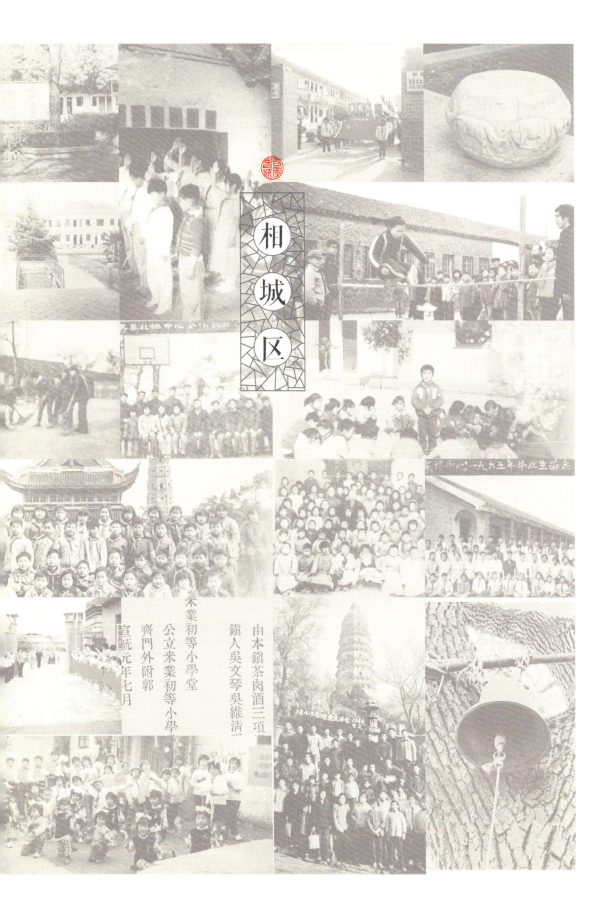

相城区望亭中心小学

创建时间：1913年
校训/校风：一字一句读好书，一生一世做好人
学 校 地 址：相城区望亭镇牡丹路18号

一、历史沿革

1913年2月，望亭以大运河为分界，下塘属东桥乡管辖，有一小学设于刘宅，上塘属金墅乡管辖，有一小学设于汪宅，李荫楼任校长。1920年，两校合并，定名为吴县望亭初级小学校，陆并吉任校长，校址设于望亭运河大桥北首上塘河岸边，原清驿站所在地，校门朝运河，占地约11447平方米，设一、二年级和三、四年级各一个复式班，教师5人，学生不满60人。1925年，望亭小学第一届高小毕业生有11人。1944年，由地方米商出资，为学校新建平房6间做教室。1946年，

1948年的学生奖状

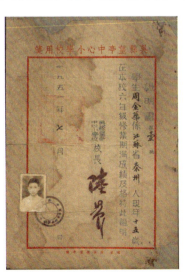

1951年六年级修业期满成绩及格的证明书

20 世纪 80 年代望亭中心小学泥图湾完小校门

20 世纪 90 年代学生足球训练

学校开办第一届幼儿班,有 50 人。1949 年 4 月,望亭解放,学校由吴县浒关区接管,校长、教师接收留用,顾坚元任校长。1950 年,学校改名为吴县望亭中心小学,管辖望亭农村小学及教学辅导工作。1956 年,望亭初级中学暂建于望亭中心小学操场西北面,1958 年 9 月搬出。1967 年 10 月,一度称为五七小学。1975 年 9 月,学校办起加冠初级中学,招收初一新生 165 名,至 1979 年 2 月停办,由望亭中学接管。1993 年 6 月,中心小学与幼儿园校舍正式分离。1999 年,新建望南小学、牡丹小学。2000 年,新建望东小学、迎湖木川小学,两年内撤并 11 所村初完小。2006 年 9 月,望亭中心小学易地新建,校址位于牡丹路东首以北区域,占地约 41600 平方米,建筑面积 21996 平方米,设计规模 48 班,撤并望东小学和迎湖木川小学,将望南小学作为专门接收外来工随迁子女的学校。2017 年 9 月,望南小学原地翻建启用,校址位于项路村望南路,设计规模 30 班,并改名为望亭中心小学。

二、学校特色

学校以"让我们温暖地绽放"为办学理念,以"一字一句读好书,一生一世做好人"为校训,倡导"微笑伴我同行"的校风、"温暖在我身边"的教风和"绽放无限可能"的学风。2017年2月,学校开始打造"我喜欢你"校园文化品牌,开展"我喜欢你·同事"身边的榜样师德宣讲、"我喜欢你·同学"叙事班会、"我喜欢你·孩子""我喜欢你·老师"叙事集体晨会等系列活动,让学校成为师生共同的精神家园。学校倡导做中学,追求知行合一,2021年2月,占地面积2500平方米的校内劳动实践基地——望星园建成并启用,将运河文化、稻香文化、中医药文化融入其中,并形成配套课程,成为学生劳动实践、体验成长的乐园。学校还打造"我是小中医"社团、"望星"足球社团、魔方社团、机器人社团等一大批特色社团,学生的素质得到了充分而全面发展。

三、办学成就

截至2021年12月,中心校占地面积43815平方米,南校区占地面积23610平方米,中心校建筑面积21996平方米,南校区建筑面积10091平方米;两个校区现共有班级75个,学生3315人;现有教职工218人。学校荣获"全国青少年校园足球特色学校""江苏省'一校一品'党建文化品牌项目学校""江苏省师说新语'十佳精彩案例'学校"等荣誉称号,学校的"叙事者"团队事迹、"我喜欢你"叙事德育课程先后被《人民教育》《中国教育报》等媒体报道,机器人社团获2019世界机器人大赛冠军赛MakeX"守护家园"小学组季军。

(许芳艳 文 陆建康 供图)

相城区东桥中心小学

创建时间：1910年
校训/校风：追梦、崇德、向善
学校地址：相城区黄埭镇东桥望东路88号

一、历史沿革

学校的前身为清宣统二年（1910）正月创办的东桥乡立第一初等小学堂。是年，本镇人吴文琴、吴维清、张树璋，在东桥镇河北街石库门9号，租用吴氏私房正式创办第一所公立学校，陆炳夫、韩筱江相继担任校长。1916年4月，由吴县第六学区所辖，改名为东桥国民小学校。1923年8月，改由第三学区所辖，改名为初级小学校。1927年，改名为东桥乡立镇北初级小学校，1929年8月，改名

1942年东桥国民小学师生合影

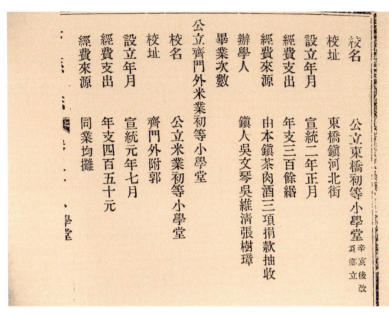

民国《吴县志》上关于学校创建的记载

20世纪50年代毕业生合影

为东桥乡镇北国民小学,由县政府拨款及个人赞助,在河北街建起5楼5底教学楼。1948年有4个班181名学生,1950年有4个班219名学生。1952年9月,成立中心小学校,改名为东桥中心小学,并由县政府拨款,原校舍全部翻建,并添置课桌椅。1958年,各大队的民办小学猛增,公社有小学23所。1967年2月,学校体制下放到农村,中心小学分为高江小学和长康小学。1978年9月,恢复东桥中心小学,改名为吴县东桥中心小学。1981年,县、乡两级政府拨款翻建16间2层楼教室。1985年,由于原地发展有困难,乡政府把中心小学校址迁移到河南街东桥中学北侧华旺村12组,征地4000平方米,新建一幢10楼10底的教学楼,建筑面积680平方米，还配套建造食堂、传达室等。1986年，乡政府再次投资新建第二幢教学楼，建筑面积688.5平方米。1992年4月，调整教育布局，实施新的规划，把中心小学校园划给幼儿园，学校再次搬迁到大寨河西长康村12组，同时，中心小学扩大规模，并逐步撤并各个村小。1995年，改名为吴县市东桥中心小学。2001年，学校又改名为相城区东桥中心小学。2019年，学校完成教学楼与田径场的翻建，形成现在崭新的面貌。

二、学校特色

自20世纪90年代开始，学校以中国象棋为切入点开展学校特色创建活动，将中国象棋列入校本课程，对全校学生进行普及教学。自1996年起，学校每年开始举行小学生"千人象棋赛"，并开发相应的象棋课程和自编教材，在象棋课程研究方面取得较好的成绩。学校成为苏州市象棋传统学校、中国象棋少儿培训基地、全国中小学棋类教学课题研究基地；在2017年全国中小学生象棋赛中获得"优秀承办单位奖"。学校茶艺特色也较有影响。2018年，学校成立茶艺社团，以"和、静、净、敬"为宗旨的茶艺文化逐渐推广开来；学校茶艺社团文化以点带面，真正让学生亲身体验茶文化的高雅和特殊的韵味；以茶艺为载体的表演在2021年相城区"三话"赛中获特等奖。

三、办学成就

截至2021年12月，学校占地面积22936平方米，建筑面积15931平方米；现有班级34个，学生1416人；现有教职工132人，其中专技教师96人。学校获"江苏省象棋特色学校""江苏省绿色学校""苏州市德育示范学校"等荣誉称号。学校培养出了全国、省市级劳模赵德芳、孔德全等及侯楷炜等艺术名人。学校将遵循"追梦、崇德、向善"的校训，弘扬"务实、争先、和谐"的校风，紧跟时代步伐，探索育人之道，不断提升办学品质。

（蒋建忠 文　侯楷炜 供图）

相城区黄埭中心小学

创建时间：1912 年
校训 / 校风：智行致远
学校地址：相城区黄埭镇春光路 25 号

一、历史沿革

民国初年，黄埭镇有 4 所乡立初等小学。1912 年，创办乡立第一初等小学，教师周之俊，校址在三间大夫庙。1913 年，创办乡立第二初等小学，教师毛炳寰，校址在双生号内，1918 年 8 月扩班，在东市梢新建校舍（现黄埭中心小学东校，黄埭大街 22 号）。1914 年，创办乡立第三初等小学，教师张千里，校址在青石桥（1919 年并入第二国民小学）。1916 年，创办乡立第四初等小学，教师鲍龙蟠，校址在兴国寺内。以上 4 校，1916 年改初等小学为国民小学，1923 年改国民小学为初级小学。

1920 年，创办吴县第七高

1964 年教工游览活动

20 世纪 50 年代使用的铜铃

20 世纪 90 年代校舍

等小学校，任命毛炳寰为校长，负责筹备，在第二国民小学内扩建。1924 年，将第二初级小学与县七高合并，改名为吴县第二公立小学校，成为初高两段七年制完全小学，校长毛炳寰。1926 年，校长李映柳。1927 年 9 月，改名为吴县黄埭小学，校长张钰（子明）。1928 年，三闾、兴国两校并入吴县黄埭小学，至此，完成全镇小学的统一管理。1929 年 8 月，学制由初高两段七年制改为六年制。1931 年 8 月，改名为吴县黄埭中心小学（当时又称吴县县立第七区中心小学校）。1934 年，乡区撤销中心校，复名为吴县黄埭小学，校长张钰。1937 年 11 月，学校被日伪军占用，教学停止。1939 年 10 月复校，改名为吴县黄埭乡立小学，校长朱懿忠（瑞庵）。1945 年 8 月，改名为吴县黄埭镇中心国民学校，翌年，任命汪寿林为校长。1949 年 4 月黄埭解放后，首任校长周森祥。1950 年，改名为吴县黄埭中心小学。1969 年 2 月，中小学合并。1974 年，中小学分开，小学单独成立革委会。1977 年，恢复原名吴县黄埭中心小学，恢复辅导区，正式任命校长。1995 年 7 月后，学校改名吴县市黄埭中心小学。1998年2月，学校新建黄埭中心小学西校区（黄埭镇春光路25号），至此，学校有东、西两个校区。2001年3月后，改名为相城区黄埭中心小学。2018年9月，东校区（即黄埭大街22号）停止使用。

二、学校特色

学校在努力发展好每一位师生的同时，精心打造学校的品牌特色。

学校借鉴太极拳"刚柔相济，和谐共生"的文化精髓，着眼于学生的终身发展、和谐发展，大力推广太极拳，弘扬太极文化，给教育注入太极的力量。2020年6月，学校被评为"江苏省体育特色学校"，同年10月被评为"江苏省健康促进学校"。

学校以科技种植为切入点，以课程建设为核心，以种植基地为基点，创建"特色+联盟"，与苏州农业职业技术学院深度合作，共建埭溪植物研究所、苏农现代农业职业黄埭中心小学体验点等多个科技种植教育基地。汲取传统劳动教育的精华并进行拓展创新，全年开展菜单式项目化科技种植活动，打造有文化内涵、有科技含量的农耕实践项目，吸引学生自觉参与，促使学生不断释放潜能，向着求真务实、乐学善思、健康生活的方向稳步前行。2021年，学校成为苏州市菜篮子工程进校园项目学校。

三、办学成就

截至2021年12月，学校有一个中心校（下辖岳泾完小），占地面积26419平方米，建筑面积12672平方米；现有班级76个，学生3331人；现有教职工226人。学校曾获"全国青少年校园足球特色学校""苏州市艺术教育特色学校""苏州市儿童青少年近视防控示范学校""苏州市生活垃圾分类先进学校"等多个荣誉称号。学校将以"埭有界，智无涯"的办学理念，践行"立德树人"使命，打造"埭溪文化"特色，以实际行动续写百年老校激荡的初心情怀。

（邹晓萍 文 邱菊仙、陈越、周忠华 供图）

相城区北桥中心小学

创建时间：1908 年
校训 / 校风：立德立才
学校地址：相城区北桥学林路 1 号

一、历史沿革

学校创办于清光绪三十四年（1908），尤云伯在北桥镇西街的义庄房内招收 1 个班级，以私塾形式办学。1928 年，尤雪林子承父业，扩大办学规模，办两个班级，有 5 名教职员工；是年，学校改名为国立北桥初级小学（称洋学堂）。1933 年起，时壮飞任校长。抗战全面爆发后，时局混乱，学校时停时办，校长几易其人。抗战胜利后，陶孝洪任校长，学校迁至北桥觉林寺西首的公房内，改名为北桥保国民学校。1949 年，学校改名为吴县北桥中心小学，校长邹述之，并且建立

20 世纪 70 年代学生打扫校园

1964年北桥中心小学教师合影

北桥中心辅导区，管辖南桥乡和樊店乡的所有完小和初小。1954年后，石桥中心小学、芮埭中心小学并入北桥中心辅导区。1959年，学校规模进一步扩大。20世纪50年代初至"文革"前夕，李同仁、马培德、林邨、钱婉珍、张海德、黄甦、方舜华先后担任中心小学校长。1958年9月至1963年8月，庄观炎担任学校党支部书记。1966年，办一个七年级班。1969年春，学校体制下放，原北桥中心小学只留下北桥大队与街镇学生，分别在荡郎、沙头、中家桥设3个低年级班，其余留在原校，共4个班，6名教职工。1978年，恢复北桥中小学建制，全面负责对全公社村校的领导、管理和辅导。1983年至1990年，学校经两次扩建，规模扩大了4倍。2005年，全镇形成了"一中心、三完小"的办学格局，3所完小为石桥、南桥和锦峰小学。2007年上半年，北桥街道办规划中心小学办学规模为6轨制，同时撤并南桥和锦峰小学，石桥小学作为分校区专门吸纳外来务工人员子女入学。2007年年底，政府投资8000多万元，在盛北花园西侧征地46667平方米（包括北桥中心幼儿园在内），易地新建校舍，2008年8月建成。

二、学校特色

学校立足国家课程，以戏曲教学、评弹教学、开口船拳武术教学、写字教学等特色项目为抓手，努力构建以吴文化为主要载体的校本特色课程体系。自2013年起，学校将评弹教学作为特色教学培育。北小评弹娃10次登上央视舞台，参加中泰国际青少年艺术节并荣获金奖，代表作品《牡丹喜迎春风来》上线全球80多家音乐平台。北小评弹娃走进400年评弹历史无人区，开创了低至4岁幼儿评弹表演新领域，成为苏州评弹第四代小传人，成功入展苏州评弹博物馆。2007年11月，学校正式开设第一届少儿戏曲特色班，编写校本教材《戏曲》。至今，已有30多个节目先后参加各级文艺展演、比赛，并获奖。在第16届中国少儿戏曲小梅花荟萃总决赛中，周少石、范凡表演的锡剧选段《双推磨》荣获地方戏业余组金奖，周少石被授予全国少儿戏曲"小梅花"称号。评弹和戏曲作为学校的特色课程取得丰硕成果，助推学校特色文化的建设。2020年，学校被评为"江苏省艺术教育特色学校"。

三、办学成就

截至2021年12月，学校占地面积38721平方米，建筑面积19050平方米；本部现有47个教学班，2094名学生；现有专任教师137名，中高级职称人数占教师总数的61%。学校以"汇聚每一种精彩，成就每一个梦想"为办学理念，以"立德立才"为校训，以"汇智汇乐"为校风，以"惠爱惠知"为教风，以"慧学慧行"为学风。2021年，学校在区义务教育质量综合考核中第8次荣获小学组一等奖。学校先后获"全国艺术教育特色单位""江苏省体育特色学校""江苏省依法治校示范校""江苏省健康促进学校"等荣誉称号。

（万玉婷 文　吴雪东 供图）

相城区阳澄湖小学

创建时间：1911年
校训/校风：崇德尚勇，至智至美
学校地址：相城区阳澄湖凤阳路36号

一、历史沿革

学校的前身为洄泾乡立第二初等小学，由地方人士高东彦创办于清宣统三年（1911）二月，校址在洄泾老街南端高家宅院内，时有1个班级，20多名学生，1名教师。1915年4月，划属吴县第二学区，改名为洄泾乡国民学校；1923年8月，改由第六学区所辖，改名为洄泾初级小学；1926年8月，复归第二学区所辖，改名为洄泾乡立初级学校；1927年8月，归第八学区所辖，改名为洄泾初级小学。1939年，因日军侵占校舍驻军而被迫停课；1941年复课，由王佑长接办五年，至

1985年学校田径运动会

1987年六一儿童节庆祝活动

1994年阳澄湖中心小学辅导区村校开展活动

抗战胜利。1947年2月,改名为沺泾中心国民学校。1948年2月,沺泾划归阳澄区,改名为沺泾乡阳澄中心国民学校。1949年,改名为吴县阳澄区沺泾中心国民学校。1950年10月,学校有学生112人,并附设幼稚班(学生12人,与低年级合班)。1951年7月,改名为吴县沺泾中心小学校。1968年9月,学校改名为沺泾五七学校,先后试办七年一贯制教育和九年一贯制教育。1978年下半年,学校复名为吴县沺泾中心小学。1986年8月,中心小学整体搬迁至兴澄街5号。1992年11月,随乡名变更为吴县市阳澄湖中心小学。2000年,学校有教学班15个,学生669人,教职工53人。2001年,随相城区设立而改名为相城区阳澄湖中心小学。2010年9月,学校迁至阳澄湖镇凤阳路36号,辅导区村校全部撤并;同年12月,学校改名为相城区阳澄湖小学。

二、学校特色

学校在办学中形成农事文化课程办学特色。课程紧密围绕"阳澄农事文化的课程体系建设""阳澄农事文化的校园环境建设""阳澄农事文化的学生社团建设""阳澄农事文化的资源平台建设""阳澄农事文化的课程评价"五个方面加以建设与实施,从而促进学生、教师、学校三方面良好地发展。2018年,"根植乡土,打造阳澄农事文化"被列为市级小学特色文化建设项目。学校编印《蟹之韵》校本教材,推进蟹之韵生活馆和体验馆的设计工作,开展阳澄之星艺术节、莲花岛水稻种植、阳澄农事——打连厢活动、农事学堂彩稻之旅综合实践活动等。

三、办学成就

截至2021年12月,学校占地面积38741平方米,建筑面积24155平方米;现有班级25个,学生1015人;现有教职员工86人,其中专任教师71人。学校获"江苏省智慧校园""江苏省健康促进学校""江苏省绿色学校"等荣誉称号。学校培养了近万名优秀学生,其中有嫦娥五号探测器副总设计师查学雷、国家一级演员金声伯等。学校将继续遵循"崇德尚勇,至智至美"的校训,弘扬"团结、立业、务实、创新"的校风,全面推行素质教育,促进学生的全面发展,不断提升学校的办学品质。

(高洪平 文 金复耕、王建明、高洪平 供图)

相城区湘城小学

创建时间：1868年（旧学）
　　　　　1908年（新学）
校训/校风：美润方圆
学校地址：相城区阳澄湖镇沈周路28号

一、历史沿革

清同治七年（1868），江苏巡抚丁日昌在湘城镇南文昌阁湘云禅院内谕设湘城义塾，开启寒门学子求学之门。清光绪三年（1877），改名为蒙养小学。清光绪三十四年（1908），在义塾旧址建惠梓学校。其间，由乡绅牵头，以民房为校舍，在全镇（湘城）范围内掀起办学热潮，相继建立务本学校（陆巷）、渡船头学校（朱堰）、唐家港学校、王行浜学校等。1912年，惠梓学校迁至妙智庵，改名为第一国民学校，占地约3600平方米。其余各校均收归市立。1937年，抗日战争全面爆发，学校停办。其间，张梓才办中心国民学校，张晨曦办求敏小学，韩钧办求知小学，阙思

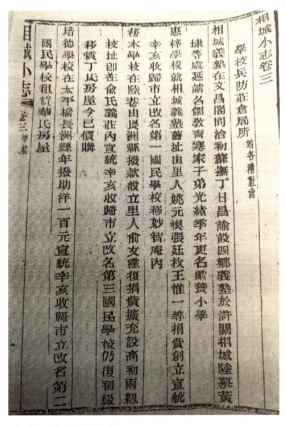

《相城小志》介绍学校旧址

老校础石

补续办私塾。1945年抗战胜利，在原校址妙智庵恢复办校，改名为湘城第一中心国民学校。1949年，改名为阳城区湘城中心小学，曾为阳城区教育辅导区驻地，辅导湘城、渭塘、太平、沈桥、油泾、消陆等学校。1953年，迁入镇北祖师堂新校址。1956年，设立加冠中学，招收两个班级。1957年，撤区并乡，学校为乡中心小学。1968年，中心校改名为东方红小学。1978年，校名恢复为湘城中心小学，增建三层教学大楼和两层教学辅房。1982年，学校开设幼儿园（以前均为附设幼儿班）。1987年，征地10000平方米，扩建两幢教学大楼和一幢幼儿园大楼。1992年，建造第三幢教学大楼（求真楼）。1995年，撤并14所农村单班初级小学，扩建中心校，翻建四所完小。至2000年年末，形成全镇"一中心、四完小、三村小"的小学教育布局。2008年至今，学校搬入沈周路28号，形成"一镇、一中心"格局，并改名为相城区湘城小学。

二、学校特色

学校挖掘地方优秀传统文化资源，形成以沈周文化为底色的书画、体育办学特色。2017年，以"传启南书画，承沈周艺文"为项目内容，成功申报江苏省中小学课程基地建设项目学校。学校以沈周文化为依托，着眼于"以美育人"的发展要求，建构以书法、诗文、绘画等为内容的沈周文化基础、提升、拓展三级特色课程体系。自2015年以来，学校获评"苏州市体育传统项目学校"，跆拳道运

1977年学生表演

动队每年代表相城区参加苏州市青少年阳光体育联赛,连创佳绩,共获奖牌400多枚。

三、办学成就

截至2021年12月,学校占地面积40108平方米,建筑面积25100平方米;现有教学班46个,学生2035人;现有教师131个,其中市级学科带头人5人,阳澄湖领军人才2人,拔尖人才1人。学校先后获"江苏省教科研先进学校""江苏省课程基地建设项目学校""江苏省品格提升项目学校""中国书法(写字)特色学校"等荣誉称号。学校培育了一大批优秀学生,其中有刘利平等体育健将、龚喜来等高级工程师、金杏元等大学教授。学校将继续谨遵校训"美润方圆",弘扬"心正唯养,智厚唯和"的校风,努力实现"融故开新,特色鲜明"的办学愿景。

(吕金芬 文 林福元 供图)

相城区陆慕实验小学

创建时间：1912年
校训/校风：慕德怀仁
学校地址：相城区阳澄湖中路120号

一、历史沿革

学校始于1912年在南街白莲寺内创设的陆墓市立第一初级小学。1916年，改名为陆墓市立第一国民小学。1918年，校址迁入镇南姚姓余屋，招收一至四年级学生，为复式编制。1923年，学校与陆墓中市的第三初小合并为陆墓初级小学，地址设在陆墓中街。至1929年，试办高级班，收五、六年级学生。抗战全面爆发后，学校停办，原有校产破坏殆尽。1938年，邹兆祥于麦场旧商团空屋兴办私立

1972年陆墓中心小学参加吴县文艺汇演合影

师生春游合影

陆墓日新小学。1941年，改名为县立陆墓简易小学。1942年9月，经当地热心教育人士力争，校址迁回中街原址，改名为县立陆墓小学。1943年9月，改名为县立陆墓中心小学。1953年，学校被确定为吴县重点中心小学。1959年10月，学校被江苏省教育厅确定为五年制试点中心小学，推行五年一贯制。1960年年底，吴县拨款于前麦场（今阳澄湖西路16号）兴建新校舍，1962年年初新校舍落成。1967年，中小学合并办学。1968年，学校分为五七学校、南窑小学、十二大队小学。1974年5月，吴县市陆墓中心小学与中学分开办学。1978年，学校体制恢复，教学秩序归于正常。1981年，学校辅导区内有23所小学。1988年12月，陆墓中心小学通过九年制义务教育验收，成为全县第一批合格小学。1993年，陆墓镇更名为陆慕镇，学校更名为吴县陆慕中心小学。2001年，吴县市撤县建区，学校更名为相城区陆慕中心小学，同年9月，学校搬迁至阳澄湖中路120号。2003年，获评江苏省实验小学，并改名为相城区陆慕实验小学。

二、学校特色

学校在办学中形成了"文化传承，艺术润心"的特色。2000年开始，学校以传承本地文化艺术为己任，把本土文化艺术传承工作与艺术教育相结合，建立教育与生活、学校与社会、知识与实践之间的连接，丰富校园文化元素，提升办学内涵。2006年，学校被命名为"江苏省陶行知实验学校"，注重学习和实践相结合，同年，被命名为"中国特色教育示范基地"。2015年，学校成为"江苏省中小学书法特色学校"，2016年，成为"苏州市艺术教育特色学校"，2017年，成功申报苏州市基础教育课程基地建设书画项目。2015年以来，学校的美育改革创新优秀案例获江苏省中小学艺术展演一等奖，在苏州中小学传统手工艺作品比赛中获特等奖2次、二等奖2次。

三、办学成就

截至2021年12月，学校占地面积41768平方米，建筑面积28861平方米；现有班级66个，学生3162人；现有教职工173人，其中专技教师170人。学校先后获"中国模范职工之家""中国特色教育示范基地""全国优秀陶研学校""江苏省平安校园""江苏省科技教育先进学校"等荣誉称号。步入新时代，学校将继续遵循"慕德怀仁"的校训，弘扬"崇真尚美"的校风，把握时代发展的脉搏，以办学实践丰富育人之道，不断提升学校的办学品质。

陆墓中心小学第一代校徽

（肖堃 文　殷骥、陈小华、陈佩华 供图）

相城区蠡口实验小学

创建时间：1916 年
校训 / 校风：润德厚才
学 校 地 址：相城区元和街道泰元路 1968 号

一、历史沿革

学校前身为 1916 年创办的私塾，地点在吴县蠡口中街三官塘，后改名为蠡口国民中心小学。中华人民共和国成立后，定名为蠡口中心小学。1990 年，学校在蠡口镇南易地新建，学校规模扩大至 4 轨 24 班。1995 年，学校搬迁至蠡口镇蠡中路 26 号。2005 年，学校成功创建为江苏省实验小学，改名为蠡口实验小学。2016 年，学校再次易地新建至现址，即相城区元和街道泰元路 1968 号，教学规模达到 8 轨

20 世纪 80 年代学校教师合影

48个班。

二、学校特色

学校以"开垦一方孩子自主成长的沃土"的办学理念、"润德厚才"的校训、"音声相和"的校风、"因学而喻"的教风、"因疑且问"的学风,引领学校师生传承创新,不断发展。学校精心打造"蠡园""诵园""真园""味园";国学经典、巨匠故事、相城十绝、五彩

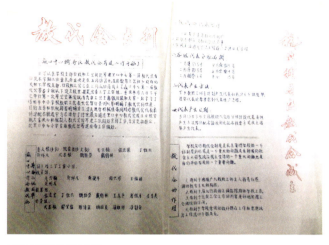
1985年学校教代会专刊

少年等主题文化分布于各楼道场馆,育人氛围浓厚。学校基于鲜明的地域文化特点,在办学中形成"经典诵读""五禽戏""科技创新""校园篮球""家具文化"五大特色教育体系,根据学生实际情况,有针对性地把相关课程与实践活动结合起来,使每位学生都得到生动活泼、主动和谐的发展。2008年,学校参加江苏省机器人FLL比赛并获一等奖;2012年获江苏省青少年机器人竞赛团体一等奖;2013年,学校参加第四届全国青少年机器人比赛并获二等奖。2017年,学校获第八届两岸经典诵读交流最佳吟唱奖;同年,学校成为江苏省书香校园建设示范点;2021年,学校获江苏省"我心向党"中华经典诵读大赛一等奖。2011年,学校获江苏省演武会团体第一名;同年,学校成为江苏省武术进校示范学校。

三、办学成就

截至2021年12月,学校占地面积34923平方米,建筑面积32629平方米;现有规模为8轨48班,学生2147人;现有教职工179人,其中专任教师124人。学校先后获得"全国青少年校园篮球特色学校""江苏省教育工作先进集体""江苏省青少年科学教育特色学校""江苏省健康促进学校"等荣誉称号。学校着力培育存善心、有善行、能善学的臻善品质学生。近三年来,学生在世界机器人大赛、江苏省人工智能比赛、江苏省经典诵读等多项赛事中荣获一等奖。传承创新、务实争先的蠡小教育人,将不忘初心,接续奋斗,在教育高质量发展的征程中砥砺前行,谱写更加灿烂辉煌的新篇章!

(徐婷婷 文 周莉 供图)

相城区太平实验小学

创建时间：1911 年
校训/校风：至诚、至真、至美
学校地址：相城区太平街道兴太路 2 号

一、历史沿革

学校创办于清宣统三年（1911）八月，初名为湘城市立第二初等小学，创办人王松生即教师，小学学制定为四年制，有 3 个班，86 名学生。1923 年 8 月，改名为湘城市立太平初级小学。1928 年，改名为太平初级小学，校址设在太平桥镇猛将堂庙。1950 年 8 月，学校改名为太平中心小学，校址迁至华家里（现荻溪老街处），设立辅导区，后逐年创办 12 所村小：莲子港、泥头、林巷、花倪、陈庄、俞家、邢店、大溇、洞字、南新、聚金、中巷。1957 年 7 月，学校拆迁至西岳老爷堂内，1958 年 7 月彻底翻建。1968 年 8 月，改名为红旗小学。1976 年 10 月，

吴县太平夏家潭村小学生做游戏

太平镇北小学校貌

学校工作逐步走上正轨，改名为吴县太平小学。1978年9月，改名为吴县太平中心小学，恢复辅导区。1984年后，学校规模扩展，新建两幢教学楼，校园面积翻一番。全辅导区有1所中心小学，5所完小，20所村小，共计26所。1994年，在太平乐安村征地一方，易地新建中心小学。1998年8月，一期工程结束，学校搬迁至新址（现太平街道兴太路2号），撤并部分完小，全辅导区有中心校1所，完小5所，共有59个教学班，1803名学生。2003年后，学校又相继进行新建和改扩建。2005年，撤并所有完小，形成全街道一校格局，并创建为江苏省实验小学。

二、学校特色

学校以澄泥文化为主线，积极推进特色办学的各项改革和探索，系统构建荻溪文化，提升文化内涵，培育学生自尊、自爱、坚韧、唯美的荻溪菁美精神。依托本土资源深耕人文，以荻溪澄泥优势特色课程建设引领特色项目建设，通过系统化的课程体系，一步一痕，为师生培根。以"一馆一院""一廊一圃"引领学生传承中华经典文化，弘扬民族优良传统，培养向善、尚美、知勤、善创的有根金荻少年。2019年立项的"根植本土资源构建'荻溪澄泥文化'课程建设"获苏州市省、市级小学课程基地项目市级视导示范等级。2020年，在苏州市第五届中小学生艺术节上，学校学生艺术实践工作坊获得二等奖。

三、办学成就

截至2021年12月，学校占地面积62098平方米，建筑面积27755平方米，绿化面积25739平方米；现有教学班63个，学生2826人；现有教职工230人。学校致力于体现教育公平，打造教育优质，促进均衡、协调、科学发展，先后获"全国青少年校园足球特色学校""江苏省智慧校园""江苏省健康促进学校"等荣誉称号。学校以"至诚、至真、至美"为校训，以"以人为本，为学生生命发展奠基"的办学理念为导向，不断深化塑造独特的学校文化，不断提升学校的办学品质，全力打造品质卓越、生机盎然的现代化品牌学校。

（曹刚 文 曹刚 供图）

苏州市平江实验学校

创建时间：1265年（旧学）
　　　　　1905年（新学）
校训/校风：德润文光
学校地址：姑苏区干将东路518号

一、历史沿革

学校"发端于县学，浸润于吴地"。原名长洲县学，始建于南宋咸淳元年（1265），临时依附于长洲县驿站里，后设在弦歌里（今旧学前）西口北侧。明初长洲县学迁入长洲县衙旧址（今旧学前）。明嘉靖二十年（1541），在城东福宁寺（光孝寺）兴建新的长洲县学，位于新学前学地（今干将东路518号）一带。清雍正三年（1725），清廷颁旨从长洲县析建元和县，但县学不另分建，附于长洲县学。"更

1918年吴县第一学区区立南区第一国民学校学生毕业合影

民国时期大成殿照片

1942年毕业证书

其榜曰长洲元和县学",简称长元县学。清光绪三十一年(1905)七月,兴办新学,由吴县奏办吴县第五初等小学堂,堂址在原长洲、元和县学西廊,即大成殿以西到平江路的全部,开办人为江苏巡抚端方,由清总理衙门法部主事章钰和吴县知县张祖廉执掌堂政,章钰为新学首任校长。1912年,改名为南区第一小学。1912年8月,改名为苏州市立第七初级小学。1913年8月,为完全小学,改名为苏州市立国民第一小学。1919年8月,改名为吴县县立平江小学。1926年,成为市立第一完全小学校。1929年,改名为平江小学。1935年2月,改名为吴县长虹钟楼镇中心国民学校。1936年2月,改名为吴县东吴镇第一中心国民学校。1949年,改名苏州市立平江中心国民学校。1951年,改名苏州市平江中心小学。1958年8月,改为平江区实验小学。1969年,改名为大寨小学。1972年,改名为苏州市东风区实验小学。1978年,改名为苏州市平江区实验小学。1981年,被批准为"全省第一批办好的九十四所学校"之一。1985年,被评为"江苏省体育传统项目学校"。1998年,平江区实验小学与苏州市第十一中学两所学校合并,建立苏州第一所公办九年一贯制实验学校,定名为苏州市平江实验学校。2014年,施教区重新划分,中学部分离,小学部独立。

二、学校特色

学校基于时代背景、儿童立场、物型环境,开展指向未来的全面育人尝试,以润泽童年、大成未来为办学理念,立足"五育",依托课程基地与学校文化建设工程,用道德进行涵育,用文化推动育人,促进儿童的全面发展、终身发展,最终实现学校全面育人的课程基地建设目标。以项目为载体,促进学生全面发展;

以科研为动力，丰厚教育学术含量；以交流为契机，彰显教育辐射引领。

三、办学成就

截至 2021 年 12 月，学校占地面积 33501 平方米，建筑面积 20092 平方米；现有班级 59 个，学生 2591 人；现有教师 149 人。学校标志性建筑大成殿，面阔七间计 32 米，进深六檩计 17 米，高 18 米，面积为 544 平方米。学校先后获得"全国新教育实验学校""全国中国陶行知研究会先进学校""全国中小学中华优秀传统文化传承学校""江苏省实验小学""江苏省文明单位"等国家级、省级综合荣誉称号 80 余项。在学校 750 多年源远流长的历史长河中，曾走出了以"连中六元"的钱棨为代表的 9 位状元。学校涌现出了马克思主义理论家胡绳、革命烈士项泰等校友。校训"德润文光"是苏州市平江实验学校文化建设的核心理念，也是苏州市平江实验学校承载苏州千年文脉渊源的见证。

（李琪森 文　张冰 供图）

苏州市大儒实验小学校

创建时间：1906 年
校训／校风：儒雅博纳
学校地址：姑苏区南石子街 10-2 号

一、历史沿革

学校的前身为创办于清光绪三十二年（1906）的长元吴高等小学堂。当时学校位于盛家带夏侯桥，清光绪三十四年（1908），学校迁入大儒巷 55 号昭庆寺内。1913 年，学校改名为吴县县立第三高等小学校；1929 年改名为城东实验小学校；1938 年改名为苏州吴县模范小学校；1945 年改名为苏州卫道濂溪镇中心国民学校；1947 年改名为吴县中山镇第一国民小学校；1949 年改名为苏州市立大儒中心国民小学校。1951 年，学校迁入南石子街 10 号（原私立明德女子小学校址），同年定名为苏州市大儒中心小学校。

截至 2021 年，先后有 8 所小学并入学校：1952 年由陶行知亲自指导下办学，宋庆龄任名誉董事长，冯玉祥、周至柔任董事长，施剑翘创办并任校长的从云小学并入；1956 年由顾玉振创办、李根源任董事长的私立明德女子小学（明德私校 1956 年成为公立南石子

1926 年学校成立 20 周年立纪念碑

1906年位于盛家带的大儒小学老校门

1934年大儒小学毕业证书

街小学,后更名为跃进小学)并入(一度又称苏州市人民小学校);1972年协成厂办小学并入大儒(时称苏州市平江路小学);1974年建新小学(1个班)并入;1981年卫道小学(1个班)并入;1988年郑长巷小学(2个班)并入;2004年蓑葭巷小学并入;2020年城东中心小学并入。2020年,学校属于苏州市平江教育集团。2022年6月,更名为苏州市大儒实验小学校。

二、学校特色

20世纪80年代,学校开始主推学习陶行知思想,是苏州市最早开展学习陶行知的窗口学校,也是40年来"学陶师陶"特色学校。2004年,学校被授予第二批"江苏省陶行知研究会实验学校"。近年来,学校秉承百年积淀的文化底蕴和人文精神,以陶行知先生为师，以先进教育理念、科学人文精神、高雅品位办学校，一个有品位、学习型、创新型的校园形象日渐清晰起来。昆曲艺术是学校传承了20多年的品牌特色，大儒"小昆班"别具特色，学校的行知艺术团多次在全国、江苏省、苏州市各级比赛中获奖，曾多次应邀参加虎丘曲会演出；2008年年初，教育部开展"京剧进课堂"试点，苏州市教育局将大儒小学定为全市"京剧进课堂"两所试点学校之一；京剧、昆曲两朵艺术之花在大儒校园交相辉映；学校还建立校园昆曲博物馆，使大儒学生更好地了解吴文化，获得传统艺术美的熏陶。

三、办学成就

截至2021年12月，学校占地面积7603平方米，建筑面积3188平方米；现有教学班6个，学生203人；现有教师19人。刺杀孙传芳的女侠施剑翘曾任学校校长，宋庆龄曾任名誉校董，冯玉祥和朱德的老师李根源曾任校董，陶行知曾亲自指导办学。仅1906届的校友就有教育家叶圣陶、历史学家顾颉刚、画家陶冷月等名人。学校先后获得"世界遗产青少年教育基地""江苏省健康促进学校"等荣誉称号。学校培养了许多优秀教师，如"全国三八红旗手"胡葆真、"全国模范班主任"魏珠、"全国优秀教师"薛薇菁、"全国优秀教育工作者"曾淑慧等。学校始终坚持崇儒师陶，铭记"儒雅博纳"校训，努力践行陶行知教育思想，以儒治校，严谨治教，教人求真，让每一位学生得到发展，让每一位家长收获希望，让每一位教师展示才华。

（邹群 文 邹群 供图）

苏州市桃坞中心小学校

创建时间：1905年
校训/校风：至德、尚礼
学校地址：姑苏区石幢弄34号

一、历史沿革

学校前身是两所教会学校——显道女子中学校小学部和女道学院。校舍建造于清光绪三十一年（1905），是当时显道女子中学的旧址。校园内只有二宅楼房做校舍。红房子是显道女中校舍，绿房子是女学道院校舍。

1916年，美国圣公会创办私立桃坞中学附属小学，学生毕业后可直升桃坞中学；校舍最早位置在廖家巷，后迁至西混堂弄（现为五峰园弄31号）租房办学，校长由许澡青担任，由美国人喀克斯（音译）担任名义校长。1924年，学校迁至宝城

1934年建造的民国风格的红楼

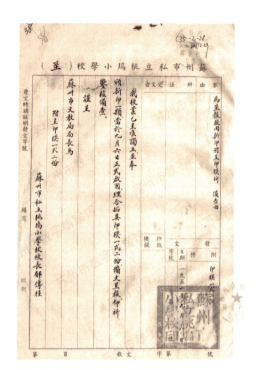
1951年启用的苏州市私立桃坞小学校印

1874年所立崇德公所碑（现存校内）

桥弄3号。1938年年初，桃坞附小搬到桃花桥弄张都让扇社，名为仁立补习学社，时间约半年，后又迁至石幢弄现在的校址。1945年抗战胜利后，仁立补习学社复校至绿房子（原女学道院校址）里上半日制，当时小学部称为吴县县立桃坞小学。1946年，恢复校名桃坞中学附属小学，继续由美国基督教圣公会管辖，由桃坞中学校长钱慕云兼小学部校长之职。1949年4月，苏城解放，学校正常上课，改名为苏州市私立桃坞中学附属小学校。1951年9月，学校独立，改名为苏州市私立桃坞小学校。1952年7月，苏州市第一批教会学校由教育局接管，学校改名为苏州市桃坞中心小学校。1952年9月开学，由丁维莲（女）代理校长，领导树德（现虹桥小学）、广运（北码头小学）、钱业（现东中市小学）等学校。1959年起，先后有竟成小学、前进小学、北码头小学、红缨小学、新华小学、同仁小学等并入。至1970年，学校办学规模扩大到23个班级，学生1032人，教职工45人。1983年至1985年，学校设计建造两栋3层教学楼，建筑面积2762平方米。学校旧址列入苏州市文物保护单位。2020年9月，学校加入苏州市平江教育集团。

二、学校特色

1997年始，学校在素质教育思想的引领下，依托厚实的吴文化底蕴，确立以桃花坞木刻年画为突破口，走特色兴校之路的办学方向。20多年来，积极开发校本课程，先后开发《水木清华》《桃坞经》《桃娃刻党史》《桃娃颂英雄》等校本教材，逐步形成"朴质雅融，苏式幸福"的校园文化特色。学校创立桃花坞木刻年画传习所，成立小桃娃木刻年画传习社团，创作大量爱党、爱祖国和苏州民风民俗的作品。学校被评为"全国艺术教育先进单位",小桃娃木刻年画传习社团获得"江苏省十佳社团"等称号。学生的木刻作品多次在全国、省、市获奖,并参加全国"六艺"展演,作品《北京天安门》《中国龙》《福字图》被征选为苏州市"我与中国梦"教育外事礼品。

三、办学成就

截至2021年12月,学校占地面积8202平方米,建筑面积3537平方米;现有班级17个,学生638人;现有教职工41人。百年来,学校秉承"让每一个孩子幸福成长"的办学理念,恪守"至德、尚礼"的校训,以深厚的文化底蕴,铸就个性化的办学特色。苏州美术家协会副主席顾志军20世纪70年代初曾在学校就读。顾志军老师现担任学校的校外辅导员,指导桃花坞木版年画的基本技法,带领师生领略中国传统文化的博大精深。学校先后获得"江苏省平安校园""江苏省青少年科技教育特色学校"等荣誉称号。

(章丽妍 文 尤洁 供图)

苏州市平直实验小学校

创建时间：1909 年
校训 / 校风：心平志直
学校地址：姑苏区平桥直街 99 号（本部）
　　　　　姑苏区竹辉路 385 号（分部）

一、历史沿革

学校创办于清宣统元年（1909），初名简易模范识字学塾第三塾，塾址为平桥南堍昭忠祠。翌年改名为长洲县第三初等小学堂，蒋廷瑜任堂长。1912 年，昭忠祠设施药局，左侧洛伽禅院内设私塾。1913 年，撤销私塾和施药局，学堂改名为吴县县立南区第四初等小学校。1916 年，吴县县立南区第五初等小学校并入，全校设两个学级。1923 年，改名为吴县县立第九初等小学校。1927 年，添办五年级 1 班，并改为完小，改名为吴县县立平直小学校。1943 年，改名为平直中心小学。1946 年 9 月，改名为吴县平直锦帆中心国民学校。1947 年 3 月，改名为吴县

1936 年学校第二届毕业生合影

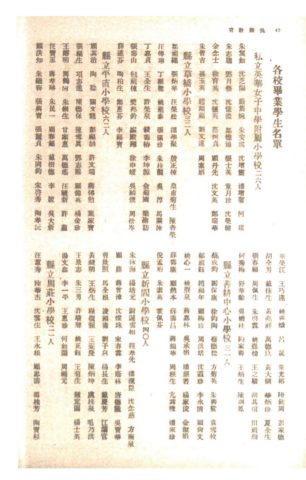

1933年吴县小学毕业生名单（部分）

1934年平直中心小学优良儿童许文琴介绍

南园镇第一中心国民学校。1949年5月，改名为苏州市南园镇第一中心国民学校。1949年7月，改名为苏州市平直中心国民学校。1953年，定名苏州市平直中心小学校。1958年，试行学制改革，实施五年一贯制。1960年，拓宽平桥直街，拆除洛伽禅院及韦白二公祠前部，滚绣坊私立国基小学并入，为平直小学二院。1961年，学校被定为市重点小学。1968年，改名为苏州市红旗小学，1970—1972年，改名为五卅路小学。1973年，长洲路小学并入，校名恢复为平直中心小学校。1990年，燕家巷小学并入。2002年，竹辉小学并入。2006年，改名为苏州市平直实验小学校。

二、学校特色

学校向来重视学生体质健康。1982年，学校被江苏省教委、体委共同命名为"游泳传统项目学校"，成为全市第一所体教结合的学校，并一直坚持推广这个特色项目。20世纪90年代以来，先后向国家、省、市输送糜彤、沈旦、朱轶等运动员400多名。在第十届全国水中健身操比赛中，学校首次参赛，获得小学组集体棒操第一名、双人棒操第二名、集体徒手规定动作操第三名，总分团体第四名。在第十一届全国水中健身操比赛中，获得小学组四个单项第一名，总分团体第一名。

三、办学成就

截至 2021 年 12 月，学校占地面积 11496 平方米，建筑面积 8271 平方米，分平桥直街校区和竹辉路校区两个校区；现有 39 个教学班，学生 1725 人；现有教师 97 人。百年风雨浸润岁月，百年峥嵘抒写华章。学校先后获得"江苏省实验小学""江苏省书香校园""江苏省艺术教育特色学校""江苏省科学教育特色学校""江苏省体育特色项目学校"等荣誉称号，培养了国家一级演奏员蒋雄达、中国科学院空间科学与应用研究中心研究员潘厚任、中国女子现代五项世界冠军陈倩等优秀学子。学校始终秉承"心平志直"的校训，明白"做文章前先做人"的道理，引导师生读书立志，心存高远，筑牢立身、立校之基。

20 世纪 80 年代初学校四层新大楼落成

（张程晓 文　戈弋 供图）

苏州市盘溪中心小学校

创建时间：1915 年
校训 / 校风：抱朴出新
学 校 地 址：姑苏区南环西路大龙港新村内 62 幢北

一、历史沿革

学校始建于 1915 年，其前身为吴县盘区第一初等小学校，校址位于盘门外朱公桥 69 号，创建之初，学校仅有两名教职员工，校舍主要利用红庙（一称虹庙）部分房屋。1918 年，时任校长潘英。1923 年，改名为苏州市第三十初级小学。1927 年，改名为吴县县立盘溪初级小学。1936 年在校学生 162 人，每月经费法币 125 元。《吴县教育》杂志 1936 年度第一学年《视导报告》指出，"胡校长宝梁诚恳耐劳，治校尚有条理"，同时指出改进问题，"学生家庭劳工不少，未明教育需求，学生动辄缺课，宜加劝学"。1938 年下半年，改名为苏州市盘溪中心国民学校。抗战期间，学校曾一度停课，抗战胜利后复校，添设高小班，成为完全小学。1947 年春，在老校址新设吴县裕棠镇中心国民学校，开学后，改名为吴县盘溪镇中心国民学校，由地方绅士、东吴大学校董严欣淇捐资重建 30 余间校

1934 年《吴县教育》介绍学校学生周子安

20世纪80年代盘溪中心小学校六一儿童节联欢活动

舍。1948年,复名为吴县裕棠镇中心国民学校。1949年新中国成立后,学校改名为苏州市盘溪中心小学校。1953年改建两层青砖木结构教学大楼、教师办公室和图书馆。1954年,设立在炒米浜的公立勤工小学并入。1957年秋,五年级两个班级采用二部制教学,即甲班上午上课,乙班在室外活动或劳动,下午对调。二部制教学实施一年后叫停。1966年至1974年,学校改名为朝阳小学,1974年9月恢复原名。1976年,城南小学并入,称盘溪小学二院。1986年,恢复城南小学独立建制;1990年,城南小学再次并入。1999年8月大龙港小学并入,学校迁至大龙港新村内。2012年5月,盘新小学并入。2020年,学校成为苏州市平直教育集团的一员。

二、学校特色

学校校训"抱朴出新",旨在勉励师生保持本真,推陈出新。在办学实践中,学校不断增强校园文化内涵,着力创建"寻龙的足迹,学龙的精神,做龙的传人"的"小盘龙"校园文化,塑造可爱的"小盘龙"卡通人物形象。学校力求让孩子在地域文化的浸润下,在民间艺术的熏染下,从优秀传统文化的本真出发走向未来,形成灵动飞扬的个性。学校体育教师李耀忠,任教40年,打造学校足球教育品牌,先后被评为"苏州市劳动模范""江苏省体育先进工作者""全国优秀教师",获全国优秀教师奖章。2013年,借助苏州市校园足球发展的新形势,学校组建校园足球队伍。学校着力加强制度建设,完善工作体系,搭建人才梯队,落实保障机制,推动校园足球工作取得显著成效。在学校、学生、家长的合力共为下,足球文化逐渐成为盘溪素质教育的显著特色。

三、办学成就

截至 2021 年 12 月，学校有东西两个校区，占地面积 15897 平方米，建筑面积 8040 平方米；现有 24 班，学生 993 人；现有在职教师 56 人。2017 年以来，学校代表姑苏区参加省、市各级各类校园足球比赛，两度捧回"省长杯"。2019 年，以苏州市平直教育集团盘溪中心小学校为主力的苏州市足球队（丁组）在江苏省第十九届运动会上获得冠军；多名学生分别入选 U14 国家少年队、国少队及江苏苏宁 U13 后备梯队。学校先后获得"全国青少年校园足球特色学校""2017—2020 年度全国群众体育先进单位""江苏省足球后备人才示范学校"等荣誉称号。

（吴美华 文 吴美华 供图）

苏州市沧浪实验小学校

创建时间：1902年
校训/校风：立本致远
学校地址：姑苏区十梓街221号

一、历史沿革

学校由天赐庄小学和振华小学合并而来。清光绪二十八年（1902），美国基督教监理公会创办苏州景海女塾，首任校长为美国人贝厚德，清光绪三十年（1904），定校名为景海女学。清光绪三十二年（1906）十月，王谢长达创办苏州私立振华女子两等小学堂，王谢长达任校长。1917年，景海女学改名为景海女子师范学校。同年，王谢长达三女儿王季玉接力续办私立振华女子两等小学堂。1926年，私立振华女子两等小学堂改名为振华女学，设中学部、小学部。1928年，振华女学小学部与中学部分开，独立办学，改名为吴县私立振华女子中学附属小学。1934年，

1956年天赐庄小学二年级学生合影

景海女子师范学校小学部改名为私立景海女师附属小学,又称私立景海实验小学。1935年11月,吴县私立振华女子中学附属小学正式迁入原清织造署。抗日战争期间,两校相继停办,部分迁至上海或内地短暂办学,1945年抗战胜利后,两校均恢复办学。1950年8月,振华女中附属小学改名为苏州市私立振华小学校。1951年8月,私立景海女子师范学校附属小学由苏南行政公署接办,重新定名为苏南幼稚师范学校附属小学,随后改名为苏州市天赐庄小学,改由苏州市地方教育部门领导管理的公办体制小学。1958年2月,苏州市天赐庄小学从江苏师范学院迁出,并与苏州市振华小学合并,定名为苏州市沧浪小学校,苏州市天赐庄小学校

1978年全国优秀班主任李侬矣老师和学生一起阅读

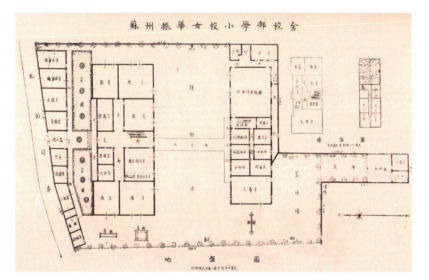

苏州振华女校小学部校舍平面图

长张锦铸任苏州市沧浪小学校首任校长。1959年9月，学校改名为苏州市沧浪区实验小学。1962年2月，改名为江苏省新苏师范学校附属第二小学。1963年9月，改名为苏州市沧浪区实验小学。"文革"期间学校几经更名，1978年秋，向阳花小学合并入校。1979年11月，学校复名为苏州市沧浪区实验小学。2013年4月，改名为苏州市沧浪实验小学校。

二、学校特色

学校秉承"以德育人，以质立校"的办学方针，以课程改革和教育科研为抓手，打造优质教学。自20世纪八九十年代起，即进行教学研究和考试改革实验，形成具有自身特色的、在省市内有相当影响力的学生考试新模式和多元评价方式。自2004年起，学校在学科课程教材改革实验方面进行全面系统的改革实验，多次被评为"江苏省实验教材改革先进集体"。学校从追本求源、成就抱负的高度，提炼"立本致远"的办学精髓，朝着培养"厚德至纯、乐群博学"的沧浪少年迈出坚实步伐。学校被评为"影响力学校建设共同体"首批成员单位等。2000年以来，学校以乒乓球传统项目为抓手，发展体育教育工作。学校建立完善的乒乓球教育体系，编写校本教材，每周安排学校学生上一节乒乓球运动课，广泛开展乒乓球社团活动等；创编《乒乓操》《小素质操》等丰富30分钟大课间体育锻炼特色内容，营造"小场地、大空间"的阳光体育运动新模式。2001年以来，学校被评为"江苏省发展小学生乒乓运动先进集体""小学乒乓球传统项目学校"。

三、办学成就

截至2021年12月，学校占地面积22229平方米，建筑面积15007平方米；现有58个教学班，学生2530人；现有专任教师148人。学校先后获得"江苏省家庭教育工作示范单位""江苏省小学英语教材实验基地""江苏省青少年科学教育特色学校""第八届江苏省青少年奥林匹克体育俱乐部""江苏省基础教育前瞻性教学改革实验项目学校"等荣誉称号。女作家苏雪林、中国幼儿教育专家赵寄石、曾任孙中山英文秘书吴弱男，以及蔡元培、胡适、竺可桢等名人都曾担任学校教员。办学史上涌现出大批时代骄子，有中科院院士何泽慧和王守觉、北京女子师范大学校长杨荫榆、社会学家费孝通、女作家杨绛等。新时代，学校以"立本致远"为校训，把最优质的教育奉献给每一位学生。

（包涵 文　包涵 供图）

苏州市带城实验小学校

创建时间：1912年
校训/校风：成人之美
学校地址：姑苏区葑门路208号

一、历史沿革

学校创办于1912年，属于公立小学校，校址在十全街173号内，即原清织造府工人简陋宿舍（现十全街红板桥），首任校长赵元恺。1932年，学校改名为吴县带城初级小学校，设有6班，学生240名，男教员4名，女教员4名。1937年全面抗战爆发，苏州沦陷，学校被迫停办。1939年上半年，学校复校。1949年11月，改名为苏州市带城中心国民学校，校址在十全街104号。1951年3月，改名为苏州市带城中心小学校。1957年8月，相王弄小学并入，分为三院：中、高年级为一院，原相王弄小学为二院，幼儿园和低年级为三院。1962年秋，二院独立建制，仍名相王弄小学校。"文革"期间，学校改名为红卫小学校。1968年，寄宿制小学撤销后，将两处校舍，即阔家头巷4-1号和阔家头巷17号拨给本校，阔家头巷4-1号作为学校农学基地。1970年，全区调整、合并，阔家头巷民办小学并入学校，其位于阔家头7号的校舍作为学校二院，东风小学（即原相王弄小学）也相继并入。1972年，市批拨阔家头巷22号国有土地255平方米（原是王姓荒园的一部分）用于扩建操场。同年11月又批拨十全街201号国有土地323平方米，作为两栋教学楼基地部分。1972年年底，东教学楼竣工。同年，市再批拨十全街181号、183号两处国有土地，使原一院和二院校舍得以贯通。1974年，复名为苏州市带城中心小学校。改革开放以来，学校在上级政府和党委的支持关心下，率先完善了一套行之有效的管理体制，培养了一支有奉献精神和革新意识的教师队伍。1985年设21班（含幼儿园3班），学生797人，专职教师44人。2010年8月，沧浪区

1949年苏州市带城中心国民学校校长卸任、新任通知

1950年苏州市带城中心小学校旧钤记缴销,启用新印

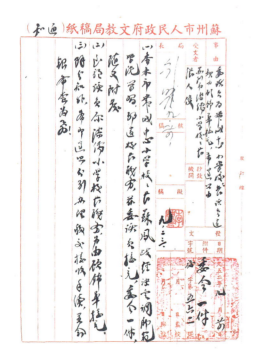

1952年苏州市人民政府文教局下发学校校长调任、委任通知

1983年全国儿童少年工作协调委员会赠予园丁荣誉纪念章

人民政府决定学校不再招生，当年招生的一年级和在校二年级全部并入平直实验小学，留下三到六年级学生继续在原校学习直至毕业，至2014年6月最后一届学生毕业。是年8月，原校舍归沧浪实验小学使用（南校区）。2014年，沧浪实验小学校东校区整体拆除，原地重建。带城中心小学改名为苏州市带城实验小学校，撤销沧实小东校区建制。2020年9月，学校成为沧浪教育集团下属成员校之一。2021年5月，学校挂牌为苏州大学附属带城实验小学校。

二、学校特色

学校南接百年老街葑门横街，西通十全玉雕文化街区，劳动教育基地建设有着地缘优势。学校践行"成人之美"校训的一个重要方面，就是"成学生之美"。2020年9月，学校致力于打造"一带五成"劳动教育特色，即以劳动育人为纽带，以劳树德促成人，以劳增智促成才，以劳强体促成长，以劳育美促成全，以劳养行促成就，指向德、智、体、美、劳的"五育"并举，培养全面发展、善劳笃行的带城学子。2021年7月，学校成功申报苏州市中小学课程基地与学校文化建设项目，劳动教育相关课题成功立项市"百年老校"文化创生专项课题，成为姑苏区劳动教育指导中心先试先行的特色学校，《新华日报》、人民网等媒体对学校劳动教育进行过专题报告。

三、办学成就

截至2021年12月，学校占地面积14400平方米，建筑面积为19000平方米；现有33个教学班，学生1434人；现有教师78人。近年来，学校先后被评为"江苏省中小学智慧校园""江苏省德育先进单位""全国红旗大队"等。百年带城，为祖国建设培养了一代代兴业人才，有著名评弹演员严雪亭，国家一级演员邢晏春、邢晏芝等评弹表演艺术家，全国优秀教师夏福庚，苏州文史专家徐刚毅，等等。传承文脉，开拓新局。带城教育人将继续致力于建设崇文尚德、特色鲜明的校园文化，打造敬信乐为、气质高雅的教师团队，培育养正善思、充满自信的带城学子，促使百年老校焕发新的时代光彩。

（刘颖 文 顾长春 供图）

苏州市草桥实验小学校

创建时间：1906年
校训/校风：宣礼、尚德、发悟、肃志
学校地址：姑苏区草桥弄4号

一、历史沿革

清光绪三十二年（1906），在苏州地方士绅、教育家蒋炳章的帮助下，时任江苏学务公所议长的王同愈创办长元吴公立高等小学堂（长元吴，即彼时苏州府所辖长洲、元和、吴县三县），校址设在十梓街夏侯桥东堍一所民房，后迁公园路草桥南堍自建校舍。同年，教育家叶圣陶、历史学家顾颉刚、画家吴湖帆、美术教育家颜文樑就读本校。1912年，学校改名为吴县县立第四高等小学校，校长为朱葆龄，旧制高小三年制，全收男生。1916年8月，改名为吴县县立第五小学校。1930年5月，改名为吴县县立草桥小学。1937年，学校规模发展至14班，学生887人，教职员20人，全面抗战爆发开始后停办。1940年2月，江苏模范小学开办，校址在公园

学校大门

1907年公立一中、公立高小学生与政府人员合影

1909年苏州公立一中、公立高小学生合影

路草桥弄，8月，改名为江苏省立苏州实验学校。1941年9月，改名为省立苏州实验小学。原江苏省立苏州实验小学校施仁夫奉命复校，因三元坊实小校舍破坏待修，先行接收在草桥小学原址复校。一年后，三元坊校舍修复为省立苏州实验小学一院，草桥校舍为省立苏州实验小学二院。1952年冬，苏州市第一批私立教会学校改为公校，市实小二院附近石桥弄（今公园路草桥弄）有教会办的私立乐群中学附属小学，接收后改为市实小三院。1953年，调整校舍，位于草桥的市实小二院并入三院，设在石桥弄乐群中小学原址。1955年5月，市实小三院单独设校，仍名草桥小学校。2010年，学校正式改名为苏州市草桥实验小学校。2013年9月，草桥实验小学设立分部。2014年9月，分部取消，全体学生均就读于本部（公园路草桥弄4号）。

二、学校特色

学校坚持把校园足球改革发展作为推进素质教育、引领学校体育改革创新的重要突破口和重要举措。遵循人才培养和足球运动发展规律，理顺管理体制，完善激励机制，优化发展环境，带动区域内校园足球的整体发展。2009年1月，学校被国家体育总局、教育部联合命名为"国家级体育传统项目学校"，2015年7月获得"全国青少年校园足球特色学校"的称号，2020年获得"江苏省足球后备人才示范学校"荣誉称号。

三、办学成就

截至2021年12月，学校占地面积为4551平方米，建筑面积3748平方米；现有18个教学班，学生729人；现有专任教师42人。百年来，学校人才辈出，走出了教育家叶圣陶、历史学家顾颉刚、画家颜文樑、奥运冠军陈艳青、作家范小青等名人，在苏州近代教育史上留下了印记。悠久的办学历史，积淀了丰厚的文化底蕴；名人大师的治学精神，聚集成学校发展的精神财富。学校先后获得"江苏省健康单位""江苏省智慧校园"等荣誉称号。近年来，学校在校园文化建设上不断推陈出新，将百年老校的优秀教育传统融入崭新的现代教育，古韵今风，相得益彰，让学校不仅成为孩子们童年最喜欢的地方，更成为孩子们长大以后最值得回忆的地方。

（纪雯君 文　校办 供图）

苏州市昇平实验小学校

创建时间：1906 年
校训/校风：求真
学校地址：姑苏区东大街 222 号

一、历史沿革

学校始建于清光绪三十二年（1906），是由三县合办的高等学堂，初名吴县官立高等小学堂，校址在驸马府堂前（现东大街 222 号），创办人为苏州地方士绅、教育家蒋炳章，第一年招收有 28 名学生，第一届毕业生 11 人。清宣统三年（1911），王泽永任校长。1912 年，改名为吴县第一高等小学校，杜应震任校长，有 158 名学生。1926 年，改名为吴县县立第二小学校，杜应震任校长。1927 年，改名为吴县县立城南小学校，李鸿奎任校长。1930 年，改名为吴县县立泮环小学校，王稼任校长。抗战时期学校停办。1941 年复校，校名为吴县县立泮环初小，卢玉裕、周仁寿先

杜应震校长等留学生合影

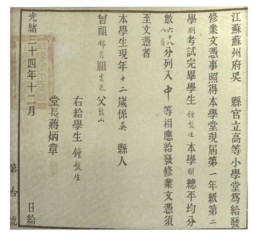

1908 年的毕业证

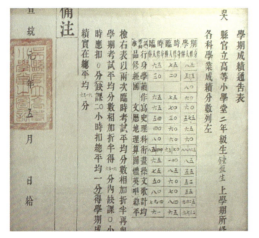

1909 年的成绩单

建校纪念碑

后任校长。1942 年至 1948 年，学校停办。1949 年复校，校名为吴县南园镇泮环国民学校。1951 年，学校改名为苏州市泮环初级小学校。1956 年，改名为苏州市泮环小学校。"文革"期间，一度改名为育红小学（1966 年 9 月至 1969 年 10 月）。1973 年 2 月，学校改名为苏州市东大街小学校。后有新桥巷民办小学并入。1995 年至 1998 年，原苏纶小学、三多小学、仓米巷小学先后并入，三多小学为分部。2010 年 8 月，另一所百年老校升平中心小学整体并入东大街小学。2021 年 9 月，在姑苏区百年老校跃升行动推进下，学校改名为苏州市昇平实验小学校。学校秉承创办人蒋炳章"力崇正学，乐育后进"的办学理念，以"求真"为校训，鼓励学生"成长为更好的自己"。

2020 年 9 月，在姑苏区集团化办学整体布局下，学校与沧浪实验小学、带城实验小学、草桥实验小学、杨枝小学组成沧浪教育集团，正式开启集团化办学之路。2021 年 10 月，学校与江苏省新苏师范附属小学成立教育联盟。

二、学校特色

学校在"真雅"校园文化引领下,开发"真趣"课程,研究"真实"课堂,评选"真雅"教师、"真雅"少年,营造"真情"校园氛围,积极探索百年老校的特色发展之路。多年来形成足球和书法教育特色,2020年被评为"苏州市书法特色学校",2021年获苏州市全国青少年校园足球工作建设质量管理与考核一等奖、苏州市"姑苏晚报"杯足球比赛女子甲组冠军。

三、办学成就

截至2021年12月,学校占地面积7115平方米,建筑面积5016平方米;现有16个班级,学生586人;现有教师38人。一百多年来,学校人才辈出,中国微生物学家、青霉素研制先驱樊庆笙,科技外交官、国际科技合作司司长吴贻康,中国工程院院士、空警2000预警指挥机总设计师陆军等都是昇平校友。学校获得"全国青少年校园足球特色学校""江苏省陶行知研究会示范学校""江苏省绿色学校""江苏省平安校园""江苏省智慧校园"等荣誉称号。

(徐蕾 文 李鉴茜 供图)

苏州市虎丘实验小学校

创建时间：1906 年
校训 / 校风：志洁行芳
学校地址：姑苏区白洋街 666 号

一、历史沿革

学校始创于清光绪三十二年（1906），时称元和县官立初等小学堂第二十校，章钰为学校最早办学人。清光绪三十三年（1907）冬，由孔昭晋继任，校址设在阊门外山塘街丁公祠，单级，学生 40 人，教员 2 人。清宣统三年（1911），改名为吴县县立初等小学阊区二校。1923 年，改名为吴县苏州市市立第二十七初级小学，1927 年，改名为吴县半塘初等小学。1937 年 10 月，日军占领苏州，学校停办。1939 年 9 月复校。1943 年，增设高年级，改初小为完小，校名为吴县半塘中心小学。1946 年，改名为吴县虎丘镇中心国民学校。1948 年，增设幼儿班，借唐家祠堂、学校东隔壁许家及水龙公所为校舍。1949 年 11 月，学校改名为苏州市立虎丘中心国民学校，下属国民学校 5 所，私立学校 11 所。1960 年 2 月，虎丘中心小学、湖田中心小学合并，改名为苏州市山塘中心小学。1961 年 4 月，改名为苏州市虎丘中心小学校，14 个教学班，

创始人章钰

1949年苏州市虎丘镇中心国民学校毕业生合影

1949年苏州市立虎丘中心国民学校校门

学生656人，教师24人。"文革"期间，学校归属虎丘公社，改名为苏州市虎丘公社虎丘小学。1978年8月，恢复苏州市虎丘中心小学。1997年，虎阜小学并入。1999年，学校改名为苏州市虎丘镇第一中心小学校。是年，被江苏省教委评为教育现代化工程合格学校。2001年，改名为苏州市虎丘第一中心小学校。2009年，金阊教育"北扩"工程启动，金阊区政府规划将学校易地新建。2012年，百年老校从七里山塘迁址金阊新城，改名为苏州市虎丘中心小学校。2017年9月，正式定名为苏州市虎丘实验小学校。

二、学校特色

学校秉承"志洁行芳"校训精神，在"大爱教育"办学思想引领下，传承先辈"爱国爱校，自强不息"的精神，创办虎丘少年军校，构建国防课程体系，开展国防特色活动，构建"大思政"育人格局，将爱国强国的种子播进学生幼小的心田。学校坚持把"少年军校"建设作为德育特色建设主阵地，落实到育人的规格和素养上，并以相应的课程来承载，实现长线管理，涵育出一批批向上向善、自信自强的飞虎少年。学校先后获得"全国国防教育示范学校""全国国防教育特色学校""江苏省首批国防教育示范学校""江苏省双拥示范基地""江苏省少年军校先进单位"等先进称号。学校成为新时代爱国教育校园典范。

三、办学成就

截至 2021 年 12 月，学校占地面积 35424 平方米，建筑面积 21139 平方米；现有 48 个教学班，学生 1978 人；现有在编教师 108 人。学校曾获"全国青少年校园足球特色学校""江苏省少先队先进集体""江苏省智慧校园""江苏省金钥匙科技竞赛先进学校"等荣誉称号。昆曲小生顾传玠、中国古代文学教授杨海明、法学教授杨海坤等从这里走出。

（武亚楠 文　顾婷婷 供图）

苏州市山塘中心小学校

创建时间：1912年
校训/校风：尚德、尚学、尚乐
学校地址：姑苏区山塘街508号

一、历史沿革

学校创办于1912年，创办人毛先生，原址在山塘街会馆弄内，招收粤籍子弟，兼收当地学龄儿童。后与岭南会馆协商迁入山塘街840号（今136号）岭南会馆原址，正式称为圣公会学堂，属基督教会管辖。经清朝康熙、雍正年间两次大修，如今的岭南会馆尚存旧貌。1929年，由许秋芳捐资，改名为私立惠群小学。1942年，改名为镇立万里小学。1945年，复名为私立惠群小学。其间，学校曾几经兴衰，

老校门

1966年山塘体操队在校礼堂前合影

1966年山塘体操队男运动员练习"三人技巧"

甚至被迫停学。1953年，改名为私立山塘街小学。1956年至1959年期间，合并三友、世德两所学校，学校改名为苏州市山塘街小学。1960年，改名为苏州市山塘中心小学。1968年，改名为山塘小学。1978年，学校复名苏州市山塘中心小学，1989年，杨安浜小学并入，2004年，大德小学并入。2009年9月，学校易地新建，搬迁至山塘街508号继续办学，校名为苏州市山塘中心小学校。2019年，学校加入苏州市金阊教育集团。

二、学校特色

学校在办学过程中形成了带有山塘印记的"非遗"项目的办学特色。2009年以来，少鹏书法和珮瑜京剧教育已然成为山小学子心中埋下的种子。2011年，学校获得"全国学校文化建设创新实践基地"称号，2013年，学校获得"海峡两岸青少年非物质文化遗产传承基地"称号。珮瑜京剧社的学生曾到中央电视台戏曲频道表演京剧唱段。在少鹏书法、珮瑜京剧两个"非遗"项目的领衔下，学校创办篆刻、拓碑、盆景、吴侬软语等带有山塘印记的非物质文化类社团。

三、办学成就

截至2021年12月，学校占地面积10566平方米，建筑面积7101平方米；现有班级24个，学生902人；现有教职工57人，其中专技教师56人。2012年，学校获得"海峡两岸戏曲与国学传承交流基地""京剧实践基地"称号；2017年，学校获得"中国书法(写字)特色学校"称号;2019年,学校获得中国教育学会书法教育专业委员会授予的"书法教育实验学校"称号。一批又一批学子从山塘百年文脉中汲取精髓,其中有"余(叔岩)派"老生的第四代传人王珮瑜、吴门书法家李少鹏、评弹表演艺术家袁小良等。学校将继续遵循"尚德、尚学、尚乐"的校训,坚持"五育"并举,深化素质教育,推进学校的文化建设,让百年老校踏着新时代的节拍焕发勃勃生机。

(许凯文 许凯 供图)

苏州市胥江中心小学校

创建时间：1906 年
校训 / 校风：修己达人，知行合一
学校地址：姑苏区盘胥路 771 号（本部）
　　　　　姑苏区劳动路 268 号（分部）

一、历史沿革

学校的前身是创办于清光绪三十二年（1906）的官立初等小学堂第十三校。1912 年后，改为吴县胥区第一初等小学校，校址也由长元县学东廊迁往胥门外泰让桥堍水仙庙。1913 年，小学设一年级至四年级，编制为单级，有校长 1 人，另有专科教员 2 人，有男学生 2 人、女学生 4 人，所设学科为修身、国文、算术、唱歌、体操、图画、手工等。1929 年，并入吴县胥区第一初等小学。抗战前夕，改名为吴县县立胥江小学。1934 年胥门一带学生增多，学校在嘉应会馆设分校舍。

1962 年中国农工民主党苏州市第四届委员会全体委员合影（第二排右一为柳哲纯校长）

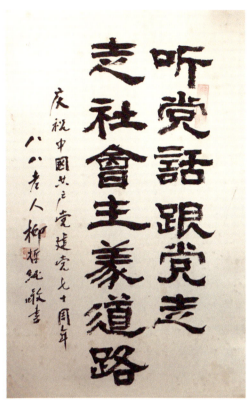

1991年柳哲纯题词

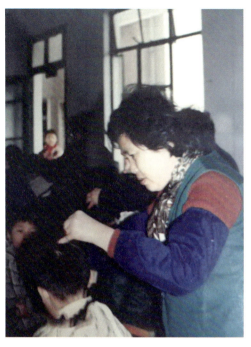

老师给学生义务理发

是年8月,学校设有9个班,有学生472人,教职员工12人。全面抗战爆发时期,苏州沦陷后,学校一度停办。1938年2月,为不使大批小学生荒废学业,朱鸿基校长自筹钱款,复校上课,设一年级至六年级,必修课中增加图画,随意科为手工、商业、农业,学校性质为私立完小。抗战胜利后,校名屡易,先后称吴县胥江万年中心国民学校、吴县胥江枣市中心国民学校。1947年改名为吴县胥江镇中心国民学校。1949年8月,改名为苏州市立胥江中心国民学校,学校设有10个班(含幼稚园1个班),有学生521人,专任教师16人,附设民教部3个班。1950年度第一学期,任命柳哲纯为校长。文化课程有国语(又细分为说话、读书、写话、写字)、算术(又细分为笔算、珠算)、常识、唱游(又细分为音乐、体育)、工作(又细分为美术、劳作)。品德考查分别有学习态度、集体观念、劳动观念、生活态度、意志力的表现、健康状况、出席统计等。1951年,学校改名为胥江中心小学。此时,胥江中心小学校址在胥门外泰让桥堍水仙庙内,校舍破旧,学生多数是劳动人民子弟。年复一年,学生逐年增多,校舍不够,经多方联系,庙方让出房屋,最后大殿也让出改为大礼堂,另外又在枣市街胥台乡庙设二院,以便该地附近的学生入学。"大跃进"时,设在胥台乡庙的胥江中心小学二院扩建。1962年,胥江中心小学二院改为独立建制,称枣市街小学。20世纪60年代,新马路小学并入枣市街小学。1978年,因泰让桥拓宽,政府批准在盘门外铁链浜地块建造胥江中心小学新校。新校建成后，于1983年4月4日迁入。1999年8月，枣市街小学并入胥江中心小学。

二、学校特色

学校科技特色明显，重点抓住"普及"和"课程"两个关键词，以科技周、科技节抓普及，又开发"电子技师""乐高科技积木""折剪纸""园林微景观制作"等阶梯式递进活动课程。学校的爱上科学社团，多年来积极参加省级科技竞赛，成绩斐然。学校还大力推进"非遗"进校园的活动，与剪纸艺术大师金国荣深度合作，建立"非遗"传承工作室，定期进校开展剪纸社团活动；在中国共产党成立100周年之际，学校组织百人剪纸活动，向党献礼。

三、办学成就

截至2021年12月，学校有两个校区。本部位于盘胥路铁链浜，占地面积6642平方米，建筑面积2893平方米；分部位于劳动路，占地面积4486平方米，建筑面积2206平方米；两校区现为三轨六年制小学，共有教学班17个，学生715人；现有教师42人。苏州市名教师莫彪多次在全国、全省范围进行公开教学观摩展示；苏州吴门琴社副社长裴琴子创办吴江鲈乡琴社，积极传承古琴艺术；丁秉公担任微软亚太研发集团云计算与人工智能事业部产品总监。学校秉承"修己达人，知行合一"的校训，让每一个学生"学会学习，学会生活；感受成功，感受幸福"。学校先后获得"江苏省家长示范学校""江苏省体育达标先进学校""江苏省绿色学校""江苏省平安校园"等荣誉称号。

（张吉敏 文　吴荣鑫 供图）

苏州市善耕实验小学校

创建时间：1906年
校训/校风：一生向善，百年勤耕
学校地址：姑苏区平河路文里街168号

一、历史沿革

学校创办于清光绪三十二年（1906），全称为长洲县官立高等小学堂，校址设在今城南沧浪亭东侧的羊王庙内，第一任堂长为晚清名士章钰（字式之），当时仅收学生32人，学制四年。1911年辛亥革命苏州光复后，改名为吴县县立第二高等小学校，校长为徐镇之，学制改为三年制。1914年8月，学校迁到谢衙前38号。1926年8月，改为完全小学，并改名为吴县县立第二小学校。1927年8月，学校改名为吴县县立城北小学校。1928年8月，学校改名为苏州市城北小学校。1930年5月，改名为吴县县立善耕小学校。1945年抗战胜利后，改名为吴县灵鹫古市镇中心国民学校。1951年，改名为苏州市善耕中心小学校。1958年12月，善耕辅导区建立中共党支部，蔡银媛（女）任书记兼校长。1960年秋季开学，被苏州市教育局确定为全市小学五年制改革试点学校。"文革"期间，学校曾三易其名，1972年恢复善耕中心

第五任校长韩秉直

小学。1984年翻建学校大门,并请书法家李大鹏题写校名。1999年,西花、东吴两完小并入。2006年6月,学校隆重举行百年校庆庆典。2008年,苏锦小学并入,并迁入平江新城新校址,善耕小学北校区成立。2009年9月,善耕中心小学整体迁入新校址,改名为苏州市善耕实验小学。2019年,成立善耕教育集团。

二、学校特色

"一生向善,百年勤耕"是学校的校训。学校以"扬善育美·循道创生·有痕无界"为特色文化建设主题,确立"耦耕至善"的课程理念,将培养"向善勤耕"的阳光少年作为育人目标,以纵向贯通、横向联结的维度来整体构建学校课程。空间研创课程,扎根生活基础;善文耕读课程,深耕学力素养;家校共育课程,厚植积极情感。

在"苏式教育"的大背景之下,基于百年校训内涵发展的新善耕,又融入"教育要关怀学生的终身发展和终身受用"这一思想,全力营造出以"知善深耕"为特质的幸福教育文化。学校将德育卡通形象打造成"善耕好牛牛"这一评价体系,以"五牛"特质——"善、勤、灵、韧、和"来描绘和评价善耕学子的形象和素养。卡通形象已申请知识产权专利,并研发制作特色文创用品,成为校园文化创生的一大途径。

大道至简,教育最真,耦耕至善,文化育人。善耕人徜徉于丰富的课程海洋中,终将收获美的教育、智的提升。

三、办学成就

截至2021年12月,学校占地面积31731平方米,建筑面积20660平方米;现有56个教学班,学生2553人;现有教职工139人,其中中学高级教师4人,江苏省特级教师1人。学校先后获得"'教育部中小学综合实践活动室'项目基地""中国航天科技教育联盟成员单位""江苏省智慧校园""江苏省陶研工作

1914年毕业证书

1936年吴县善耕中心小学校校友录

1936年吴县善耕中心小学校三十周年立校师生合影

先进集体"等荣誉称号。学校承载了一辈又一辈的梦想，培育了一代又一代的学子，中国科学院院士程耿东、中国工程院院士张钟华和徐旭常、中国原子能科学研究院研究员丁大钊等都曾在学校就读。善耕的今天，在传统中汲取，在时代中蜕变，努力在厚重的传统文化基础上再次焕发出崭新的活力，再一次破茧成蝶，攀登更高的山峰。

（李娴秋 文 孟珺妍 供图）

苏州市梓义实验小学校

创建时间：1911 年
校训 / 校风：薪传致远
学校地址：姑苏区平泷路 1281 号

一、历史沿革

据《平江区志》记载，梓义小学位于玄妙观东脚门内。清宣统三年（1911）由姚承祖创办、苏州营造业公所集资建成，免费招收营造业工匠子弟入学。1927 年 7 月，学校停办，不久仍由吴县营造业公所设法恢复。1944 年 2 月，接归县办，改为玄妙小学。1945 年抗日战争胜利后，仍名私立梓义小学。1952 年 12 月，政府接办为公校。1958 年 9 月，文山小学并入。1969 年 3 月，因果巷民办小学并入。由于街坊改造和居民动迁等因素，1986 年 8 月，志成小学并入梓义小学。1996 年 8 月，颜家巷小学并入梓义小学，1998 年，梓义小学并入马医科中心小学，原校址列入观前街整治更新一期工程，规划成绿化地和玄妙观附房。2002 年 2 月，原虎丘乡东升、金星、金光、新华 4 所小学合并成立虎丘实验学校小学部。2002 年 9 月，虎丘实验学校小学部改名为苏锦实验小学校，2009 年 6 月，正式更名为苏州市平江新城实验小学校。2021 年 9 月，

创办人姚承祖

在保护区、姑苏区挖掘百年老校宝贵资源，恢复百年老校珍贵遗产的背景下，苏州市平江新城实验小学校更名为苏州市梓义实验小学校。

二、学校特色

学校按照新时代教育发展要求，坚定素质教育发展方向，树立"以特立校"办学理念，制定建设科教特色学校的发展战略，围绕"智慧、童趣"的办学理念，深入开发"童趣AI"和"数珠同行"两大特色课程体系，开展各类课程活动，构建校园特色文化。学校先后承办江苏省青少年普及机器人大赛、苏州家庭机器人比赛、苏州市珠心算教学研讨等活动，在教育集团内、域内学校间、周边街道社区中形成一定的辐射圈，更通过支教活动将课程特色文化带给中西部地区，实现东西部地区科教共享。此外，学校积极参加各级各类科创比赛，共获得包括机器人世锦赛分区赛冠军、总决赛亚军在内的国际、国家、省、市级二等奖以上奖项

1982年三好生合影

1998年毕业生合影

700多人次，全面打响学校特色品牌。

三、办学成就

截至2021年12月，学校占地面积22500平方米，总建筑面积15092平方米；现有49个教学班，学生2045人；现有专任教师119名，其中市级学科专业荣誉称号者3人。学校创建初期，招收香山帮建筑工匠子女与全社会有志于该行业的孩童，是当时全国第一所培育出类拔萃"木工秀才"的学校。创办人姚承祖是继明代蒯祥之后，又一位香山帮建筑人物，有"江南耆匠""一代宗师"之誉。学校以"薪传致远"为校训，将梓义所蕴含的工匠精神和科创教育深度融合，建设科教特色学校。学校先后获得"中国教育信息化首批STEM教育＆创客教育实验学校""中国STEM教育2029创新行动计划种子学校""江苏省基础教育课程基地建设项目学校""'十三五'江苏省科学教育综合示范学校""江苏省小学珠心算教育实验研究基地学校"等荣誉称号，在世界级、国家级等科创竞赛中均获得骄人成绩，彰显出姑苏教育培养时代新人的担当。

（姚梅 文 姚梅 供图）

苏州市勤惜实验小学校

创建时间：1906年
校训/校风：勤、惜
学校地址：姑苏区江天路128号

一、历史沿革

学校创办于清光绪三十二年（1906），原名奏办第十七初等小学校，首任校长是一代校勘学家、苏州开办小学创始人章钰。学校原址在北街灵迹司（现东北街128号）；1923年改赁勤惜庵，校址位于东北街15号，称勤惜初等小学校。1946年，改名为吴县迎春镇中心国民学校。1947年，改名为北街第九保国民学校。1948年，改名为吴县勤惜国民学校。1949年苏州解放，定名为苏州市立勤惜国民学校，后改名为勤惜小学。"文革"期间，改名为东风小学。1977年，改名为娄门小学。1979年，复名勤惜小学。1999年，娄江小学并入勤惜小学。2013年至2016年，学校于平江新城易地重建，改名为苏州市勤惜实验小学校，位于江天路128号。2019年，学校与苏州市善耕实验小学校、苏州市梓义实验小学校

与学校历史有关的石碑

组成苏州市善耕教育集团。

二、学校特色

学校秉持坚守"勤""惜"二字校训,旨在追求"勤能生慧,惜能悟福"的教育境界。进入21世纪,学校逐步形成以"勤""惜"教育为主体,以"三勤三惜"(勤学、勤思、勤行、惜时、惜物、惜人)品牌建设为内核,以传承、内涵、科学与创新为发展立足点的特色办学体系,并由此衍生出一系列合作化办学项目与成果。例如,与苏州大学教育学院签订一系列合作协议,在教师管理、培训和学生教育

1947年学校土地所有权登记声请书

原灵迹司内止疟泉

等方面深化合作，助力师生成长与发展。具体合作成果为：根据教师年龄差异特征，分层制定"新苗""青椒""破茧""心育""赋能"等五大培训计划，成立苏州市善耕教育集团·苏州大学教育学院"儿童成长与教师发展研究室"，以及揭牌建立涵盖"家长勤""学生敬""亲子善"三大板块的"勤敬惜贤·亲子学堂"。另外，学校特邀中国工艺美术大师冷赟玲来校开设"太湖窑社团"，结合"勤学、勤行、勤思"的校园特色文化，自主编撰《勤塑惜泥》校本教材，以传承太湖窑工艺，演绎"非遗"之美。

1999年学校教学楼

三、办学成就

截至2021年12月，学校建设规模为8轨48个班级，现有师生1500余人。学校被授牌为"保护区百年老校保护传承和创新发展实验学校"，获百年老校标志，并加入苏州国家历史文化名城保护区百年老校传承和发展联盟。学校在第27届江苏省青少年科技模型大赛电子百拼竞赛（智PU）项目中荣获小低组团体二等奖。学校以崇文重教为治学根本，孕育出一批人才，世界电影音乐协会会员、美国录音艺术与科学学院会员、旅美作曲家王之一就是其中的代表。学校将立足新时代的教育坐标，建设教育品牌，用"知识""行动"浸润"品德"，打造一所有历史、有底蕴、有未来的学校。

（姚瑶 文　陆觐 供图）

苏州市敬文实验小学校

创建时间：1907 年
校训／校风：崇德、敬文
学校地址：姑苏区皮市街 341 号

一、历史沿革

清光绪三十三年（1907），吴县在西北街天后宫内创办县立第二半日制学堂。1912 年改办为全日制小学，改名为吴县东区七校。民国时期废址改建为北街小学。抗日战争爆发后，曾停办数月，抗战胜利后，归吴县教育局管辖。新中国成立后，人民政府接管学校。每个辅导区设中心小学一所，北街小学设为中心小学。

1942 年，爱国侨胞朱敬文以所置皮市街旧屋，另再筹资，并以自己的名字命名，创办敬文义务小学，朱敬文兼任董事和校长，新中国成立后改名为皮市街小学。1959 年，皮市街小学并入北街小学，但两校仍分别在原校址办学。1960 年，原皮市街小学从北街小学分出。1970 年，两校又再次合并，北街小学迁入皮市街小学（其地址为皮市街 289 号），并改名为苏州市北街中心小学。1973 年，改名为苏州市北塔中心小学。为弘扬朱敬文艰苦创业精心育才的精神，1987 年经苏州市人民政府批准，苏州市北塔中

创始人朱敬文

抗战时期的敬文义学

苏州市北塔中心小学老建筑

心小学被命名为苏州市敬文中心小学。1997年,平门小学(前身为创建于1909年的北寺小学)并入学校,同年,由平江区人民政府命名为苏州市敬文实验小学校。1998年,齐星小学(前身为创建于1940年的齐贤小学二院)并入学校。1999年10月,学校通过江苏省教委实验小学验收,成为江苏省实验小学。

二、学校特色

学校秉承"安全自由和谐风,开启创造思维门"的办学理念,力求形成"大爱校园,灵动教育"的办学特色。学校倡导教师眼中有学生、心中有智慧、教中有能力。紧紧抓住"课程"这个必不可少的载体,明确提出"四个维度"十六字的课程理念：儿童视角，学科视野，专业视点，通联视界。学校以儿童健康成长的需求、积极发展的方向为一切教育教学行为的出发点，通过系统化的教学，充分挖掘学科的内在价值，从而帮助学生奠定良好的学科基础。一方面高度关注某学科内部的纵向贯通和横向联结，重视学科本身内在育人价值的开发；另一方面，在活化本学科教学的基础上，与其他学科产生开放式联系，并进行有机、有序、有度的通联，超越学科本位，从而发展学生的综合素养，以达到融会贯通的境界，实现高层次的领悟。2018年5月，学校成功举办江苏省小学数学课堂教学改革成果交流研讨活动。

1987年苏州市敬文中心小学命名仪式

三、办学成就

截至2021年12月，学校占地面积9598平方米，建筑面积8230平方米；现有35个教学班，学生1539人；现有教职工87人。近年来，学校获得"现代教育技术实验学校""江苏省智慧校园""苏州市文明校园"等荣誉称号。百年来，学校培养了一大批的优秀学生，其中有苏州市高考状元朱文卿、李韬，特级教师潘娜，等等。

（刘梦溪 文　刘梦溪 供图）

苏州市东中市实验小学校

创建时间：1913年
校训/校风：宁朴勿华
学校地址：姑苏区中街路203号

一、历史沿革

学校的前身为私立钱业小学，创建于1913年，由苏州钱业同人集资筹建，首任校长为名儒钱冠瀛。建校伊始，创始人钱冠瀛提出"宁朴勿华"的校训，并传承至今。开办初，校址在东中市90号，钱业公所后进，只设初级班，学生悉数为钱业同人子弟，首批各科教员也都延聘博学良贤之士担任。1916年，钱校长谢世，续聘宋友裴担任校长。宋友裴大力发展民族企业，曾参与筹创苏州电气公司，兼任钱业小学、树德小学、树德初级中学校长。至1934年，学校设2个高级班，4个初级班，学生236名，教师19名，学校占地面积733平方米，有校舍20间。1936年，宋友裴校长年迈告退，钱仲鹿继任校长。1944年，改为县立，改名为中市中心小学。1945年，恢复私立钱业小学。1949年后，由苏州市文教局接管，1956年改成公办，改名为苏州市东中市小学，任命钱仲鹿担任校长。

创办人钱冠瀛像

1963年中街路小学第二届毕业生合影

1933年学校前身私立钱业小学校英语科毕业证

自1958年起，学校划归北塔区管理。不久，北塔区并入金阊区，学校随之归金阊区教育局管理。1959年，试行寄宿制，学校改名为苏州市桃坞区寄宿制小学。1962年，根据苏州市教育局决定，撤销寄宿，恢复走读制，复名为苏州市东中市小学。1978年，被确定为金阊区重点小学，1980年，改名为东中市小学，1981年9月，定名为东中市中心小学。1991年下半年，由于街坊改造，地块置换，学校与原中街路小学合并，1999年，通过江苏省实验小学验收，苏州市东中市实验小学校校名沿用至今。

二、学校特色

学校于2004年创办"东旭少年警校"，打造交通文化，成为学校少先队自治的有力抓手。在不断实践中，学校将该项目课程化，编撰校本教材《东旭小交警》，与警察博物馆签约，建立东旭警校德育实践基地，并推出试点课程，学校挂牌首个校园博物馆——东旭警校博物馆。"东旭少年警校"被评为江苏省少先队文化建设品牌项目。2019年，学校在挖掘校史文化的基础上，基于实践，以《财经素养教育标准框架》为标准，积极构建财经素养育人体系，与中国财经素养协创中心携手，建构提升小学生财经品格的"尚诚"课程，研制学生"尚诚"财经品格活动性学习内容，营造学生"尚诚"财经品格自主发展的环境，构建多层次学生"尚诚"财经品格的共育平台，打造财经教育特色。

老校门

三、办学成就

截至2021年12月，学校占地面积9700平方米，建筑面积6087平方米；现有27个班级，学生1075人；现有教师70人。学校先后获得"全国名校联盟示范学校""全国著名小学办学成果展示校""中国儿童音乐学会艺术教育先进单位""江苏省教科研基地学校""江苏省青少年科技教育特色学校"等荣誉称号。学校培养了一大批的优秀学生，其中有中国科学院院士程庆国、中国工程院院士赵铠等。学校将继续秉承"宁朴勿华"校训，赓续多所百年老校文化传统，确立"守朴创生，气象万千"的办学愿景，践行"理解教育"理论，以达成"各美其美，美美与共"的个性化发展追求，培养更多"要以皆天下之强"为己任、有姑苏特质的"现代君子"。

（陈文隽 文 胡雯 供图）

苏州市学士中心小学校

创建时间：1889年
校训/校风：明志、成学、广才
学校地址：姑苏区景德路403号

一、历史沿革

学校创办于清光绪年间，由两所百年老校马医科中心小学校和金门中心小学校合并而成。

马医科中心小学校前身为创办于清光绪十五年（1889）的教会学校——振声中学附属小学，创办人金振声，首任校长戴美丽（美籍），第二任校长万嵩沅。

干将中心小学前身言子祠小学

马医科二小校门

1932年振声附小师生合影

1921年，搬至马医科，1953年由政府接办。随着教育事业的发展，养育巷第一小学、景德路第二小学、振雄小学、马医科一小、马医科二小、景一小学、志成小学、志成幼儿园、颜家巷小学、由巷小学、梓义小学、干将中心小学、文山小学、因果巷尚志小学、砂皮巷小学先后并入马医科中心小学校。

金门中心小学校前身为创办于清光绪三十三年（1907）的吴县公立半日制学堂第一校。甲午战争后，废科举办新学呼声日盛。清光绪十五年（1889），翰林进士王同愈后任学政，倡导新学，与吴本善、蒋炳章、彭福孙等爱国教育家创办金门小学，原址在石塔头林则徐祠，1978年搬至景德路403号。随着教育事业的发展，宝林民办小学、天库前小学、景德路小学、纯一幼儿园、纯一小学、五爱小学、高井头小学、南新路小学先后并入金门中心小学校。

2009年9月，马医科中心小学与金门中心小学合并办学。为赓续两所百年老校文脉，平江区教育文体局广泛征集校名，最终选取了由苏州市民俗专家惠桦提名的"学士"。2011年9月，学校正式定名为苏州市学士中心小学校。

二、学校特色

追溯学校百年校史，其中有许多精神财富值得传承和创新。倪淑英，抗战时期学校的一位年轻女教师，在战争中坚守阵地掩护战友撤退，终因弹尽无援，身中8弹壮烈牺牲。学校传承和发扬这一宝贵的红色基因，让英雄主义教育成为学校德育工作的主旋律。学校将倪淑英烈士系列活动作为开展德育的主要抓手之一，每年在清明节、烈士纪念日等节点组织学生缅怀先烈。在此基础上，学校编写《淑女英杰》校本教材，使之成为强化理想信念教育的生动载体。学校还成立"倪淑英奖教基金"和"倪淑英奖学基金"，勉励师生发现更好的自己，享受教育的幸福。

三、办学成就

截至2021年12月,学校占地面积6000平方米,建筑面积4730平方米;现有21个班级,学生793人;现有教师44人。学校曾获"江苏省红旗大队"等称号。学校涌现出以革命志士傅缉光、教育家叶圣陶、中国科学院院士潘承洞、国家一级美术师杨明义等为代表的优秀人才。学校以"明志、成学、广才"为校训,以"平民情怀、丰富学养、英雄品格"为办学的核心理念,坚守勤勉、俭朴、明理的办学特质,不断丰富"学士文化"的时代内涵。

(吴凤娟 文 王佳 供图)

工业园区

苏州工业园区唯亭实验小学

创建时间：1906年
校训/校风：唯实求真
学校地址：工业园区唯亭夷亭路219号

一、历史沿革

学校创办于清光绪三十二年（1906），初名为唯亭初等小学堂，校址位于唯亭镇东段。1912年8月，改名为唯亭乡立第一初等小学校。1928年2月，在西街仁寿桥堍仁寿庵内开设分校，名为唯亭乡立第六初等学校，后改名为唯亭小学校仁寿分校，继而改名为唯亭小学镇西分校。1931年8月，唯亭曾一度建立中心辅导区，改名为唯亭中心小学。1938年，因日机轰炸，学校被夷为平地，无法在原址上课，在地方人士协助下集资开办唯亭正毅小学校，校址设在西街潘家（原开设美新照相馆）。1943年，学校定名为吴县县立唯亭小学校。1946年，学校改名为吴县唯亭镇中心国民学校。1952年，学校有较大的发展，至1966年，校貌没有改变。1975年秋，由街道居委会借本校教室开办民办幼儿班一班。1976年10月，恢复幼儿班，其时，街道居委会办的民办幼儿班并入本校幼儿班。1978年9月，学校改名为吴县唯亭中心小学，并恢复校长制。1992年3月，原中心校附设幼儿班单独组建唯亭中心幼儿园，

唯亭中心小学辅导区后戴小学1983届毕业生合影

20世纪80年代初期唯亭中心小学教师在办公室办公　　1997年唯亭中心小学运动会开幕式

设园主任一名，隶属中心校领导。1994年5月，随着苏州工业园区的建立，时属吴县市的唯亭镇划归苏州工业园区，遂名为苏州工业园区唯亭中心小学。同年9月，校址迁至新街17号（原唯亭中学旧址）。2003年10月，学校搬迁至唯亭镇北区莳亭大道北侧、青苑四区东侧的新校舍。与之同时，撤并辅导区的唯亭后戴完全小学、唯亭戈巷完全小学、唯亭夷陵完全小学，并将上述三所学校全部并入原校，改名为唯亭中心完全小学。同年12月，学校通过了江苏省实验小学验收。2006年，学校改名为苏州工业园区唯亭实验小学，沿用至今。

二、学校特色

1998年至今，学校坚持培育书法特色，书法写字教育已成为学校办学的一张亮丽名片。学校先后获得"中国书法（写字）特色学校""江苏省中小学书法特色学校""苏州工业园区特色学校AAA级"等荣誉称号。同时，成为江苏省硬笔书法家协会实验基地、苏州市书法家协会教育基地。学校连续两次荣获江苏省书法写字教育先进集体。杰出校友钱玉清荣获2013年中国书画十大年度影响力人物之一。2013年9月，学校国粹艺术传承中心正式成立，拓展和延伸了原有的办学特色。2016年，以"传承国粹艺术，培育德慧少年"为主题的课程规划正式开始实施。

三、办学成就

截至2021年12月，学校占地面积43879平方米，建筑面积20932平方米；现有教学班80个，学生3522人；现有专任教师220人。学校先后获得"全国教育科研先进单位""江苏省文明单位"等荣誉称号。

（孙玉娟 文　孙玉娟 供图）

苏州工业园区车坊实验小学

创建时间：1912年
校训/校风：成德达才
学校地址：工业园区斜塘金园街8号

一、历史沿革

1912年2月，上海人梅朗丞租赁镇西郭姓人家房屋1间，创办车坊乡立第一初等小学校，1个班级，1名教师，学生约20人。同时，他在镇东创办车坊乡立第二初等小学校，借用民房1间为校舍，聘用教师1人（名朱锡君），学生10多人。1917年4月，上述两校收归县第三学区管辖，分别改名为车坊乡立第一国民小学校和车坊乡立第二国民小学校。1924年8月，改由第九学区管辖，改"国民"为"初级"。1927年3月，将镇东车坊乡第二初级小学校并称为车坊乡第一初级小学校。

1970年吴县车坊五七小学合影

1986年编撰的吴县车坊中心小学校志　　20世纪70年代师生庆祝六一儿童节

1929年2月，复归县第三学区管辖，改名为车坊乡立镇西初级小学校，改为一学级，镇东校为分校。同年8月，属第一学区管辖，改名为吴县车坊初级小学校。1930年8月，镇东分校归并到镇西吴县车坊初级小学校。1945年8月抗战胜利后，校名为车坊镇中心国民学校。1948年，学校改名为吴县车坊中心国民学校。1950年，学校改名为吴县车坊中心小学校，学校把高级班设立在高墩庙里。1952年9月，又新增2名教师、2个班级，学生总数达到250人左右。于是，学校把中、高年级4个班和教师办公室都设在高墩庙里，学额增长，分为一院（高墩庙）、二院（西街西梢原校址）。1968年8月，改名为吴县车坊五七学校。1975年，二院校舍迁移到一院西侧（此时高墩庙庙宇已翻建成教室），学校合成一处。1976年10月，复名吴县车坊中心小学校。1990年起，将中心校搬迁到蔺谊西路，投资150多万元建造一幢三层教学楼和行政楼，并建起标准运动场。1993年6月7日，学校开始在新校舍上课（中心小学附属幼儿园暂留高墩庙原校舍）。1996年后，完成校舍二期工程建设，盖起后幢教学楼，与前幢组成"工"字形主体结构。2000年5月8日，投资200多万元、占地面积11333平方米、建筑面积2552平方米的车坊中心幼儿园新校舍竣工。2004年10月，随着区划调整，车坊地区吴淞江以北地区（含车坊市镇）并入园区娄葑镇，学校改名为苏州工业园区娄葑第五中心小学，下辖南校区（由李家、金园、前荡等完小合并而成）和旺浜完小。2005年，第三幢教学楼和实验楼建造完成。2006年南校区和旺浜完小全部并入中心校。至此，中心校管辖辅导区的格局已成为历史。2011年1月，学校成为园区第三批"达标升级"学校，由乡镇管理晋升为园区管委会直属学校，改名为苏州工业园区车坊实验小学。2012年8月，改扩建工程一期启动，学校行政楼拆除，改建食堂，命名五丰楼；学校东北新建二层艺体楼。2013年8月，五丰楼正式投入使用；2014年9月，七言楼正式投入使用。2015年2月，改扩建工程二期启动，2015年9月，一鸣楼和二惠楼正式投入使用。改扩建工程总投资5654万元，总建筑面积16568平方米。2015年7月，园区管委会、教育局规划建立苏州工业园区车坊实验小学松泽校区（车坊财富广场南金园路8号），总投资1.09亿元，占地面积25344平方米，建筑面积27245平方米。2016年1月，松泽校区筹建工作开始。2017年9月，松泽校区正式启用，由车坊实验小学统一管理。

二、学校特色

学校始终秉承"成德达才"的校训，立足百年老校的文脉根基，致力于传统与现代的和谐，传承与创新的圆融，确立以"三生教育"（即生命教育、生存教育和生活教育）为特色路标的发展战略，培育中国象棋、草艺、书法三大办学特色，全面提高办学水平，提升办学内涵。2014年，学校获得联合国教科文组织亚太地区世界遗产培训与研究中心"世界遗产青少年教育基地"的称号。2015年，获得"江苏省硬笔书法家协会书法教育基地"。2016年，获评"全国象棋特色学校"。

三、办学成就

截至2021年12月，学校占地面积58688平方米，建筑面积47886平方米；现有班级68个，学生2997人；现有教职工204人，其中专任教师187人。学校获得"世界遗产青少年教育基地""江苏省绿色学校""江苏省书法特色学校""江苏省智慧校园"等荣誉称号。

（张华全 文　胡敬龙 供图）

苏州工业园区跨塘实验小学

创 建 时 间：1912 年
校训/校风：积极进取，永无止境
学 校 地 址：工业园区跨塘唯新路 90 号

一、历史沿革

1912年，秀才出身的苏州市人张洛英受新学思想影响，在娄门外娄下镇（外跨塘）创办学堂，创办资金由地方人士集资，校址设在周孝子庙（即周处庙）内。1917年，学校收归县管，校名定为唯亭区第二国民小学校。1919年，学校打破男女界限，允许男女生同坐一室，使女子也享受到平等的教育权利。1921年，学校改名为吴县县立跨塘初级小学校。1945年8月，改名为跨塘镇第一保国民学校。1947年2月，改名为吴县跨塘中心国民学校，有4个班级，159名学生。1951年，学校改名为吴县跨塘中心小学，增设教导处，教师增加到5名，建立少年先锋队组织。同年9月，建立基层工会。1966年6月，学校体制下放农村。1968年8月，

1951 年跨塘中心小学毕业生合影

1960年跨塘中心小学庆六一儿童节活动

1967年跨塘中心小学教师在校门口合影

学校一度改名为吴县丝织厂五七小学。1978年春,恢复原名为吴县跨塘中心小学,并恢复辅导区。1994年4月,跨塘镇正式划归苏州工业园区。2005年5月,唯亭和跨塘两镇合并,学校于2006年6月改名为唯亭中心小学。2010年1月,由园区统一管理,改名为苏州工业园区跨塘实验小学。

二、学校特色

学校将吴文化教育作为办学特色,采取扎实有效措施,调动一切积极因素,开发各种教育资源,由点到面,由浅入深,实施规划:组建教育专家教师团队,开设教育课程,开展教育实践活动等。2006年,学校开发校本教材《吴文化一百课》。2012年起,体育校本教材《武术》、艺术校本教材《苏艺三编》、双语校本教材《寻访世遗精华:苏州园林》相继编撰完成,进入课堂。

三、办学成就

截至2021年12月,学校有虹桥和高浜两个校区,占地面积约60000平方米,建筑面积33000平方米;现有教学班级78个,学生3562人;现有专任教师214人,其中具有研究生学历的教师41人,占教师总人数的19.2%。学校以"追求有梦想的教育,创建有故事的学校"为办学愿景,遵循"新德育、大教学、全阅读、泛学习"的办学思想,实施精细化、人文化、科学化、规范化的教育教学管理策略,紧紧围绕提升学生素养的核心目标,全学科推进"尝试反馈教学促进学生深度学习"的课堂改革与项目研究,着力建构吴文化"梦想课程",教智融合,"五育"并举,努力唤醒学生发展的内在动力。学校先后获得"全国青少年校园足球特色学校""全国'尝试教学理论研究与实践'实验学校""江苏省现代教育技术研究先进集体"

跨塘实验小学的老校徽

等荣誉称号。2011年、2015年,共有4名学生在全国少儿戏曲小梅花比赛中获金奖;2012年1月,在第12届全国魅力校园春节联欢晚会中获金奖。

(许洁纯 文 陈利娟、沈学雷 供图)

苏州工业园区斜塘学校

创建时间：1911年
校训/校风：明德、博学
学校地址：工业园区斜塘敦煌路99号

一、历史沿革

学校的前身是斜塘小学堂和斜塘中学。

清宣统三年（1911），创办斜塘小学堂；1912年，改学堂为学校；1916年，改初小为国民学校。1918年，创立斜塘国民小学，校长为章太炎弟子王乘六。1924年，改国民小学为初级学校。1918年至1937年，由王乘六等任校长。1945年8月，镇小学改设为斜塘中心国民学校。1951年，学校改名为斜塘中心小学校。1968年，改名为红旗小学。1978年，复名为斜塘中心小学校。1998年，原斜塘中心小学校址改为分校（名为斜塘第一小学）。2000年，另设斜塘小学。2001年，斜塘中心小学裁撤，原址成为斜塘小学分校。2003年，斜塘小学改名为娄葑第二中心小学。2010年，娄葑第二中心小学改名为斜塘实验小学。

斜塘中学于1958年在北塘创办。1959年9月，迁入新校舍（法华寺旧址）。1968年秋，改名为斜塘公社五七中学。1970年，改名为吴县斜塘中学。1994年苏州工业园区成立后，学校改名为苏州工业园区斜塘中学。1996年9月，斜塘中学与苏州市技工学校联合办学，在斜塘中学内设苏州市技工学校工业园区分校。2009年，苏州市技工学校工业园区分校停止招生，并于2011年8月停办。2000年，斜塘中学由法华寺旧址迁入新校舍（敦煌路99号）。2003年，斜

著名书法家费新我题写学校校名

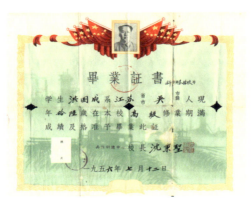

1956年斜塘中心小学毕业证书

塘地区设立莲花学校，斜塘中学部分教师调往莲花学校任教。同年，学校改名为苏州工业园区第七中学。2011年11月，苏州工业园区斜塘小学并入苏州工业园区第七中学（原斜塘中学），合并后的学校定名为苏州工业园区斜塘学校。

二、学校特色

学校依托本地文化资源，大力传承、弘扬中华传统文化，形成以"吴门医派""评弹雅韵""德善书院""书画艺术"为四大支柱的中华传统文化特色教育，使学生感受艺术的魅力，了解家乡的历史，同时进一步丰富课程资源，打造苏式教育品牌，促进学校内涵提升。其中"吴门医派中医药特色文化建"设获苏州市2020年立项省、市级中小学课程基地建设项目市优秀奖。

三、办学成就

截至2021年12月，学校占地面积103366平方米，建筑面积95900平方米；小学现为12轨72个班，初中现为14轨42个班，现有学生2904人；现有教职工236人，其中专技教师230人。学校获"江苏省实验小学""江苏省优秀家长学校""江苏省中小学智慧校园达标学校"等荣誉称号。

（陈新文　奚秀云　供图）

苏州工业园区娄葑实验小学

创建时间：1910年
校训/校风：超越
学校地址：工业园区娄葑文和路9号

一、历史沿革

学校初名吴县官立初等小学堂第二十九校。清宣统二年（1910），由礼部主事孔昭晋创办，校址在葑门外七公堂，设单级1班，学生40人，专任教师2人。1912年，改名为吴县县立初等小学葑区一校。1916年，学校迁至葑门横街第一园内。1918年，学校设复式2班，学生90余人。1923年，改名为苏州市立第二十七小学。1927年，改名为葑溪初级小学。翌年，学校迁至葑门西街接官厅。抗日战争爆发时，学校一度停办；1939年，学校在七公堂复课。1946年，改名为葑溪第十四保国民学校，次年改名为葑溪镇中心国民学校，添设高级班，遂成完全小学。1948年，学校设小学5班，学生175人，幼儿班1个，学生45人，教职工9人。1949年苏州解放后，人民政府接办学校。1951年7月，改名为葑溪镇中心小学。1953年，划归郊区，改名为苏州市郊区第三中心小学校，由郊区文卫科直管。1962年，改名为苏州市娄葑中心小学校，由区、乡双重管理。1963年，全校

1983年学校举行庆祝三十年教龄教师座谈会合影

有班级13个（含幼儿园3个班），学生563人，专任教师22人。"文革"期间，学校一度改名为葑红小学校，由葑红大队直管。1978年，学校复名为苏州市娄葑中心小学校，由区、乡双重管理，并被定为郊区重点小学。同年，校址迁入葑门路24号新校舍。1983年9月，原娄葑中心小学校址成为苏州郊区实验小学校；娄葑中心小学校迁至东环路一斗山路1号（原娄东小学校址），原娄东小学合并到娄葑中心小学校。1995年9月，随着娄葑乡镇动迁，学校迁至金鸡湖路（现中新大道）夏园新村内，全称为苏州工业园区娄葑中心小学校，由娄葑乡管理，设17个班（含幼儿园3个班），学生608人，教师56人。2003年9月，学校本部迁至葑春路2号，改名为苏州工业园区娄葑第一中心小学，夏园新村内小学作为学校的一个校区，属娄葑镇管理。2004年2月，学校获评江苏省实验小学。2010年2月，学校通过"达标升级"验收，成为苏州工业园区党工委、管委会直属的六年制公办小学，并改名为苏州工业园区娄葑实验小学。

二、学校特色

学校在办学中形成艺体教育特色。20世纪70年代初，学校成立小社员宣传队，这是郊区唯一既有西洋乐器又有民族乐器的学生艺术团，经常去村里表演。小社员宣传队走出来的学生，有1人进入浙江省评弹团，1人进入江苏省锡剧团。进入21世纪，学校成为苏州市民乐教学实验基地，获评苏州市中小学校艺术教育优秀学

1978年苏州市娄葑中心小学校门

校。2006年，学校小白帆合唱团成立，获省级比赛三等奖1次和市级比赛特等奖1次、一等奖6次。2018年，学校获评"苏州市艺术教育特色学校"。20世纪70年代，学校排球队参加江苏省小学生排球赛获得亚军；20世纪90年代，学校篮球队参加苏州市小学生篮球比赛并获得第三名。2008年，获江苏省"冬季三项锻炼先进学校"。2011年，学校成立悦跃花绳队，参加国内各项赛事活动，获全国二等奖2个。学校曾获评"苏州工业园区特色学校AAA级（花样跳绳）"。

三、办学成就

截至2021年12月，学校有两个校区（金益校区和夏园校区），占地面积39703平方米，建筑面积20028平方米；现设6轨60班，现有学生2744人；现有教职工160名。学校先后获得"江苏省'两基'教育先进集体""江苏省现代教育技术实验学校""江苏省平安校园""江苏省智慧校园"等荣誉称号。

（王雯倩 文　王雯倩 供图）

高新区

苏州高新区成大实验小学校

创建时间：1912年
校训/校风：成德成人
学校地址：高新区金屋路1号

一、历史沿革

学校创办于1912年8月，初名为蠡墅乡第二初等小学，校址在横塘镇西街张家祠堂（普福庵），设4个班，学生80多人，教师3人。此后，校名屡易。1916年4月，校名由"初等"改为"国民"。1923年7月，校名又由"国民"改为"初级"。1927年11月，改名为蠡墅乡立横塘初级小学。1937年10月，日本侵略军侵占苏州，学校停办。1944年，重新恢复办学，没有正规校舍。1946年，横塘镇中心暂行辅导区域为本镇及七子全乡。1947年，改名为横塘镇中心国民学校，同时辅导辖境内国民学校及私立小学。1949年4月苏州解放后，人民政府接办教育，横塘地区教育行政管理由吴县文教局管辖。1949年10月，启用新校名——苏州市横塘中心国民学校。1951年，改名为苏州市横塘中心小学校。1959年，横塘划归苏州市郊区管辖，学校隶属苏州市教育局管理，定名为苏州市横塘中心小学，学校迁入横塘镇东街25号。1968年，学校由生产大队贫下中农管理小组管理，改名为横塘红旗小学。"文革"后，恢复苏州市横塘中心小学校名。1994年，迁入横塘街道文化北路。2015年11月，改名为苏州高新区成大实验小学校。2016年7月，学校开始原地重建。2018年9月，学校金屋路新校园启用。

二、学校特色

学校在办学中形成"求真教育"的办学特色。20世纪90年代，学校开始探索陶行知教育思想。2006年，学校被命名为首批"江苏省陶行知研究会实验学校"，并以省规划课题为抓手，开展诚信教育的实践研究。2013年，学校以"教学做合一"

1982年横塘辅导区"五讲四美"积极分子合影

理论为指导,开始探索本真课堂。2019年,学校重新申报江苏省陶行知研究会实验学校并通过省级验收。2021年,学校积极探索陶行知"三力"教育思想推进学生核心素养培育的校本化实践,申报的江苏省教育科学"十四五"规划"陶行知教育思想研究专项"课题成功立项。"求真教育"办学至今,有59名学生分别获评"江苏好少年"和"苏州好少年"等殊荣。2020年,学校获评"江苏省陶研工作先进集体"。

三、办学成就

截至2021年12月,学校占地面积26922平方米,建筑面积37274平方米;现有班级30个,学生1163人;现有教职工76人。学校获"全国青少年校园足球特色学校""全国生态文明教育特色学校""江苏省绿色学校""江苏省科技教育先进集体""江苏省优秀少先队集体"等荣誉称号。学校培养了大批的优秀学生,如张磊、陶福明、周正浩、周唯贤等,还培养了亚洲物理奥林匹克竞赛金牌得主刘金禹。新时代学校将继续遵循"成德成人"的校训,弘扬"大和大顺"的校风,把握时代发展的新机遇,开拓求真教育的新征程。

(顾建男、季红梅 文 方宇超、高丽萍 供图)

苏州市枫桥中心小学

创建时间：1911年
校训/校风：向雅而行
学校地址：高新区津桥街699号（塔园校区）
　　　　　高新区津桥街6号（寒山校区）

一、历史沿革

清宣统三年（1911），由朱洪基率先在西津桥下塘街租用天丰木行余房两间，创立木渎公立初等小学校，朱洪基担任学校第一任校长。1916年，改名为西津国民小学。1923年，改名为浒关市立西津初级小学。1930年，改名为西津初级小学校，时任校长徐浚源。1937年，抗战全面爆发，学校停办。1938年，由姜鼎臣在原校址创办求知私塾。1946年，改名为私立何山义务小学校。1946年，在西津桥镇河北东街边文师巷内创办高景第一中心小学。1950年，改名为吴县津桥中心小

1966年学生毕业合影

20 世纪 80 年代初学校举办运动会

1984 年学校召开首届一次教代会

学校。1953 年，私立何山义务小学校撤并入吴县津桥中心小学校。1958 年，改名为吴县枫桥中心小学。1990 年，学校迁至枫桥镇杨家弄 10 号。1994 年，学校随枫桥镇划归为苏州高新区，改名为苏州市枫桥中心小学。2011 年，学校迁至枫桥街道津桥街 699 号。2016 年，位于津桥街 6 号的苏州市枫桥中心小学寒山校区建成，2017 年，正式投入使用。2020 年 6 月 18 日，苏州市枫桥中心小学教育集团成立，成员学校包括苏州市枫桥中心小学塔园校区（紧密型）、苏州市枫桥中心小学寒山校区（紧密型）、苏州新区枫桥实验小学（松散型）、苏州高新区白马涧小学（松散型）。

二、学校特色

学校秉承"为每一位学生的生命成长奠基"的办学理念,始终以"雅"办学,向"雅"而行,以"办高雅学校,做儒雅教师,育文雅学生"为办学目标。坚持"以学生发展为本"的课程理念,构筑基础型、拓展型与特色型为一体的博雅课程体系,打造竹笛、跆拳道、足球、魔方等特色项目。2014年,学校竹笛艺术教育特色初步彰显。2015年,学校成为"江苏省竹笛学会教育基地"。2017年,笛韵飘香竹笛社团获评苏州市中小学校"十佳社团"。2019年,"构建竹笛艺术课程,传承民族优秀文化"获评苏州市特色文化建设工程项目。

三、办学成就

截至2021年12月,学校形成"一校两区"的办学格局:塔园校区位于津桥街699号,占地面积3.8万平方米,建筑面积2.6万平方米;寒山校区位于津桥街6号,占地面积2.8万平方米,建筑面积2.9万平方米。现有班级110个,学生4923人;现有教职工297人。学校先后获评"全国绿色学校""全国青少年校园足球特色学校""江苏省健康促进学校""江苏省科学教育特色学校""江苏省体育特色学校"等荣誉称号。千载江枫寒山钟声传今古,百年学堂三雅文化写春秋。站在新时代,追求卓越的"枫小人"将凝心聚力,砥砺前行,不断谱写学校的华美篇章。

(陆坊庆 文 徐晓琴 供图)

苏州市浒墅关中心小学校

创建时间：1905 年
校训/校风：善
学校地址：虎丘区浒墅关镇桑园路 488 号

一、历史沿革

清光绪三十一年（1905），长洲知府苏品仁在浒关北津桥旁周庙处借几间房屋，开办官立浒墅关初等小学堂。1912 年，学堂搬回明嘉靖户部员外郎方鹏创办的浒墅关义塾原址南津桥弄，改名为浒墅关市立第一初等小学校。1922 年，改名为浒墅关市立南津小学校。1928 年，改名为吴县浒关小学校。1939 年，改名为浒关运

校长潘皆雷及其名片

畔小学校。1949年，改名为吴县浒墅关中心小学校。1968年，镇上两所民办小学和祥民办学校和浒关职工子弟小学并入，改名为吴县浒墅关东方红学校。1972年，改名为吴县浒关镇红旗学校。1978年，改名为吴县浒墅关中心小学校，1983年，将两分部北津小学、朝阳小学并入总部。1987年，改名为吴县小学。1988年，改名为苏州市浒墅关中心小学校。1998年，浒关第二中心小学校并入。2015年，学校由南津弄原址搬入浒墅关镇桑园路488号新址。

二、学校特色

学校一直为一所以体育传统项目为特色的学校。1972年，学校在校园体育普及的基础上，创办了业余体校，当时开设训练的有乒乓球、体操、足球、篮球等项目，输送出多名国家、省、市级优秀运动员。学校校园足球活动卓有成效，2021年，被命名为"江苏省足球后备人才示范学校"。1992年9月，创办的浒关中心小学

1940年运畔小学师生合影

1960年全体女教员庆三八节合影

少儿艺校和百灵鸟艺术团在全国、省、市艺术竞赛中获奖。学校依托篆刻特色教育，在2016年被评为"江苏省特色文化建设项目学校"。

三、办学成就

截至2021年12月，学校占地面积48000平方米，建筑面积39912平方米；现有班级50个，学生2052人；现有教职工128人。学校获"全国体育传统项目学校先进集体""江苏省体育运动先进集体""江苏省示范家长学校""江苏省绿色学校"等荣誉称号。金石篆刻家矫毅曾在学校任教。学校培养出众多优秀人才，如舞蹈教育家吴晓邦、二胡演奏家王乙、数学物理学家姜礼尚、天文学家童傅、航空航天专家汤中权、国际钟表大师矫大羽等，学校还培养出周丽娟等多位全国优秀教师。学校坚持"以特色促发展，以质量铸品牌"的办学宗旨和"德为先智为本，让孩子成功起步"的办学理念，以"善"为核心校训、"止于至善"为校风、"循循善诱"为教风、"多问善思"为学风，促进师生全面发展，不断提高学校办学品质。

（姚金根 文　陈华峰 供图）

苏州高新区东渚实验小学校

创建时间：1906年
校训/校风：诚
学校地址：高新区东渚龙景花园四区一幢

一、历史沿革

清光绪三十二年（1906），由商界人士袁济美、钱少春出资创办，校址在东渚镇大桥西，借用外巷钱少卿家民房3间，初名为东渚公立初级小学堂。后收归乡有，改名为光福第二初等小学校。1916年，改名为光福乡立第二国民小学校。1923年，改名为光福乡立第二初级小学校。1927年，改名为光福乡东渚初级国民小学校。1929年，校址迁至汪厅，随后又搬迁至惠家。1931年，校址迁至东渚铁家弄底前门，改名为吴县县立东渚完全小学校。1932年至1933年，群众筹资在东渚东市长生庵建4间宿舍。1937年，学校因抗战被迫停办一年。1938年，陈志达等人重办东渚小学，校址迁至东渚东市梢。1941年，学校有3个班级，其中2个班在原址，1个班在东街汪家。1945年，改名为东渚镇保国民学校。1947年，改名为吴县东渚中心国民学校。1951年，改名为吴县东渚中

20世纪三四十年代校长陈长庚

1955年吴县东渚中心小学毕业生合影

20世纪三四十年代东渚东市长生庵校址

心小学。1966年起,学校全面停课。1978年,学校恢复授课。2003年,区镇两级政府投资建设新校区,2004年9月启用。2014年,改名为苏州高新区东渚实验小学校。

二、学校特色

学校紧扣"诚"字文化,建构"诚以立德,诚以泽智,诚以修体,诚以润美,诚以益劳"的校园"诚"文化体系,建构"十二苏绣娃"综合素质培养机制,发展"传统承萃""运动健体""创新启智""艺术臻美"四大系列特色社团课程。通过丰富的课程建设、多彩的校园活动,全方位、多角度培养适应未来发展的学生。经过多年的积淀与实践,在科学、艺术、体育方面成效显著。学校头脑奥林匹克社团曾于2006年、2011年赴美国和韩国参加奥林匹克世界竞赛,两度获得冠军。2018年在上海主办的国际StarT项目式学习评选活动中,学校开展的"一根蚕丝的艺术生命之路"项目获评中国区最佳项目。

三、办学成就

截至2021年12月,学校占地面积2.28万平方米,建筑面积1.39万平方米;现有班级31个,学生1290人;现有教职工101人。学校坚持"以人为本,办人民满意的优质教育"的办学宗旨,以校训"诚"为精神引领,以"立德立才"为校风,以"自求自通"为学风,以"善导善耕"为教风,在百年传承的过程中取得较为显著的办学成绩。学校先后获得"全国科技体育传统学校""全国青少年校园足球特色学校""中国教育信息化STEM教育种子学校""江苏省实验学校""江苏省绿色学校"等近百项荣誉称号。这所百年老校,在历史的积淀中正焕发出青春的活力。

20世纪80年代校园

（华邢宇 文　孙晓峰 供图）

苏州高新区镇湖实验小学校

创建时间：1914年
校训/校风：恒成
学校地址：高新区镇湖长秀路1001号

一、历史沿革

学校创办于1914年，初名为吴县西华乡立第一初等小学校，创办人为顾克明，校址在镇湖寺桥北西院塘，校舍借用府家民房3间1厢房，学生30余名。1916年，改名为西华乡立第一国民小学校。1922年，改名为西华乡立第一初级小学校。1927年，迁至寺弄里，改名为西华乡立寺桥初级小学校。1928年，改名为寺桥初

1956年西华中心校毕业生合影

级小学校。1933年,改名为西华中心小学校。1937年,全面抗战爆发,学校被迫关闭,1941年复校,改名为西华乡立初级小学校。1943年,搬至街道附近的吴家山。1945年,改名为县立西华初级小学校。1946年,改名为西华镇第二保国民学

1945年县立西华初级小学校教室(借用寺桥街上的同心殿教室及课桌椅)

20世纪50年代学生参加田间劳动

校。1947年，改名为西华中心国民学校。1948年，校址迁至长山寺里。1949年，改名为西华国民中心学校。1950年，改名为西华中心小学校。1958年，改名为镇湖中心小学校，同年增设幼儿班1个。1977年，学校附设初中班2个，改名为镇湖中心五七学校。1978年，中小学分开管理，学校复名。1982年，翻建长山寺危房，同时新建校舍。1989年，迁至西洋山附近的新校园。1998年、2006年学校分别扩建，学校占地、建筑面积有较大增加。2014年，小学与幼儿园正式分离，学校改名为苏州高新区镇湖实验小学校。同年11月，学校易地新建于太湖大道南侧，并于2016年5月投入使用。

20世纪七八十年代辅导区管辖的村小

二、学校特色

学校坚守"恒成"校训，确立"秉承百年教育的文化传统，建构面向未来的课程体系，营造自由成长的生态校园，培育快乐优雅的智慧儿童"的办学目标，以"特色育人，给孩子幸福人生的起步"为办学思想，丰富"恒成教育"内涵，打造"苏绣文化品牌"，着力构建"科技启智、艺术怡情、体育健身、世遗传承"的办学特色。学校建立苏绣文化少儿研究院，构建基于兴趣爱好的缤纷社团课程和基于个性发展的菁英社团课程，形成具有学校特色的课程超市。央视及其他省市电视台多次来校拍摄学校的苏绣特色课程；2020年，学校因"绣出童真：苏绣特色课程"被批准为江苏省课程建设基地。2020年，京剧《挡马》小演员刘心语荣获全国"小梅花"称号和江苏省"金花"称号，学校编排的《闹龙宫》被授予原创类"优秀集体节目"称号；舞蹈《绣韵》在教育部主办的2021年元旦"传承的力量"节目中展示。

三、办学成就

截至2021年12月，学校占地面积3.8万平方米，建筑面积4.2万平方米；现有班级30个，学生985人；现有教职工96人。学校先后被评为"联合国教科文组织世界遗产教育基地""中国轮滑运动示范学校""江苏省青少年科技模型运动活动基地""全国中华优秀文化传统传承学校""江苏省科技教育特色学校"等。"走进儿童世界，培养世界儿童"，如今，学校以"对话、唤醒、内化、有效"为教育理念，正向着更高、更远、更强的目标前进。

（毛建方 文　张云 供图）

高校

苏州大学

创建时间：1900 年
校训 / 校风：养天地正气，法古今完人
学校地址：天赐庄校区（本部）：姑苏区十梓街 1 号
　　　　　天赐庄校区（东区）：姑苏区东环路 50 号
　　　　　天赐庄校区（北区）：姑苏区干将东路 178 号
　　　　　独墅湖校区：工业园区仁爱路 199 号
　　　　　阳澄湖校区：相城区济学路 8 号
　　　　　未来校区：吴江区久泳西路 1 号

一、历史沿革

苏州大学源于东吴大学，于清光绪二十六年（1900）成立校董会，次年3月开学，首任校长为孙乐文。东吴大学是中国最早以现代大学体系举办的大学，前身有博习书院（1871—1899）、上海中西书院（1882—1911）、宫巷中西书院（1895—1900）等。学校于清光绪三十年（1904）开始大学课程，清光绪三十二年（1906）创办国内第一份大学学报，次年起授予学士学位。抗战期间，学校先后迁至浙江湖州、安徽屯溪（今属黄山市）、上海、福建邵武、广东曲江（今属韶关市）、广西桂林、重庆等地，1945年年底才在苏州恢复办学。

首任校长孙乐文

20 世纪初图书馆

杨永清题词的校训

20 世纪初东吴大学校门

1952 年，东吴大学文理学院、苏南文化教育学院（前身为 1928 年始创的江苏省立教育学院、1941 年始创的国立社会教育学院、1920 年始创的无锡国学专修学校）、江南大学数理系（1947 年始创）合并组建苏南师范学院，在东吴大学原址办学，同年更名为江苏师范学院。1982 年 5 月，苏州市财经学校（1964 年创办）并入学院。1982 年 6 月更名苏州大学。

此后学校日益壮大，先后有苏州蚕桑专科学校（1903—1995）、苏州丝绸工学院（1903—1997）、苏州市化工局教育中心（1975—1997）、苏州医学院（1912—2000）、江南大学轻工业化学电源研究所（1982—2007）、南京铁道职业技术学院苏州校区（1954—2012）并入。

二、学校特色

苏州大学坚守学术至上、学以致用，倡导自由开放、包容并蓄、追求卓越，坚持博学笃行、止于至善，是教育部与江苏省人民政府共建高校，国家"双一流"建设高校，国家"211 工程""2011 计划"首批入选高校，国家国防科技工业局与江苏省人民政府共建高校，江苏省属重点综合性大学，学校入选国家"111 计划"、国家建设高水平大学公派研究生项目、国家大学生创新性实验计划，现有2个国家级人才培养基地，3个国家级实验教学示范中心，1个国家级虚拟仿真实验教学示范中心，2个国家级人才培养模式创新实验区，1个国家级大学生校外实践教学基地。

学校纳米科学技术学院被列为全国首批17所国家试点学院之一，成为高等教育体制机制改革特区；学校获批国家级一流本科专业建设点28个，23门课程获批国家级一流本科课程。

2017年Nature Index及lens平台数据显示，在"全球具有创新力的科研机构和高校"中，苏州大学在大陆高校中排名第一位。在其他的各类世界大学排名中，苏州大学亦名列前茅。

学校图书资料丰富，藏书超500万册，并拥有丰富的中外文数据库资源，主办有《苏州大学学报》《代数集刊》《现代丝绸科学与技术》《中国血液流变学》和《语言与符号学研究》等专业学术期刊。

学校历史底蕴深厚，校内古建、古木众多，其中东吴大学旧址被列为全国重点文物保护单位，景海女师旧址被列为江苏省文物保护单位，文星阁被列为苏州市文物保护单位，校园被誉为"中国十大最美校园"之一。

三、办学成就

截至2021年12月，学校共有天赐庄校区（分本部、东区、北区）、独墅湖校区、阳澄湖校区、未来校区四大校区，占地面积305万平方米，建筑面积166万平方米；设有36个学院（部），132个本科专业，49个一级学科硕士点，31个一级学科博士点，30个博士后流动站；现有1个国家一流学科，4个国家重点学科；16个学科进入全球基本科学指标（ESI）前1%，2个学科进入全球基本科学指标（ESI）前1‰。

学校现有教职工5847人，

东吴大学校门

精正楼

专任教师3319人，其中包括1位诺贝尔奖获得者，10位两院院士，8位发达国家院士，34位国家杰出青年科学基金获得者，42位国家优秀青年基金获得者。

现有全日制本科生27897人，硕士生15943人，博士生5061人，留学生1271人。在长期的办学过程中为社会输送了50多万名各类专业人才，包括许德珩、周谷城、费孝通、雷洁琼、孙起孟、赵朴初、钱伟长、董寅初、李政道、倪徵燠、郑辟疆、杨铁樑、查良镛（金庸）等一大批精英栋梁和社会名流，谈家桢、陈子元、郁铭芳、宋大祥、詹启敏等50多位两院院士，为国家建设与社会发展做出了重要贡献。近年来，苏大学子每年获得国家级奖项近千人次，在奥运会、全国"挑战杯"等国内外各类大赛中屡屡折桂。

（倪浩文 文　倪浩文 供图）

苏州农业职业技术学院

创建时间：1907年
校训/校风：励志耕耘，树木树人
学校地址：姑苏区西园路279号（本部）

一、历史沿革

学校始建于清光绪三十三年（1907），初名为苏州府官立农业学堂，时任苏州府知府何刚德自任为学堂监督，为近代中国最早兴办的农业职业教育学校之一，校址设在盘门内小仓口。1912年，江苏省临时议会决定，委派汪杨宝在苏州建立江苏省立第二农业学校；1914年11月11日，学校从盘门内小仓口迁入古运河下津桥校址（即现学院西园路校区所在地），历经近115年沧桑而校址未改，兹以此时间为建校纪念日。据《园艺志》记载，学校园艺专业始建于1912年，为国内同类学校中最早，学校也因此被誉为中国近现代园艺与园林职业教育的发祥地。1927年，教育行政由原教育厅改行大学区制，学校更名为国立第四中山大学区立苏州农业学校，翌年2月改称国立江苏大学区立苏州农业学校，不久改为国立中央大学区立苏州农业学校，由本校毕业后留法的廖家楠继任校长。

苏州府官立农业学堂学监督何刚德

江苏省立第二农校校门

江苏省立第二农校界碑

蚕科标本室

农艺陈列室

1929年9月，大学区制取消，学校改隶江苏省教育厅，改名为江苏省立苏州农业学校。1946年8月，抗日战争胜利后一年，江苏省教育厅任命冯明吴为校长，负责办理复校事宜。复校时学校名称为江苏省立苏州高级农业职业学校。1949年苏州解放，学校由军管会接收，归苏南行署文教处领导，更名为苏南苏州高级农业技术学校，冯明吴继续担任校长。1952年江苏省人民政府成立，学校改名为江苏省苏州农业学校。1953年，江苏省政府任命王教伦为江苏省苏州农业学校校长。1958年5月，学校办专科，更校名为苏州农业专科学校，与江苏省苏州农业学校并存，受教育厅、农林厅双重领导。苏州地委派王逢贤为党委书记兼任校长。1962年，贯彻党的"调整、巩固、充实、提高"八字方针，农专停办，保留中专，校名恢复为江苏省苏州农业学校，张泽明任党总支书记兼校长。1969年5月开始，学校停办。1979年6月经江苏省人民政府批准在原址复校，由江苏省农林厅直接管理。2001年6月，经江苏省政府批准，教育部备案，在国家级重点中专江苏省苏州农业学校的基础上，组建成苏州农业职业技术学院，跨入新的历史时期。

二、学校特色

115年来，学校十易其名，唯"苏"和"农"二字从未改变，学校始终以"兴学劝农"为己任，秉承"励志耕耘，树木树人"的校训，弘扬"勤勉崇农、实干创新"的苏农精神，着力打造"园艺职业教育开拓者、苏州园林技艺传承者、智慧农业建设领跑者、国际职业农民培育和输出探路者、江南农耕文化弘扬者"五张特色名片，各项事业呈现出良好的发展态势，陆续荣获国家级教学成果奖一等奖、全国职业院校技能大赛一等奖、全国农牧渔业丰收奖、荷兰世界园艺博览会最高奖、土耳其安塔利亚世园会最高奖和组委会金奖等诸多荣誉。

三、办学成就

2001年升格为苏州农业职业技术学院

截至2021年12月，学校有西园路校本部、相城校区和东山校区，占地总面积1600余亩。现设有园艺科技学院、园林工程学院、经济管理学院、智慧农业学院、环境工程学院、食品科技学院、国际教育学院7个二级学院，各类在校生1.1万余人，教职员工600余人。学校经过115年的传承与发展，为国家和社会培养了数以万计的农业科技、教育和管理人才，造就了一大批海内外知名的农学专家，其中有我国园艺教育的开拓者、花卉学先驱章守玉，高等农业教育先行者、果树学先驱胡昌炽，中国蚕学会第一届理事长、家蚕育种学先驱孙本忠，撰写我国最早的一部鱼类学专著《鱼类学》的鱼类学先驱费鸿年，微生物学家、中科院院士沈善炯，等等。他们为振兴农业、繁荣农村、农民致富、促进地方经济社会发展和农业农村现代化做出了积极贡献。学校先后入选为国家优质专科高等职业院校、国家"双高计划"建设单位、国家乡村振兴人才培养优质校、全国示范性职业教育集团（联盟）培育单位、全国高职院校服务贡献典型学校、全国高职院校学生发展指数100所优秀院校、全国高职院校教师发展指数100所优秀院校。

（戴培培 文　戴培培 图）

苏州卫生职业技术学院

创 建 时 间：1911年
校训/校风：敬人敬业，至精至诚
学 校 地 址：高新区科华路28号（石湖校区）
　　　　　　姑苏区书院巷20号（城区校）
　　　　　　吴中区木渎镇（木渎校区）

一、历史沿革

学校为江苏省省属全日制公办专科层次普通高校。学校的前身是创建于清宣统三年（1911）的博习医院护士学校，由美国基督教监理会差会开办；开办时无固定校舍、校址；初创时期招收男生，至1922年改招女生。1929年，改名为博习医院护士女校。1931年，博习医院在天赐庄36号建两层楼房，以底楼为护校教室与宿舍，校址始定。1936年，改名为江苏省吴县私立博习高级护士职业学校，仍附属于博习医院。抗战全面爆发时停办，1946年秋复校。1949年4月苏州解放时，学校有教师20人，学生76人。1951年，学校由私立改为公立，与博习医院脱钩。

学院城区校门（原江苏巡抚衙门）

鹤山书院出土的清代古碑

校园一景

1952年，改名为苏南苏州护士学校。1953年，改名为江苏省苏州护士学校。同年，江苏省嘉定护士学校并入。1956年，学校搬迁至书院巷20号。1958年，在苏州护士学校基础上，创办苏州医学专科学校，并附设护士学校。1962年，苏州医学专科学校停办，恢复苏州护士学校。1965年，改名为江苏省苏州卫生学校。"文革"时，学校停止招生。1970年，改为普通中学性质的苏州市第十四中学。1972年复校，改名为苏州市卫生学校。1981年，学校由江苏省、苏州市双重领导，由江苏省卫生厅主管。1981年10月，改校名为苏州卫生学校，设护士、口腔医士、检验士3个专业，并为苏州市定向培养医士、护士。1996年，成为五年一贯制卫生高等职业教育学校。2005年，升格为高等职业教育学校，正式名为苏州卫生职业技术学院。

二、学校特色

学院是江苏省首家卫生类示范性高等职业院校。学院建有马克思主义学院、基础部、体育部、临床医学院、护理学院（国际护理学院）、药学院、医学技术学院、口腔系、眼视光系和健康管理系 10 个教学机构，围绕卫生健康产业，设有临床医学、口腔医学、预防医学、护理、助产、老年保健与管理、药学、中医学、中药学、医学检验技术、医学生物技术、医学影像技术、口腔医学技术、卫生检验与检疫技术、眼视光技术、康复治疗技术、卫生信息管理、医学营养、大数据与会计、酒店管理与数字化运营、健康管理、中药材生产与加工 22 个专业。

三、办学成就

截至 2021 年 12 月，学院主校区位于石湖之畔的苏州国际教育园（北区），其他两个校区分别在姑苏区书院巷和吴中区木渎镇；学院占地面积 50.2 万平方米，建筑面积 35 万多平方米；现有全日制在校生约 1 万人，教职工 835 人，专任教师 447 人。学院先后获"江苏省文明校园""江苏省高等教育综合改革自主试点高校""江苏省人才培养模式创新实验基地""江苏省高校思想政治教育工作先进集体""江苏省爱国卫生教育（健康教育）基地"等荣誉称号。

位于姑苏区书院巷 20 号的学院城区校，原为南宋著名理学教育家魏了翁诏赐宅第。自明代永乐年间起，改第宅为省巡抚衙署。自明至清末 480 余年间，曾有周忱、海瑞、汤斌、林则徐、李鸿章、张伯行、端方等名臣任江苏巡抚。1911 年，末任江苏巡抚程德全宣布江苏独立。江苏巡抚衙门旧址，先后被列为苏州市文物保护单位、江苏省文物保护单位。

（高一鸣 文　周仁德 供图）

苏州市职业大学

上溯时间：1911年
校训/校风：勤、勇、忠、信
学校地址：吴中区致能大道106号国际教育园

一、历史沿革

学校历史可追溯到创办于清末民初的苏州工业专科学校和江苏省立第二女子师范学校。

苏州工业专科学校创设于清宣统三年（1911）五月，时称官立中等工业学堂。1912年，原苏省铁路学堂并入，成立江苏省立第二工业学校，校址设在苏州三元

苏州工业专科学校第一任校长刘勋麟

江苏省立第二女子师范学校第一任校长杨达权

江苏省立苏州工业学校校门

1981年苏州市职业大学临时办公处校门

坊，委任刘勋麟为校长。办学层次多样，设有甲种班和职业班、高级班（即专科），另设艺徒训练班和工余补习班等。1923年，经江苏省批准，学校升格为江苏公立苏州工业专门学校。1925年，刘勋麟校长他调以后，校长一职由邓邦逖接任。1927年，学校与国立东南大学等9所学校合并组建国立第四中山大学，其中高中班（预科）并入江苏省立苏州中学，甲种班、职业班停办一年后于苏工原址开办附设苏州职业学校。1932年，恢复为省办，定名为江苏省立苏州工业学校，改办五年制专科。1933年，调拨阊门外留园马路的江苏省立农业学院二院的一部分，辟为苏工二院，充作新生院。学校重建后恢复苏工多层次办学传统。1937年抗战全面爆发后，学校迁往上海租界，艰难办学。1940年，学校正式定名为江苏省立苏州工业专科学校，推行新学制——五年一贯制。太平洋战争爆发后，学校坚守教育方略，先后以工业补习社、诚孚人才养成所（后称诚孚工专）之名继续办学。1942年，集资创办私立上海工业专科学校（后改名为上海纺织工业学校）。1945年，迁校苏州，成立江苏省立工业学校，选在原址复学。1951年，改名为苏南工业专科学校，设纺织、机械、土木、建筑四科。后历经全国高校布局调整，学校于1956年停办，原有专业分别并入山东工学院、西安冶金建筑工程学院、西安动力学院（后并入西安交通大学）。1958年，为适应苏州经济社会发展需要，苏州工业专科学校得以重建，校址选择在爱河桥畔苏南工专旧址。1962年，受当时经济环境和条件影响，学校暂时停办。1979年，设立苏州工业专科学校筹备处并开始招生。1981年，经江苏省人民政府批准，创建苏州市职业大学，先于侍其巷办学，后迁至长洲路吏舍弄。办学层次为三年制专科。苏州工业专科学校筹备处则与苏州市职业大学合并，两块牌子一套班子，待工专学生结业后，即行撤销。1992年，苏州经济管理干部学院并入。1996年，为扩大办学规模，学校主体搬迁至横塘，办学实力大大增强。

江苏省立第二女子师范学校是于1912年7月在女子师范讲习所的基础上开办的，校址设在盘门新桥巷。杨达权任第一任校长，学制四年。1927年后，江苏省政府取消省教育厅行政机构，实行大学区制，学校改为第四中山大学区苏州女子中学，委陈淑任校长，实行中学、师范合校制。1929年，大学区废止，改称苏州女子中学。1932年，部令师范教育独立设置，改名为江苏省立苏州女子师范学校。1935年，陈淑校长辞职，由龚慕兰接任。1937年，学校因抗战全面爆发停办。1938年，部分师生相继抵达上海，筹划复校。经江苏省教育厅核准，校名定为江苏省立苏州女子师范学校沪校。1941年，太平洋战争爆发，苏女师沪校解散。1945年抗战胜利后，苏州女子师范学校在新桥巷原址复校。1949年9月，江苏省立女子师范学校与省立苏州师范学校合并，改称苏南新苏师范学校，实现由女子师范学校到综合性师范学校的转型。1952年，苏南幼儿师范（前景海女师）并入，增设幼儿师范科。及至1953年，正式定名为江苏省新苏师范学校。"文革"期间，新苏师范受到极大冲击，校址几度迁徙，并一度停办，直到1973年，以苏州师范学校的名义复校。1977年，迁入长洲路吏舍弄。1981年，复名江苏省新苏师范学校，后迁回原址。1997年，建立苏州师范教育中心，统筹管理江苏新苏师范学校、苏州教育学院、苏州教师进修学校。2001年，改名为苏州教育学院，设置普师班、音师班、幼师班，逐渐成为苏州小学师资培训基地。

2003年，苏州市委、市政府为苏州率先实现教育现代化，结合地方高等院校的布局调整，优化地方高等教育资源，将苏州市职业大学、苏州教育学院、苏州市广播电视大学（苏州市职工大学）、苏州市职工科技大学四校合并，组建全新的苏州市职业大学，主校区设于苏州国际教育园南区。2005年7月，苏州市人民政府进

苏南工业专科学校学生证

苏南工业专科学校图书室借书卡

一步明确以苏州市职业大学名义扎口管理苏州市职业大学、苏州市广播电视大学、苏州教育学院、苏州市职工科技大学的人、财、物，推进四校资源整合。2007年，经江苏省教育厅批复，四校成建制合并，定名苏州市职业大学[苏州学院（筹）]，并挂苏州市广播电视大学牌子。2014年，学校副牌苏州市广播电视大学改名为苏州开放大学。

二、学校特色

学校坚持质量为先，坚定精准发展，推行大力度改革、严肃性管理，推进标志性成果、高质量发展，积极探索实践，打造形成新时代"三新三融双成就"的办学发展特色。"三新"即创新发展理念，立新质量标准，更新校园风貌；"三融"即外部借力融汇发展，内部聚力融合发展，内外合力融通发展；"双成就"即办好实事、高效实干、做出实效，在求"实"中，切实成就教师，成就学生。

三、办学成就

截至2021年12月，学校现有石湖、干将路、潭山和吏舍弄4个校区，占地面积84多万平方米，校舍建筑面积近50万平方米，馆藏纸质图书170余万册，教学科研仪器设备总值近4.3亿元。设有12个学院（部），涵盖理工、文史、艺术、师范、体育等科类共51个招生专业，现有普通全日制在校生1.5万余名，专任教师800余名。

学校先后荣获"江苏省文明单位""江苏省平安校园建设示范高校""江苏省职业教育先进单位""江苏省科技工作先进高校""江苏省高校毕业生就业工作先进集体""江苏省高校教育信息化先进集体""江苏省智慧校园示范学校""江苏省大学生心理健康教育工作先进集体"等称号，连续获评中国高等职业院校教学资源50强、中国职业院校智慧校园50强，入选江苏省中国特色高水平高职学校培育单位。

学校人才荟萃，精英辈出，涌现出无数杰出校友，其中有刘敦桢、张大煜、叶钧、程德民、陈太一、钱易、吴健雄7位院士，以及数学史家钱宝琮、地图学家曾世英、杰出民族工商企业家刘靖基、改革开放先行者胡平、无线电通信事业创建者王铮、科学家朱汝华、美术教育家吴作人、中国共产党早期主要领导人秦邦宪（博古）、作曲家寄明（吴亚贞）、东吴女作家罗洪等众多名人。

（叶军 文　叶军 供图）

老校旧影

南宋年间苏州府学碑（复刻）（苏州中学供图）

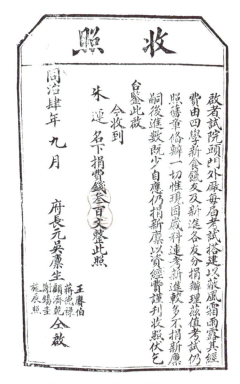

1865年长元吴廪生捐款搭建考试院和休息场所的收据
（苏州市平江实验学校供图）

20世纪早期学生社团三尚市成员合影（苏州市实验小学供图）

20世纪初梁丰两等小学修身教授案例（梁丰高级中学供图）

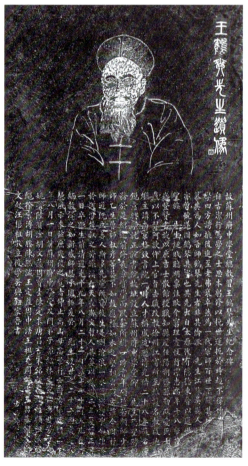

苏州府中学堂总教习王鹤琴纪念碑（苏州市第一中学供图）

江苏师范学堂校门（苏州中学供图）

学校大树廊砖额：清光绪二十二年（1896）吴荫培呈请状（苏州市大儒实验小学供图）

亭林书院旧址（常熟市唐市中心小学供图）

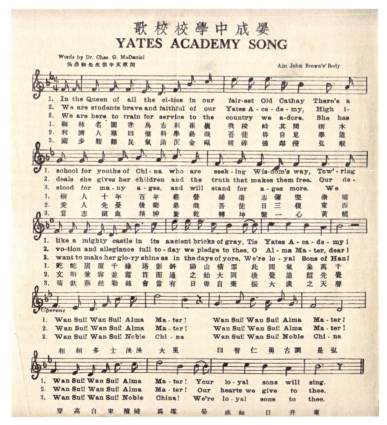

晏成中学校歌（苏州市第三中学供图）

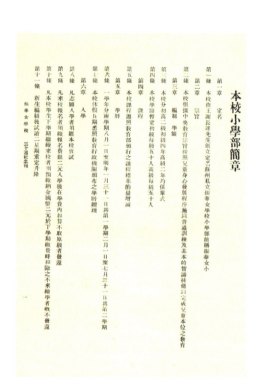

小学部简章（苏州市沧浪实验小学供图）

同川公学十周年纪念碑（吴江区同里实验小学供图）

徐氏春晖义庄内石刻（苏州市大儒实验小学供图）

桃坞中学时期的操场（苏州市桃坞高级中学供图）

港口中心小学老校舍（张家港市凤凰中心小学供图）

慧灵女中时期的圆柱大楼（苏州市第三中学供图）

吴县县立第二高等小学校时期的校舍（苏州市善耕实验小学供图）

民国初浸礼会初级学校旧址（常熟市唐市中心小学供图）

老校旧影

苏州公立第一中学堂首届、第二届学生合影（苏州第一中学供图）

省立二中校门（苏州第一中学供图）

1914年董沈乡私立培根女学校学生合影（常熟市董浜中心小学供图）

丽则女学时期的体育课程——哑铃操（吴江区同里实验小学供图）

桃坞中学时期的学生运动器材（苏州市桃坞高级中学供图）

丽则女学校舍全图（吴江区同里实验小学供图）

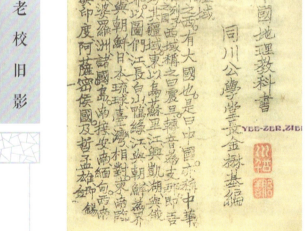

金松岑编写的《高等小学中国地理教科书》（吴江区同里实验小学供图）

金松岑编写的音乐教科书（吴江区同里实验小学供图）

民国时期人工手绘的拼音卡片、礼仪卡片（苏州市平江实验学校供图）

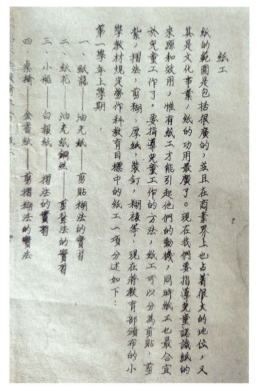

民国时期小学劳作教材参考书（苏州市平江实验学校供图）

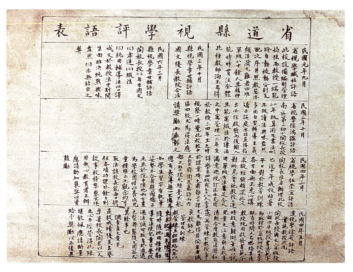

陶惟垂校长以身殉教专题报道（苏州市平江实验学校供图）

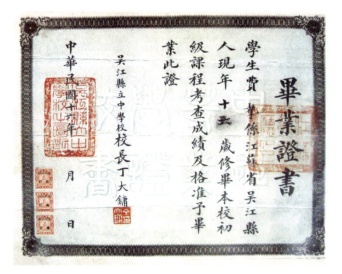

1927年的毕业证书（吴江中学供图）

沁心楼旧址（苏州市桃坞高级中学供图）

晏成中学田径队合影（苏州市第三中学供图）

振华女校教职员合影（苏州第十中学供图）

20世纪二三十年代师生教学活动与校貌（苏州市实验小学供图）

苏州中学老校门（苏州中学供图）

1930年浒关小学校第三届毕业生合影（后排左一为潘皆雷校长）（苏州市浒墅关中心小学供图）

1931年吴县浒关小学五、六年级学生参加吴县全县小学学艺竞赛会合影（苏州市浒墅关中心小学供图）

吴江中学篮球队合影（吴江中学供图）

萃英中学学生合影（苏州市第五中学供图）

振华女学校大礼堂落成典礼（苏州第十中学供图）

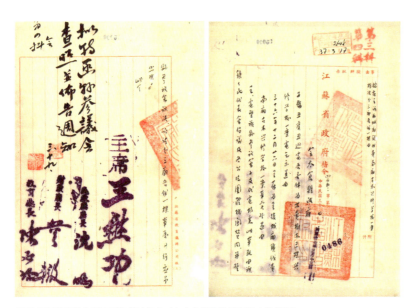

1937年江苏省政府关于兴修学校指令（太仓市科教新城南郊小学供图）

1936年晏成中学学生周明扬纪念碑（苏州市第三中学供图）

振华小学聘书（苏州市沧浪实验小学供图）

20世纪40年代校貌（昆山市玉山镇第一中心小学供图）

英华女校教职员合影（苏州市第十六中学供图）

1938年学校全体教职员合影（常熟市孝友中学供图）

苏州百年老校(下)

老校旧影

同川学堂三十周年（1942年）校庆赠品（吴江区同里实验小学供图）

圣光中学学生活动（苏州市第五中学供图）

圣光中学老师合影（苏州市第五中学供图）

1945年中市中心小学师生合影（苏州市东中市实验小学供图）

1946年毕业生合影（苏州市虎丘实验小学供图）

毕业证书（常熟市辛庄中心小学供图）

毕业证明书（梁丰高级中学供图）

学生社团组织任职状（新苏师范学校附属小学供图）

20世纪50年代东桥小学运动会师生合影（相城区东桥中心小学供图）

20世纪50年代初浮桥小学老校舍（太仓市港城小学供图）

英华女校毕业生合影（苏州市第十六中学供图）

20世纪50年代学生参加田间劳动(高新区镇湖实验小学供图)

20世纪50年代学生毕业合影(相城区东桥中心小学供图)

20世纪50年代学生活动（常熟市实验小学供图）

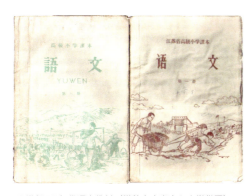

20世纪50年代语文教材（常熟市大义中心小学供图）

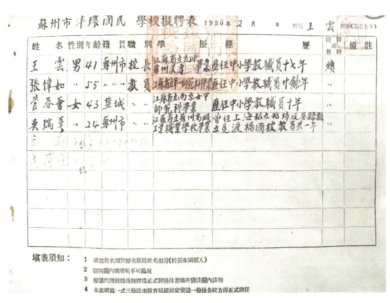

泮环国民学校拟聘表（苏州市昇平实验小学供图）

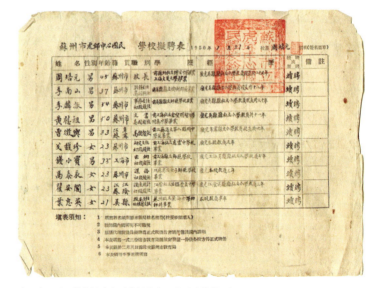

泮环国民学校拟聘表（苏州市昇平实验小学供图）

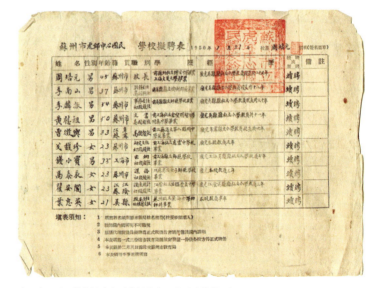

虎丘中心国民学校拟聘表（苏州市虎丘实验小学供图）

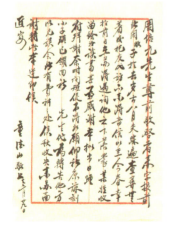

1950年失散孩童家长写给学校的感谢信（苏州市虎丘实验小学供图）

苏州市立虎丘中心国民学校关于学生数及经费不足的报告（苏州市虎丘实验小学供图）

1950年吴县浒关中心小学校全体教职员合影（苏州市浒墅关中心小学供图）

1950年学生会执委会合影（梁丰高级中学供图）

1950年支塘公私立学校全体教师合影（常熟市张青莲小学供图）

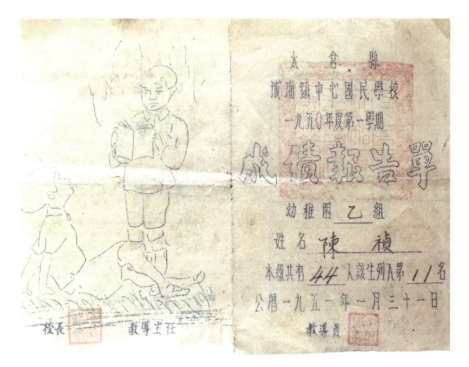

1951年的学生成绩报告单（太仓市城厢镇第一小学供图）

平西小学学生课间活动（吴江区平望实验小学供图）

吴江中学老校门（吴江中学供图）

苏工专徽章（苏州市职业大学供图）

教师合影（苏州工业园区跨塘实验小学供图）

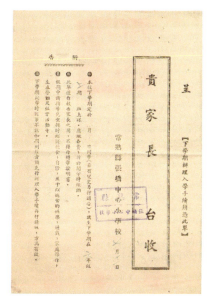
学生成绩报告单（常熟市张桥中心小学供图）

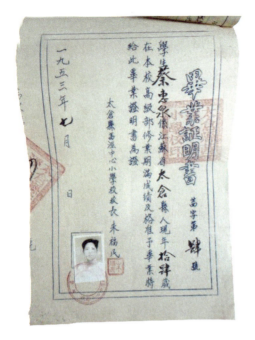

毕业证明书（太仓港口开发区第一小学供图）

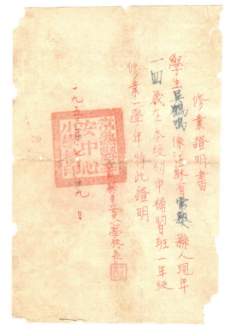

学生修业证书（常熟市辛庄中心小学供图）

1953年吴县浒关中心小学全体教职员工合影（苏州市浒墅关中心小学供图）

1953年张桥中心小学教工团员合影（常熟市张桥中心小学供图）

1954年吴江师范附小学生毕业合影（吴江区松陵小学供图）

1954年辛安基层全体教师合影（常熟市辛庄中心小学供图）

苏州百年老校 下

老校旧影

砂皮巷小学旧影（苏州市学士中心小学供图）

1955年学校教师合影（苏州高新区东渚实验小学供图）

1959年毕业生合影（张家港市妙桥小学供图）

1959年常熟县兴隆小学第十届毕业生合影（常熟市新区小学供图）

20世纪60年代横塘中心小学小红军宣传队排练节目（苏州高新区成大实验小学供图）

毕业证书（相城区阳澄湖小学校供图）

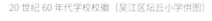

20世纪60年代学校校徽（吴江区坛丘小学供图）

20世纪60年代太平街小学生早操（吴江区盛泽小学供图）

20世纪60年代学生课堂学习（苏州高新区成大实验小学供图）

1960年内蒙古小学教育代表团在浒关小学观摩教学后合影（苏州市浒墅关中心小学供图）

20世纪60年代郑燕芬校长参加先进代表会(相城区东桥中心小学供图)

1960年毕业照(张家港市三兴学校供图)

1963年毕业照(苏州市枫桥中心小学供图)

1960年姚瑞玉老师荣获全国表彰（张家港市南沙占文小学供图）

20世纪60年代初学校开辟菜地（苏州高新区镇湖实验小学供图）

1962年跨塘小学庆祝六一儿童节活动（苏州工业园区跨塘实验小学供图）

团支部合影（梁丰高级中学供图）

1964年中街路小学第三届毕业生合影（苏州市东中市实验小学供图）

1964年沙洲县塘桥中学高中部毕业生合影（张家港市塘桥高级中学供图）

20世纪70年代，王志龙同学节省零用钱交杂费（苏州市平直实验小学供图）

20世纪70年代班队活动（木渎实验小学供图）

20世纪70年代初河西街小学幼儿园活动（吴江区平望实验小学供图）

20世纪70年代学生合影（苏州市枫桥中心小学供图）

20世纪70年代学生打扫校园（昆山市陆家中心小学供图）

20世纪70年代校园劳动场景（吴江实验小学供图）

20世纪70年代学校宣传队在田间表演(吴江实验小学供图)

20世纪七八十年代杨湘泾小学语文课教学场景(昆山市淀山湖中心小学供图)

1977年少先队员读报(苏州市平直实验小学供图)

1975年学生毕业合影(张家港市三兴学校供图)

苏州百年老校 下

老校旧影

1976年珠村小学体操队训练（吴中区越溪实验小学供图）

1977年高年级同学为低年级同学缝补衣服（苏州市沧浪实验小学供图）

1979年郭林海老师在辅导航模兴趣小组（苏州市沧浪实验小学供图）

20世纪80年代初庆祝六一儿童节活动（相城区湘城小学供图）

20世纪80年代初学生科技兴趣小组活动（太仓市第一中学供图）

1979年学校书法课（昆山市张浦中心小学供图）

20 世纪 80 年代初学生活动（太仓市明德小学供图）

20 世纪 80 年代初夏令营营员合影（吴江实验小学供图）

20 世纪 80 年代学生军训（沙溪高级中学供图）

20世纪80年代末90年代初的教师办公室（太仓市沙溪镇第一小学供图）

20世纪80年代庆祝教师节活动（吴中区横泾实验小学供图）

20世纪80年代少先队大队活动（常熟市张桥中心小学供图）

20世纪80年代少先队工作研讨会（吴中区香溪路实验小学供图）

20世纪80年代师生参加劳动（昆山市千灯中心小学供图）

20世纪80年代学生班级活动（昆山市玉山镇司徒街小学供图）

20世纪80年代学生排球赛（沙溪高级中学供图）

20世纪80年代学生祭扫烈士墓（吴中区香溪路实验小学供图）

20世纪80年代学校晨会（昆山市千灯中心小学供图）

20世纪80年代学校运动会（吴中区长桥中心小学供图）

1982年张晞同学获第一届全国青少年科学创造发明比赛"小发明作品"二等奖（苏州市沧浪实验小学供图）

20世纪80年代中期明德学校校门（太仓市明德初级中学供图）

20世纪80年代学生做操（昆山市周庄中心小学供图）

1980年学校庆祝六一儿童节活动（苏州市平直实验小学供图）

1981年学生广播操比赛（太仓市陆渡中心小学供图）

1982年三好学生合影（张家港市凤凰恬庄小学供图）

1983年学校第一届夏令营营员合影（常熟市大义中心小学供图）

1984年恢复明德学校校名暨明德楼落成典礼（太仓市明德高级中学供图）

吴健雄、袁家骝夫妇在新建成的明德楼上（太仓市明德初级中学供图）

1984年实验小学学生体育活动（苏州市沧浪实验小学供图）

1984年庆祝六一儿童节活动（苏州市枫桥中心小学供图）

1984年开学典礼（苏州市东中市实验小学供图）

1985年庆祝教师节活动（苏州市枫桥中心小学供图）

1984年学校足球队获得苏州市小学生运动会足球比赛第一名合影（苏州市草桥实验小学供图）

1985年世界著名建筑大师贝聿铭回母校（苏州市实验小学供图）

1986年学校运动会入场式（常熟市浒浦学校供图）

1986年自然课教学活动（苏州市东中市实验小学供图）

1986年学校女子篮球队合影（沙溪高级中学供图）

1986年学校开展革命传统教育（常熟市沙家浜中心小学供图）

1986年家校联谊活动（张家港市泗港小学供图）

20世纪八九十年代教具（常熟市徐市中心小学供图）

1988年塘桥镇小学举办围棋比赛（张家港市塘桥中心小学供图）

1991年学校举办庆祝儿童节活动（张家港市凤凰恬庄小学供图）

1991年学校举办庆祝儿童节活动（太仓市陆渡中心小学供图）

1992年学校迎接义务教育达标验收专家组（吴中区郭巷实验小学供图）

1993年召开首届少代会（昆山市锦溪中心小学供图）

1994年10月13日学校举行庆祝少先队建队45周年活动（苏州工业园区唯亭实验小学供图）

奥运会举重冠军陈艳青回母校（吴中区西山中心小学供图）

1998年学生在运动会上表演（张家港市妙桥小学供图）

1998年学校举办庆祝六一儿童节活动（吴江区盛泽实验小学供图）

1999年学校被命名为江苏省实验小学（苏州市敬文实验小学供图）

校园内的清代太仓州试院碑（太仓市第一中学供图）

2003年书法现场展示（常熟市董浜中心小学供图）

红五月歌咏会（沙溪高级中学供图）

2011年学校举办六一儿童节活动（太仓市沙溪镇直塘小学供图）

2016年学校承办全国教育教学专项活动暨研讨会(常熟市昆承小学供图)

江苏省特级教师彭少卿当年上课情景(苏州市沧浪实验小学供图)

后记

《苏郡儒学兴修记》云:"盖有泰伯至德之化,子游文学之风,安定师法之传在焉。"故苏州教育源远流长。自受业于孔门的言偃(子游)在吴地(苏州)传播中原文教之始,苏州教育守先待后、生生不息,历二千五百余年,形成了华夏大地上一道独特的教育风景。然而,苏州教育尚缺乏一部反映其发展的通史。为了更好弘扬与传承教育历史文化,在苏州市教育局直接领导和支持下,苏州百年老校协会于2021年秋正式启动对苏州教育史编写可行性的研究。其课题"从新时代教育改革与地方传统文化融合发展的特殊视阈,对苏州教育史编撰可行性与路径的理论研究"被列为苏州教育改革与发展战略性与政策性课题重点项目,而《苏州百年老校》一书则是该课题的阶段性成果之一。

《苏州百年老校》一书具有以下几个特点。首先,涵盖全面。以苏州百年老校协会于2016年的首次普查统计为准,收录了苏州市行政区域范围内的187所百年老校,涵盖小学、中学、高校,较为全面地反映了苏州百年老校的全貌。其次,重点突出。每所学校的介绍由创建时间、校训/校风、历史沿革、学校特色、办学成就等方面组成,突出"史"与"真",力求客观呈现百年老校的发展线索与当下样态。最后,图文并茂。大多数学校的文字介绍为1000至1500字,每校配若干幅图片,力求图文并茂;全书最后还附100多幅图片,既增强可读性、美观性,又给人以沧桑感、厚重感。

《苏州百年老校》一书是苏州教育界同人集体智慧的结晶。苏州百年老校协会对本书的编写做了总体设计，确定了编写目标、体例、要求和时间表。2021年10月，在苏州市教育局统一部署下，成立由各市、区教育行政部门相关人员组成的《苏州百年老校》编写协作组，召开动员大会，部署编写工作。经龙悦、冯钰芳、权俊良、张建平、吴磊、环天琪、范畴、徐建林、顾颖啸、瞿娟等联络员的辛勤工作，全市各校提供的文字资料和图片于2021年年末如期汇总。苏州百年老校协会组织吴恩培、张振雄、高一鸣、倪浩文等专家分工进行修改。为有序有效推进本书编写，除坚持每月召开编写组工作例会外，苏州百年老校协会还常常邀约苏州大学朱从兵、苏州科技大学居易等教授、专家进行专题研讨。2022年10月，书稿完成后由苏州市教育局领导审定。

《苏州百年老校》的编写，始终受到老领导王少东、王鸿声的高度关注与热忱指导，得到了各市、区教育行政部门及相关学校的关心和支持，在此我们深表感谢。此外，我们还要感谢全体编撰人员的通力合作，感谢苏州大学出版社对本书出版的大力支持，尤其感谢人民教育家于漪先生为本书撰序，让本书生辉。

由于我们水平有限，以及教育行政管理区划调整、校名更改等不断变化因素，疏漏之处在所难免，恳请读者批评指正。

苏州百年老校协会
2022年11月28日